Norbert Sommer und Thomas Seiterich (Hg.)

Rolle rückwärts mit Benedikt

Wie ein Papst die Zukunft der Kirche verbaut

Impressum

Norbert Sommer und Thomas Seiterich (Hg.)
Rolle rückwärts mit Benedikt
Wie ein Papst die Zukunft der Kirche verbaut

Layout: Andreas Klinkert
Satz: Sabine Felbinger
Titelfoto: KNA
Druck und Bindung: Westermann Druck Zwickau GmbH
Auflage: 1/2009

Postfach 2010
61410 Oberursel

ISBN 978-3-88095-189-1

Norbert Sommer und Thomas Seiterich (Hg.)

Rolle rückwärts mit Benedikt

Wie ein Papst die Zukunft der Kirche verbaut

Inhalt

Übrigens ...

... wissen wir genau, dass es eigentlich schon zu viele Bücher über Joseph Ratzinger/Benedikt XVI. gibt. Warum dann dennoch ein weiteres? Nun, Auslöser war die offizielle Reaktion auf die bisher einmalige Kritik an einer päpstlichen Entscheidung, nämlich der Aufhebung der Exkommunikation der vier 1988 illegal, aber gültig durch den französischen Erzbischof Marcel Lefebvre geweihten Bischöfe. Der einseitige und einsam beschlossene Akt der Versöhnung ohne Vorbedingung gegenüber den höchsten Vertretern der schismatischen »Priesterbruderschaft St. Pius X.«, die sich nur der Tradition verpflichtet fühlt, wichtige Konzilsbeschlüsse ablehnt, antijüdisch eingestellt ist und insgesamt erzkonservatives Verhalten an den Tag legt, führte zu einem weltweiten Aufruhr (mit Schwerpunkten in Deutschland, Österreich, Frankreich und der Schweiz) und zu einer innerkirchlichen Polarisierung ohnegleichen.

Papst Benedikt XVI. verlor dramatisch an Ansehen und Rückhalt. Beispiel: In Frankreich stürzte die Zustimmung der Katholiken zu ihm von September 2008 bis März 2009 von 65 auf nur noch 29 Prozent ab. In Deutschland verzeichneten Zeitschriften wie »Publik-Forum« und »Christ in der Gegenwart« eine bisher nicht erlebte Flut von Leserbriefen überwiegend besorgten Inhalts über den erneuten Beweis eines Rückwärtskurses ihrer Kirche. Die säkulare Presse titelte beispielsweise: »Heilige Selbstgerechtigkeit«, »Der Welt enthoben«, »Dogma statt Dialog«, »Der entzauberte Papst«, »Der Grundzufriedene«, »Der rätselhafte Papst«.

Schnell waren die Schuldigen für diesen Sympathieverlust des Papstes gefunden. Von einer Anti-Papst-Hysterie, die nicht mehr rational zu erklären sei, war da die Rede. Kurienkardinal Walter Kasper kritisierte aggressive und antirömisch geprägte Diskussionen und »blanken Kirchenhass«. Hinter den Mauern des Vatikans sei zwar einiges nicht optimal gelaufen, aber dass der Papst lächerlich gemacht werde, »können wir uns nicht bieten lassen«. Natürlich machten auch Menschen in der Kirche Fehler, sprang ihm der Wiener Kardinal Christoph Schönborn bei. Selbst der Papst mache Fehler: »Aber was sich zurzeit im deutschen Sprachraum abspielt, in den Medien, in der Öffentlichkeit, das ist schon nicht mehr sachliche Kritik, sondern zum Teil blanker Hass und Hohn. Nachdem man zuerst begeistert gesagt hat ›Wir sind Papst‹, voller Stolz, dass ein Deutscher Papst ist, kommt jetzt das große ›Halali‹, die Freigabe für jede Kritik und jeden Spott.« Dabei übersah der Kardinal geflissentlich, dass die »Wir sind Papst«-Euphoriker wohl kaum mit den jetzigen Papst-Kritikern identisch sind.

Das konservative »Forum Deutscher Katholiken«, zu dem Joseph Ratzinger schon als Kardinal eine gute Verbindung hatte und vor dem er bereits früher Journalisten zu »Wölfen« erklärt hatte, bekundete seine Solidarität mit dem Papst und unterstellte dessen »offenen Kritikern und Gegnern«, dass sie »sich bis heute nicht damit abgefunden haben, dass der Präfekt der Glaubenskongregation und große Theologe Ratzinger zum Papst gewählt wurde«; sie sähen jetzt ihre Chance gekommen. Das »Netzwerk katholischer Priester« äußerte seine tiefe Erschütterung »über die voreingenommenen, zum Teil sachlich unzutreffenden und meist aggressionsgeladenen Reaktionen eines Großteils der deutschen Presse«. »Kirche in Not« rief zu Gebeten für den Papst auf, weil »die Würde des Papsttums und selbst die Person von Benedikt XVI.« in grober Weise verletzt worden sei, doch: »Inmitten dieses Marktgeschreis stand die historische Gestalt von Benedikt XVI. wie eine tragende Säule der Gegenwart, wie jemand, der das Maß der Vernunft, scharfsichtige Weisheit und herzensoffene Güte verkörpert.«

Die angeblich maßlosen Angriffe in den Medien gegen den Papst nahmen konservative Kreise zum Anlass für Unterschriften-Aktionen wie »Ja zu Benedikt!« oder »Unterstützung des Heiligen Vaters Benedikt XVI.«, beides wohl in erster Linie eine Reaktion auf die von einer Gruppe von Theologen initiierte und von der Kirchenvolksbewegung »Wir sind Kirche« unterstützte erfolgreiche »Petition für die uneingeschränkte Anerkennung der Beschlüsse des II. Vatikanischen Konzils«. Ratzinger-Biograf Peter Seewald sprach vom »Geifer, mit dem sich in diesen Tagen Journalisten auf den Papst stürzen«. Dies erinnere an »eine Meute ausgehungerter Wölfe. Und ausgehungert sind diese Leute in der Tat. Viele Jahre lang konnten sie es nicht ertragen, dass ein Joseph Ratzinger nicht in das Bild passt, das sie von ihm gezeichnet hatten ... Wohl keine andere Nation ist zu einer derartigen Ignoranz und Kaltherzigkeit gegenüber einem ihrer größten Söhne fähig, dem ersten Deutschen seit fünfhundert Jahren, den die internationale katholische Gemeinschaft für geeignet hält, die größte Kirche der Welt über die Schwelle einer schwierigen Zeit zu führen«.

Einer der wenigen, die die Kritik am Papst nicht pauschal verdammten, war der Vorsitzende der Französischen Bischofskonferenz, der Pariser Kardinal André Vingt-Trois. Er warnte davor, Kritik an diesem kirchlichen Vorgang mit grundsätzlicher Kirchenkritik zu verwechseln. Trauer und Enttäuschung unter Christen und anderen Menschen seien auch ein Zeichen echter Verbundenheit mit der Kirche gewesen.

Andere setzten der Kritik eine kaum noch zu überbietende Lobhudelei entgegen: »Das Pontifikat Benedikts XVI. ist ein Geschenk für die Weltkirche und in besonderer Weise für die Kirche in Deutschland. Die Verkündigung dieses Papstes ist geprägt von Tiefgang und Klarheit. Intellektuelles Niveau, Argumentationsstärke, Leidenschaft für die Wahrheit. Das begeistert Gläubige überall auf der Welt und ringt selbst kirchenfernen Geistern Respekt ab« (Markus Reder in: »Die Tagespost«, 27. Februar 2009). – »Papst Benedikt XVI. fasziniert viele Menschen dadurch, dass er stets ganz persönlich existenziell und so gut wie nie formelhaft spricht. Im Zeitalter der Political Correctness, in dem die neuen Inquisitoren alle Texte darauf absuchen, ob gesagt wurde, was gesagt werden musste, und nicht gesagt wurde, was nicht gesagt werden durfte, ist das eine selten gewordene Eigenschaft« (Manfred Lütz in: »Die Tagespost«, 7. Februar 2009). – »Man will den alten weißen Mann, der in seiner Güte, Geistesgröße und moralischen Konsequenz eine wandelnde Mahnung an das ›bessere Ich‹ und den inneren Schweinehund ist, partout selbst in Schuld verstrickt, entlarvt, gedemütigt und zu Kreuze kriechen sehen« (Andreas Püttmann in: kath.net, 11. Februar 2009).

Und so ein guter Mensch und Papst wurde so heftig kritisiert. Für Kardinal Angelo Sodano, langjähriger Staatssekretär unter Johannes Paul II., ist die bittere Kritik an Benedikt XVI. von Übel, denn: »Der Heilige Geist hat ihn dazu bestimmt, in diesem wichtigen Moment ihrer Geschichte die heilige Kirche Gottes zu lenken.« Damit bezieht Kardinal Sodano eine ganz andere Position als der frühere Bischof von St. Gallen, Ivo Fürer, der den schönen Satz prägte: »Papst- und Bischofswahlen sollte man nicht dem Heiligen Geist anlasten.« Und selbst Kurienkardinal Walter Kasper räumte ein: »Der Heilige Geist erlaubt sich, auch außerhalb unserer Kirche zu blasen.«

Damit sind wir wieder bei der Ausgangsfrage: Warum ein weiteres Papst-Buch? Nun, weil wir uns eine kritische Auseinandersetzung mit Benedikt XVI. nicht durch den fragwürdigen Hinweis auf seine besondere Beziehung zum Heiligen Geist verbieten lassen. Und weil wir die Pauschalkritik an den Journalisten und den Medien nicht gelten lassen wollen in diesem speziellen Fall, da der Papst selbst die Kritik heraufbeschworen hat. In diesem Buch soll Joseph Ratzinger als Theologe, Bischof, Kardinal, Präfekt und Papst begleitet und beobachtet, beurteilt und gewürdigt werden. Nicht oberflächlich, sondern anhand von Schriften, Dokumenten und Handeln in seiner ganzen bisherigen Schaffensperiode. Nach einer Darstellung der wichtigsten Etappen seines Lebens geht es um die Grundzüge seiner Theologie, um sein Verhältnis zu Kollegialität und Demokratie, seine Einstellung zu Pluralismus und Relativismus, sein Urteil über Wahrheit und Freiheit. Die Person des Papstes steht im Vordergrund bei den Berichten über den Papstkult, die Generation Benedetto und seine Beziehung zur Integrierten Gemeinde. Das nach wie vor offene Problem der Gleichberechtigung von Frauen in der Kirche wird in zwei Beiträgen behandelt. Außerdem gibt es Analysen der beiden bisherigen Enzykliken von Benedikt XVI. sowie der ersten unter seiner Regie gelaufenen Bischofssynode. Untersucht wird dann der Stand der Ökumene unter diesem Papst. Und vor dem ausführlichen Beitrag über die Piusbruderschaft wird die enge Verbindung von Joseph Ratzinger zu konservativen Gruppen in der Kirche und seine umstrittene Neuformulierung der Karfreitagsbitte ebenso beleuchtet wie seine Haltung zur Befreiungstheologie und zum Konzil. Zum Ausklang gibt es dann Wünsche, Hoffnungen und Träume.

Wir hoffen, mit diesem vielgestaltigen Angebot eine neue Möglichkeit zur Auseinandersetzung mit dem Papst aus Deutschland geschaffen zu haben.

Norbert Sommer und Thomas Seiterich
Saarbrücken/Oberursel, 19. April 2009
4. Jahrestag der Wahl von Benedikt XVI.

Joseph Ratzinger – Stationen seines Lebens

• 16. April 1927	Geburt in Marktl am Inn
• 1945-1951	Studium der Philosophie und Theologie in Freising und München
• 1951	Priesterweihe
• 1951-1954	Kaplan in München, anschließend Dozent in Freising
• 1953	Dissertation zum Thema »Volk und Haus Gottes in Augustinus' Lehre von der Kirche«
• 1954-1957	Dozent für Dogmatik und Fundamentaltheologie an der Philosophisch-Theologischen Hochschule Freising
• 1957	Habilitation an der Universität München: »Die Geschichtstheologie des heiligen Bonaventura«
• 1958-1959	Außerordentlicher Professor in Freising
• 1959-1963	Ordinarius für Fundamentaltheologie an der Universität Bonn
• 1962-1965	Konzilstheologe beim Zweiten Vatikanischen Konzil in Rom

Schließlich war die große Stunde des Konzils gekommen. Kardinal Frings nahm seinen Sekretär Luthe und mich als seinen theologischen Berater nach Rom; er erwirkte, dass ich gegen Ende der ersten Sitzungsperiode auch zum offiziellen Konzilstheologen (Peritus) ernannt wurde.

(aus: Joseph Kardinal Ratzinger, Aus meinem Leben – Erinnerungen, Stuttgart 1998, S. 101)

Antwort von Hans Küng auf die Frage von Wolf Südbeck-Baur, ob er und Joseph Ratzinger nicht nur die »Benjamine« unter den Konzilstheologen, sondern auch Kampfgefährten gewesen seien:

Nun, er war nicht exklusiv mein Kampfgefährte. Aber während des Konzils zogen wir an einem Strick … Auf jeden Fall merkte man in der Konzilszeit noch nicht, dass er eine andere Linie verfolgte. Er hat ja noch 1968 die Erklärung für die Freiheit der Theologie unterschrieben. Es gab genügend Anzeichen, ihn zur theologischen Avantgarde der Kirche zu zählen … Ich glaube nicht, dass die verschiedenen Charaktere uns hätten auseinandertreiben müssen. Wir haben uns von Anfang an gut leiden mögen, gerade weil wir so verschieden waren. Er war eher ein Timido, ein zurückhaltender, etwas schüchterner Mensch mit leichtem Lächeln. Ihm hat aber durchaus gefallen, dass ich eidgenössisch direkt war und, wenn Sie so wollen, unkompliziert und offen … Heute sehe ich anders und tiefer die Implikationen seiner Theologie für seine Entscheidungen. Er beruft sich in allen Dingen auf die Tradition. Er interpretiert die Bibel bis heute von den Konzilien des 5. Jahrhunderts her. Von dort her deutet es das Johannesevangelium und vom Johannesevangelium her die synoptischen Evangelien. Im Resultat ergibt sich daraus eine Christologie von oben, entsprechend eben dem Denkansatz der hellenistischen Konzilien. Diese Christologie ist sehr verschieden von meiner Christologie von unten.

(aus: Publik-Forum 5/2008)

- 1963-1966 Ordinarius für Dogmatik und Dogmengeschichte an der Universität Münster

Oh, was war ich begeistert von dem jungen, brillanten Theologieprofessor in Münster. Wir alle haben für ihn geschwärmt. Zum ersten Mal bin ich ihm 1963 begegnet, als er von einer Session des Zweiten Vatikanischen Konzils zurückkam und seinen Studierenden von den Konzilsdiskussionen berichtete. Als naives »Erstsemester« hatte ich geglaubt, im größten Hörsaal des

»Fürstenberghauses« mit immerhin 500 bis 600 Sitzen noch einen Platz zu finden. Stattdessen konnte ich von Glück sagen, ihn im kleineren Hörsaal nebenan wenigstens hören zu dürfen. Zugegeben, seine hohe Stimme war keine Offenbarung, aber was und wie er erzählte, war mitreißend.

Genauso mitreißend erlebte ich ihn vom nächsten Semester an in seinen Vorlesungen: viermal wöchentlich von 8 bis 9 Uhr – normalerweise nicht gerade die Zeit für Studierende. Aber Ratzinger füllte auch da wieder den großen Hörsaal. Natürlich waren das »die guten alten Zeiten«: Münster hatte nicht nur damals schon die höchste Zahl Theologiestudierender, sondern auch für viele andere waren theologische Themen noch interessant.

Was er lehrte – was er via Kardinal Frings ins Konzil eingebracht hatte –, war neu und befreiend. In seiner Vorlesung über die Kirche hörten wir erstmals von der Kollegialität der Bischöfe, der Autonomie der Ortskirchen, der Würde und dem Charisma der »Laien«. Positionen, die er später als höchster Glaubenswächter allesamt bekämpfte und unterminierte. Damals aber erfüllte er die theologische Fakultät und die Hochschulgemeinde mit der Offenheit eines Denkens, in dem jeder Neuanfang möglich schien. Ein besonderes Charisma war seine Sprache. Die war nicht so sehr logisch-argumentativ als vielmehr bildhaft-inspirierend.

Nie werde ich die Adventspredigten vergessen, die Ratzinger 1964 im Münsteraner Dom hielt. Wie viele tausend Menschen passen wohl dort hinein? Wir standen dicht gedrängt und lauschten atemlos.

Wann fand der Bruch im Denken und Handeln des jetzigen Papstes statt? 1968, als ihn die revolutionären Studenten verängstigten? Oder schon früher, als er nach Tübingen ging, wo er nicht mehr der einzige Star war, sondern es »noch einen Gott neben ihm« – genauer, längst vor ihm – gab: Hans Küng? Schon in Münster war er manchmal doppelgesichtig: Er sabotierte beim Münsteraner Bischof die wissenschaftliche Karriere seines eigenen Schülers Peter Lengsfeld. Und er verbot die Neuauflage einer Mitschrift seiner ersten Ekkle-

siologie-Vorlesung. Jedenfalls verwischten sich seine theologischen Spuren schon, bevor seine kirchliche Karriere begann, irgendwann zwischen Tübingen und Regensburg.

(»Beim Papst studiert« von Johanna Jäger-Sommer, Publik-Forum 8/2005)

- 1966-1969 Ordinarius für Dogmatik und Dogmengeschichte an der Universität Tübingen

Viele behaupten, Ratzinger habe sich nach 1968 geändert; er selbst weist jede Änderung von der Hand. Beide haben recht. Im Blick auf das Konzil wies Küng darauf hin, dass der theologische Rechtsruck (November 1964) eng mit der Angst vor einem politischen Linksruck in Italien zusammenhing. Ähnliches gilt für Ratzinger. Spätestens nach dem Linksruck der 68er wurde dem frommen, politisch naiven Nachkriegsjungen (wie sein Biograf J. Allen zeigt) wohl erst deutlich, wie sehr er einem ebenso naiven Gesellschaftsmodell verhaftet war. Nennen wir es bayerischen Katholizismus, konservative Abendland-Ideologie, ein kirchenzentriertes Gesellschaftsbild mit den Bischöfen als Garanten für Wahrheit, Moral und das Heilige.

(Hermann Häring in: Publik-Forum 16/2003)

Anfangs stellte sich Ratzinger jeder Debatte. Doch dann wurden seine Vorlesungen mit Trillerpfeifen gestört. Erstsemester spuckten ihm auf die Füße. Studenten verteilten Schriften, in denen das Kreuz als Symbol eines sadomasochistischen Weltbildes angeprangert wurde. Dann sangen sie »Verflucht sei Jesus«. Mit einem evangelischen Kollegen forderte Ratzinger auf einer Vollversammlung, das »Verflucht sei Jesus« müsse verschwinden. Die Fachschaft lehnte mit Hinweis auf die »sozialpolitischen Wirkungen« ab. Ratzinger resümierte bitter: »So wusste ich, worum es ging. Wer hier Progressist bleiben wollte, musste seinen Charakter verkaufen.«

(Angelika Wölk in der WAZ-Serie: Die 68er, 17. Januar 2008)

Der Existenzialismus zerfiel, und die marxistische Revolution zündete in der ganzen Universität, erschütterte sie in ihren Grundfesten. Jahre zuvor hätte man erwarten dürfen, die Theologischen Fakultäten würden ein Bollwerk gegen die marxistische Versuchung bedeuten. Nun war das Gegenteil der Fall. Sie wurden zum eigentlichen ideologischen Zentrum ... Die Hoffnung bleibt, aber an die Stelle Gottes tritt die Partei und damit ein Totalitarismus einer atheistischen Anbetung, die ihrem falschen Gott alle Menschlichkeit zu opfern bereit ist. Ich habe das grausame Antlitz dieser atheistischen Frömmigkeit unverhüllt gesehen, den Psychoterror, die Hemmungslosigkeit, mit der man jede moralische Überlegung als bürgerlichen Rest preisgeben konnte, wo es um das ideologische Ziel ging.

(aus: Joseph Kardinal Ratzinger, Aus meinem Leben – Erinnerungen, Stuttgart 1998, S. 139 und 150)

- 1969-1977 Ordinarius für Dogmatik und Dogmengeschichte an der Universität Regensburg

Im übrigen waren die Regensburger Jahre eine Zeit fruchtbarer theologischer Arbeit für mich ... Zunächst versuchte ich einfach, nach dem Einschnitt des Konzils, meine ganze Dogmatik neu zu konzipieren, mich neu den Quellen zuzuwenden und die laufende Produktion im Auge zu behalten. So wuchs mir allmählich eine Vision des Ganzen zu, die sich aus den vielfältigen Erfahrungen und Erkenntnissen speiste, mit denen mich mein theologischer Weg konfrontiert hatte ... Das Gefühl, immer deutlicher eine eigene theologische Sicht zu gewinnen, war wohl die schönste Erfahrung der Regensburger Jahre.

(aus: Joseph Kardinal Ratzinger, Aus meinem Leben – Erinnerungen, Stuttgart 1989, S. 176) Hinweis: Mehr zu den Regensburger Jahren im Beitrag »Alles, was rechts ist« von Christian Modehn (S. 143)

- 1977 Bischofsweihe und Erhebung zum Kardinal
- 1977-1982 Erzbischof von München und Freising

Hinweis: Mehr zu der Zeit in München im Beitrag »Freunde Seiner Heiligkeit« von Thomas Seiterich (S. 75).

- 1982-2005 Präfekt der Kongregation für die Glaubenslehre in Rom

Antwort von Kardinal Ratzinger auf die Frage von Klaus Bölling, ob er in dem Ruf an die Seite des Papstes nicht doch eine Herausforderung gesehen habe, »ein Bollwerk, ein Ritter gegen den Zeitgeist zu sein, sodass es eigentlich für Sie gar nicht ehrenrührig ist, wenn Sie in Ihrem Amt gelegentlich als der Vertreter eines gewissen katholischen Rigorismus apostrophiert werden?«: An sich war mir schon die Ernennung zum Erzbischof fremd, weil ich gerade große wissenschaftliche Projekte vor mir hatte. Ich habe immer noch gehofft, durch einen eher rechtzeitigen Rücktritt das wieder machen zu können, aber das ist also doch nicht geschehen. Beim Ruf nach Rom kam dazu, dass mir Italien noch ziemlich fremd war: Ich habe nicht hier studiert und verfügte nur über bescheidene Italienischkenntnisse; auch diese Kurienwelt kannte ich überhaupt nicht – also schon ein Sprung ins Fremde. Aber andererseits habe ich es wirklich als eine Herausforderung verstanden, das muss ich sagen. Es war zwar nicht meine eigene Wahl, aber eine Herausforderung, die ich wichtig fand und in der ich auch glaubte, etwas einbringen zu können. Als Rigorist indes möchte ich mich nicht so gern sehen, weil ich das Prinzip Barmherzigkeit gern festhalten möchte; aber als jemanden, der schon auch willentlich gegen den Strom schwimmt und Widerstand leistet, sehe ich mich ganz gern an.

(aus: Welt-am-Sonntag-Serie »Es gilt das gesprochene Wort«, April 1999)

- *Instruktion der Kongregation für die Glaubenslehre über einige Aspekte der »Theologie der Befreiung«, 1984*
- *Notifikation bezüglich des Bandes »Kirche: Charisma und Macht« von Leonardo Boff, 1985*
- *Unterrichtung bezüglich der christlichen Freiheit und Befreiung, 1986*
- *Schreiben bezüglich der Suspendierung von Charles Curran von der Lehre der Theologie*
- *Notifikation bezüglich des Buches »Christliche Identität und kirchliches Amt. Plädoyer für den Menschen in der Kirche« von Edward Schillebeeckx, 1986*
- *Schreiben bezüglich der Seelsorge homosexueller Personen – Homosexualitatis problema, 1986*
- *Instruktion »Donum vitae« über die Achtung vor dem beginnenden menschlichen Leben und die Würde der Fortpflanzung, 1987*
- *Vorgeschriebene Formel für die »Professio fidei«, 1988*
- *Unterrichtung über die kirchliche Berufung des Theologen, 1990*
- *Notifikation bezüglich des Buches »The Sexual Creators« von André Guindon, 1992*
- *Unterrichtung über einige Aspekte des Gebrauchs der sozialen Kommunikationsmittel bei der Förderung der Glaubenslehre, 1992*
- *Schreiben an die Bischöfe der katholischen Kirche über einige Aspekte der Kirche als »Communio«, 1992*
- *Einige Betrachtungen bezüglich der Antwort auf Gesetzesvorschläge zur Nicht-Diskriminierung homosexueller Personen, 1992*
- *Lehramtliche Stellungnahme zur »Professio fidei«, 1998*
- *Betrachtungen zum Primat des Nachfolgers Petri im Mysterium der Kirche, 1998*
- *Die Botschaft von Fatima, 2000*
- *Erklärung zum Begriff der »Schwesterkirchen«, 2000*
- *Erklärung »Dominus Jesus«, 2000*

- *Lehrmäßige Note zu einigen Fragen über den Einsatz und das Verhalten der Katholiken im politischen Leben, 2003*
- *Erwägungen zu den Entwürfen einer rechtlichen Anerkennung der Lebensgemeinschaften zwischen homosexuellen Personen, 2003*
- *Schreiben an die Bischöfe der katholischen Kirche über die Zusammenarbeit von Mann und Frau in der Kirche und in der Welt, 2004*

(Auszüge aus dem Internet-Auftritt der Glaubenskongregation mit »Dokumenten zur Doktrin« aus der Amtszeit von Joseph Ratzinger als Präfekt)

- 19. April 2005: Wahl zum Papst – Gewählter Name: Benedikt XVI.

Sicher wollen wir Benedikt XVI. wie jedem anderen eine Chance zubilligen. Und ich verweise in diesem Zusammenhang gerne auf drei Stellen seiner Predigt zur Amtseinführung am 24. April:

Erstens: »Ich weiß, ich bin nicht allein. Ich brauche nicht allein zu tragen, was ich allein wahrhaftig allein nicht tragen könnte.«

Wenn er so darum bittet, wollen wir ihn gewiss mit unseren Gebeten begleiten. Mit seiner Aussage hat er ein altes Motiv aufgegriffen, das er schon 1977 in einem grundlegenden Artikel über den »Stellvertreter Christi« an den Anfang stellte. Er sieht darin den Papst zuallererst als Glaubenden und als Zeugen: »Der Glaubende steht als solcher nie allein. Die Wir-Struktur gehört zum Christlichen überhaupt« (FAZ, 22. April 2005). Das Papsttum als »Wir-Struktur«, das könnte für allerhand Überraschungen gut sein. Daran wollen wir sein Pontifikat gerne messen.

Eine zweite Stelle seiner Predigt fügt sich eng an die erste an: »Das eigentliche Regierungsprogramm aber ist, nicht meinen Willen zu tun, nicht meine Ideen durchzusetzen, sondern gemeinsam mit der ganzen Kirche auf Wort und Wille des Herrn zu lauschen und mich von ihm führen zu lassen, damit er selbst die Kirche führe in dieser Stunde unserer Geschichte.«

Auch da können wir Benedikt XVI. nur sagen: Ja, so möchten wir Kirche sehr gerne auch verstehen, indem Kirchenführung und Kirchenvolk vereint auf Gottes Wort hören.

Bei einer dritten Stelle seiner Predigt habe ich sogar aufgehorcht, als er nämlich sagte: »Im alten Orient war es üblich, dass die Könige sich als Hirten ihrer Völker bezeichneten. Dies war ein Bild ihrer Macht, ein zynisches Bild: Die Völker waren wie Schafe für sie, über die der Hirte verfügt.«

Dass er sich so von diesem vertrauten Bild distanziert, überrascht wirklich. Denn wir haben schon Herdenbriefe gelesen, die den Eindruck vermittelten, dass der Orient manchmal ziemlich weit in den Okzident reicht.

(Ausschnitt aus einem Vortrag von Erwin Koller in der Pfarrei Sankt Martin in Thun/Schweiz am 30. April 2005)

Kein Zweifel: Joseph Ratzinger steht für persönliche Integrität und intellektuelle Brillanz. Dennoch – oder gerade deshalb – könnte er die katholische Kirche in ein gefährliches Fahrwasser führen: in das des Fundamentalismus. In seinen Reden seit dem Tode von Johannes Paul II. hat Ratzinger deutlich gemacht, was er am meisten fürchtet: jenen Pluralismus von Wahrheiten und Werten, der alle Wahrheiten und Werte hinterfragt. Diesem »Relativismus« will Ratzinger verbindliche Dogmen des Glaubens entgegensetzen. Diese Dogmen wird er scharfsinnig theologisch begründen, mit göttlichem Wahrheitsanspruch (»Ich bin nur der Diener des Herrn«) versehen und dann von oben verkünden. Damit setzt Ratzinger seinen eigenen fundamentalistischen Denkansatz jenen Fundamentalismen gegenüber, die die Welt beherrschen.

Da ist der globale Kapitalismus, der gegenwärtig in alle Ecken der Erde vordringt und dort alle Waren und Dienstleistungen, ja sogar Naturprodukte wie Saatgut oder menschliche Gene patentiert, kauft und verkauft. Dieser globale Kapitalismus macht nicht einmal vor menschlichem Leben halt – er macht das Leben zur Ware.

Und da ist der islamische Fundamentalismus. Seine Verantwortlichen leiten Lebensregeln und politische Vorstellungen aus einer bestimmten Interpretation des Korans ab, die mit ihren Herrschaftsansprüchen übereinstimmt. Diese erklären sie dann zu verbindlichen Geboten des Propheten. Allen, die anders glauben, oder Muslimen, die diese Interpretation nicht teilen, wird der heilige Krieg erklärt – und dieser dann auch teilweise gewaltsam ausgefochten.

Schon heute stehen sich diese Fundamentalismen unversöhnlich gegenüber. Ein dogmatischer Katholizismus würde die weltweite Konfrontation weiter anheizen – mit allen Folgen: Fundamentalistische Systeme und Denkweisen schaukeln sich häufig gegenseitig hoch – in der Konkurrenz um die Wahrheit. Dieses gefährliche Fahrwasser überschwemmt immer mehr Menschen: die Verlierer des Kapitalismus, die Verfolgten der radikalen Islamisten oder jene Priester und Theologen, die von der katholischen Kirche ausgebootet wurden und noch werden.

Die einzige Antwort auf diese Konfrontation ist der Dialog. Hier hat Ratzinger recht. Der Dialog wird die fundamentalistischen Denkansätze auf allen Seiten jedoch nur aufbrechen können, wenn die Dialogpartner auch ihre eigenen Dogmen infrage stellen. Das wird die Nagelprobe für den neuen Papst.

(»Gefährliches Fahrwasser« von Wolfgang Kessler, Publik-Forum 8/2005)

Geschwisterlichkeit oder absolute Monarchie?

Von Thomas Seiterich

Als um die Jahrtausendwende der Stuttgart-Rottenburger Diözesanbischof Walter Kasper aus Württemberg in den Vatikan befördert wird und schließlich von Papst Johannes Paul II. im Februar 2001 zum Kardinal sowie einen Monat später zum Präsidenten des »Päpstlichen Rates zur Förderung der Einheit der Christen« erhoben wird, fährt mit einem Mal ein neuer, frischer theologischer Wind durch das päpstliche Rom. Denn Kasper, der vor seiner Bischofsweihe im Juni 1989 knapp zwei Jahrzehnte lang katholische Dogmatik an den Universitäten Münster und Tübingen gelehrt hatte, bricht einen theologischen Streit vom Zaun, der es in sich hat. Über Theologie war unter den römischen Kardinälen seit vielen Jahren kaum mehr gestritten worden. Es geht um nichts weniger als um den Kern der Machtfragen und Zukunftsprobleme der römisch-katholischen Kirche. Es ist eine alte, jedoch äußerst aktuelle Kontroverse: ein grundlegender Richtungsstreit, der durch die eigensinnig konservative, das Konzil offenbar zur Disposition stellende Amtsführung von Papst Benedikt XVI. seit Januar 2009 erneut aktiviert wird (kirchenrechtswidrige, weil vorleistungsfreie Rehabilitierung der illegal geweihten traditionalistischen Sektierer-Bischöfe inklusive des notorischen Holocaust-Leugners Richard Williamson durch Benedikt XVI.).

Der wackere Schwabe Kasper besitzt zu Beginn seiner Kurienkarriere in Rom – obgleich Jüngster unter den Kardinälen – den Mumm,

Kardinal Joseph Ratzinger theologisch zu attackieren. Sein Gegner gilt damals neben dem polnischen Papst als der mächtigste Mann in der Leitung der Weltkirche. Ratzinger ist der Präfekt der vatikanischen Glaubenskongregation. In puncto Theologie und rechte Lehre wirkt er als die machtvolle graue Eminenz im Rücken des weltreisenden Papstes.

In einem Festschrift-Artikel Kaspers für den aufgeschlossenen Hildesheimer Bischof Joseph Homeyer,[1] in der US-Jesuitenzeitschrift America[2] und in der Münchner Jesuitenzeitschrift Stimmen der Zeit[3] wird der Streit ausgetragen. Kasper provoziert, Ratzinger lässt sich provozieren. Er antwortet. Zur nicht geringen Verwunderung vieler Höflinge im Vatikan unterbleibt eine wie immer geartete Maßregelung des Newcomers Kasper auf dem vatikanischen Parkett.

Es geht um die Kirche. Zwei Positionen liegen ekklesiologisch im Streit: Kasper, der langjährige Diözesanbischof, betont den Rang der Ortskirche. Ferner beschreibt er kräftig die Konflikte, die ein pastoral eingestellter, den Gläubigen und dem Presbyterium seines Bistums verantwortlicher Bischof im Verhältnis zur Kirchenleitung in Rom aushalten muss. »Vollends problematisch« werde die Lage, so erklärt Kasper, »wenn die eine universale Kirche unter der Hand mit der römischen Kirche, *de facto* (Hervorhebung durch Kasper) mit Papst und Kurie, identifiziert wird«.[4]

Ratzinger setzt dagegen die monarchische, zentral geleitete römische Papstkirche. Er verteidigt die bereits 1992 von der Glaubenskongregation unter seiner Leitung geäußerte Position von der »zeitlichen und ontologischen Vorgängigkeit« der Universalkirche vor den Einzel-

1 W. Kasper, Zur Theologie und Praxis des bischöflichen Amtes, in: Auf neue Art Kirche sein, Festschrift für J. Homeyer, München 1999, S. 32-48.

2 J. Ratzinger, The Local Church and The Universal Church, in: America, Bd. 185, Nr. 16, 19. November 2001, S. 7-11.

3 W. Kasper, Das Verhältnis von Universalkirche und Ortskirche, in: Stimmen der Zeit, 218 (2000), S. 795-804.

4 Festschrift J. Homeyer, S. 44.

kirchen.[5] Dem Papst und seiner Kirchenleitung schreibt Ratzinger letztlich einen besonderen Beistand des Heiligen Geistes zu. Während der Geist – die unkalkulierbarste der drei göttlichen Personen – für den forschen Antipoden Kasper innerkirchlich eher »weht, wo er will«.

Der Theologenstreit verästelt sich in Fragen der Kirchenlehre sowie des Heiligen Geistes – doch die Grundpositionen treten klar zutage. Kaspers Konzeption läuft hinaus auf eine konziliare, beratschlagende Kirche, die ihre ersten Vorbilder in der Antike findet. Damals war im späten römischen Imperium die den Weltkreis umspannende »katholische Kirche« in einem viele Menschenleben dauernden, nicht zentral gesteuerten Prozess zusammengewachsen. Aus den lebendigen und Initiative ergreifenden Ortskirchen, die sich in den Städten und später in den Regionen im Raum zwischen Trier und dem syrischen Palmyra gebildet hatten.

Ratzinger hingegen verficht eine Position, die der heute vorfindlichen römischen Kirche als Ideologie und Selbstrechtfertigung dient. Ihr dogmatisches Geburtsdatum ist die umstrittene Verabschiedung des Dogmas von der Unfehlbarkeit des Papstes in Glaubens- und Sittenfragen auf dem Ersten Vatikanischen Konzil 1870. Am Vorabend des deutsch-französischen Krieges, als die kritisch und konziliar gesinnten deutschen Konzilsväter bereits die Heimreise angetreten hatten, paukt Papst Pius IX. mit einem ihm ergebenen Restkonzil von in Rom verbliebenen Konzilsvätern das unselige Dogma durch. Dieses Unfehlbarkeitsdogma, flankiert vom damals neu eingeführten Herrschaftsmittel des päpstlichen Jurisdiktionsprimates, schafft einen Ungeist, der schwer wie kaum ein anderer historischer Entscheid auf der Kirchenleitung lastet. Das Unfehlbarkeitsdogma scheidet rabiat die Papstkirche von sämtlichen übrigen christlichen Kirchen und erschwert Ökumene, insbesondere das geschwisterliche Miteinander mit den Protestanten und Orthodoxen.

5 Medard Kehl SJ, Der Disput der Kardinäle, in: Stimmen der Zeit, 221 (2003), S. 226.

Gewiss: Nahezu sämtliche weltanschaulichen Gemeinschaften in der Spätzeit des 19. Jahrhunderts besaßen einen mehr oder weniger »unfehlbaren« Führer. Doch während alle übrigen Gruppierungen diese »Unfehlbarkeitsgefangenschaft« im Laufe der Jahrzehnte überwinden und neue, veränderbare Formen von Führung, Konsensfindung und gemeinsamer Entscheidung entwickeln, friert die römische Papstkirche den – mehr oder weniger zufälligen – Stand einer Konzilsmehrheit von 1870 ein – als unveränderliches und für die Gläubigen auf ewig verbindliches Dogma.

Rom, das durch Krieg sein Elendsländchen, den sozial zurückgebliebenen Kirchenstaat, an das Königreich Italien verlor, poliert und fördert fortan den weltweiten, auf den jeweiligen Papst wie einen hohepriesterlichen Gottkönig ausgerichteten »Ultramontanismus«.

Zugleich wurde der Vatikan von konservativen Päpsten zu einer absolutistischen Kirchenspitze ausgebaut. Die hierarchische Struktur der entstehenden katholischen Weltkirche, der strikte Entscheidungsverlauf von oben nach unten, sorgt in den Jahrzehnten bis zum Zweiten Vatikanischen Konzil (1962-1965) für eine Nähe zu autoritären Regimen, etwa den faschistischen Diktaturen in Spanien, Portugal, der Slowakei, Brasilien oder Italien. Hauptsache, ein Diktator ist Katholik!

Die progressive Mehrheit der demokratisch gesinnten Konzilsväter beim Zweiten Vatikanischen Konzil hat mit dieser generationenlang gepflegten Kirchenpolitik energisch Schluss gemacht. Ihre Anerkennung der Gewissens- und Meinungsfreiheit, der erstmals bekundete Respekt vor anderen Kirchen sowie den nichtchristlichen Religionen Islam und Judentum, das Geltenlassen selbst der nichtreligiösen Zeitgenossen – all das bedeutet eine unerhörte, bei Weltreligionen kaum je stattgefundene geistige Revolution. »Un salto d'inanzi« hatte der von aristokratischen Höflingen innerhalb der römischen Kurie anfangs verspottete rundliche Konzilspapst Johannes XXIII. gefordert, einen »Sprung nach vorne«. Johannes war todkrank. Doch diesen Sprung nach vorne hat er noch erlebt.

Aber das Konzil bestand nicht nur aus seiner großen, aufgeschlossenen Mehrheit, die die römische Kontrollsucht und Gängelei der zurückliegenden Jahrzehnte gründlich satt hatte. Der vatikanische Kurienapparat unter dem stockkonservativen Chef der Glaubensbehörde, Kardinal Alfredo Ottaviani, arbeitete gezielt gegen das von Johannes XXIII. geforderte »Aggiornamento«, die fällige »Verheutigung« der katholischen Kirche. Unterstützt wurden die vergangenheitsverliebten Kurienkardinäle von einer konservativen, ultramontan geeichten Minderheit von Kirchenfürsten aus vier Kontinenten, unter ihnen der ehemalige französische Kolonialerzbischof Marcel Lefebvre. Die Universalwaffe dieser Konservativen bestand im Ungeist des Unfehlbarkeitsdogmas – das über vieles ausgebreitet wurde und sich zu keiner Zeit auf die raren »Glaubens- und Sittenfragen« beschränkte. Weil die teils hoch umstrittenen Pius-Vorgängerpäpste aus theologischen Gründen nicht hatten irren können, wurden deren Positionen bekräftigend in die Konzilsdokumente hineinformuliert.

Wussten die Progressiven überhaupt, welche Kröten sie da schluckten, welche langfristigen Folgen sie mit ihrer Friedfertigkeit und Konfliktscheu in Kauf nahmen? Jedenfalls kamen auf diese Weise nahezu einstimmige Mehrheiten für die Konzilsdokumente zustande. Viele der Texte haben zwei Melodien; sie sprechen mit zwei Zungen, sind ambivalent. Die damalige Nachgiebigkeit rächt sich heute: Das Zweite Vatikanische Konzil war allzu konziliant.

Das folgenreichste Beispiel: Der Streit auf dem Konzil um die Dogmatische Konstitution über die Kirche, »Lumen Gentium«. In den Debatten um die Kirchenverfassung und Korrektur des Ersten Vatikanischen Konzils kommt es zu einem fatalen Kompromiss. Dieser sieht, knapp formuliert, wie folgt aus: Die reaktionäre römische Kurie schluckt die ersten beiden biblisch orientierten Grundlagenkapitel über die Kirche als »Geheimnis« und als »Volk Gottes«. Doch im dritten Kapitel setzt sie klar wieder die alte hierarchische Struktur durch – mit einigen Ergänzungen über Kollegialität, Bischofsweihe und Unfehlbarkeit. Der folgenreiche Artikel 25 weitet die sogenannte

Unfehlbarkeit des Papstes praktisch nach Belieben aus. Er übernimmt die These von einem »ordentlichen« unfehlbaren Lehramt der Päpste undiskutiert aus den römischen Theologielehrbüchern.

Alles wird schließlich abgesegnet durch eine der Konzilsversammlung aufgezwungene »Nota praevia explicativa« von Paul VI.: Unter Berufung auf seine angeblich »höhere Autorität« setzt dieser von der Kurie geprägte Papst am Ende der dritten Session dem Konzil im Grunde wieder die alte Primatsideologie als präjudizierende, hermeneutische Regel mitten in die Kirchenkonstitution. Der Theologe Hans Küng, damals einer der jungen Konzilsberater, berichtet: »Ärger, Trauer, Zorn, Empörung unter den Bischöfen, aber kein Protest und Widerstand gegen diesen und andere Willkürakte, welche die bischöfliche Kollegialität wieder aushebeln.«[6]

Die katholische Kirche steht damals wie heute vor der Entweder-oder-Frage: Geschwisterlichkeit oder absolute Monarchie? Benedikt XVI., der eher menschenscheue Papst aus Niederbayern, der sein Erwachsenenleben lang Dogmatik, also Kirchenlehre, dozierte, steht für die monarchische Kirchenleitung. Er berät sich wenig. Interne Kritiker sind in seinem System nicht zugelassen. Kreative Neinsager, intelligente Querdenker oder Experten für Gegenrecherche fehlen. Benedikt sucht seine wichtigen Mitarbeiter nicht nach Leistung aus, sondern nach Loyalität: Er bevorzugt Männer, die seinen Weg in der Glaubenskongregation oder bei der Arbeit am »Weltkatechismus« als ihm Untergebene treu begleitet haben – wie Geheimsekretär Georg Gänswein, Kardinalstaatssekretär Tarcisio Bertone, Glaubenspräfekt Kardinal William Levada oder Liturgie-Präfekt Antonio Canizares. Regierungstechnisch betrachtet sind dies die Gründe, weshalb Benedikt XVI. immer wieder Brüskierungen sowie schwere, unbedingt zu korrigierende Fehler unterlaufen.

Darüber hinaus ist Papst Ratzinger nicht mit jener emotionalen Intelligenz und dem Wissen um die Wirkung der von ihm gesetzten Ges-

6 Hans Küng, Kleine Geschichte der katholischen Kirche, 2002, S. 241.

ten und Zeichen begabt wie sein in dieser Hinsicht genialer Amtsvorgänger, Papst Johannes Paul II. aus Polen.

Für eine konziliare Kirche, in der weniger befohlen, jedoch mehr miteinander beraten wird, sind die Jahre seit 2005 unter dem sich als Kirchenlehrer verstehenden Papst Benedikt XVI. verlorene Jahre.

Papst Ratzinger treibt den jahrhundertealten Pendelschlag zwischen Monarchie und Konziliarität ins Extrem: Während sein Amtsvorgänger in puncto Kirchenlehre und Theologie beratungsbedürftig war und die Souveränität besaß, sich von Kardinal Joseph Ratzinger sowie anderen Theologen beraten zu lassen, neigt Benedikt XVI. zu einsamen Alleinentscheidungen. Monarchischer als unter Benedikt kann die katholische Weltkirche kaum noch geleitet werden.

Konziliar und geschwisterlich gesinnte Katholiken – egal ob Menschen im Kirchenvolk, Theologen, Ordensfrauen, Priester oder Bischöfe – wissen, was sie von dem im neunten Lebensjahrzehnt stehenden Papst aus Deutschland realistischerweise alles nicht erwarten dürfen. Doch sie sind imstande, eine neue Wirklichkeit, neue Realitäten aufzubauen, in kleinen Schritten, Stück um Stück.

In der Konzilsgeneration der um das Jahr 1900 Geborenen in Frankreich, Belgien, Italien, Österreich, der Schweiz und Deutschland, unter den Aktiven innerhalb der Jugendbewegung, der Liturgischen Bewegung und der ökumenischen Una-Sancta-Bewegung nannte man diese Lebenshaltung und Lebensweise in den kirchenpolitisch düsteren 1930er- und 1950er-Jahren den »vorauseilenden Gehorsam«. Konkret hieß das: kalkulierter Regelverstoß bei bleibender Gesprächsbereitschaft und Bereitschaft zum Konflikt mit konservativen Teilen der Amtskirche. Das Zweite Vatikanische Konzil schuf weniger neue Kirchenwirklichkeit, als es die bereits – vielfach unter Repression – gelebten und erkämpften neuen Realitäten des bewegten Gottesvolkes akzeptierte und endlich offiziell ins Recht setzte.

Die katholische Kirche hat Zukunft. Ohne Zweifel. Sie ist, rund um den Globus, äußerst lebendig. Hans Küng nennt für ihre innerkirchliche Zukunftsfähigkeit vier überzeugende Bedingungen: Sie hat Zukunftskraft,

»1. wenn sie nicht rückwärtsgewandt ins Mittelalter oder die Reformationszeit oder auch in die Aufklärung verliebt ist, sondern eine am christlichen Ursprung orientierte und auf die gegenwärtigen Aufgaben konzentrierte Kirche;

2. wenn sie nicht patriarchal ist, auf stereotype Frauenbilder, exklusiv männliche Sprache und vorherbestimmte Geschlechterrollen festgelegt, sondern eine partnerschaftliche Kirche, die Amt und Charisma verbindet und Frauen in allen kirchlichen Ämtern akzeptiert;

3. wenn sie nicht konfessionalistisch verengt ist, nicht konfessionalistischer Exklusivität, Amtsanmaßung und Gemeinschaftsverweigerung verfallen, sondern eine ökumenisch offene Kirche, die Ökumene nach innen praktiziert und endlich auf viele ökumenische Worte auch ökumenische Taten wie Ämteranerkennung, Abschaffung aller Exkommunikationen und eine volle Abendmahlsgemeinschaft folgen lässt;

4. wenn sie nicht eurozentrisch ist und keinen christlichen Alleinanspruch und römischen Imperialismus vertritt, sondern eine tolerante universale Kirche, die Respekt hat vor der immer größeren Wahrheit, die deshalb auch von den anderen Religionen zu lernen versucht und die den National-, Regional- und Lokalkirchen eine angemessene Autonomie lässt«.[7]

Dem ist nichts hinzuzufügen.

7 Hans Küng, a. a. O, S. 260.

Nachschlag

Es sollte bei den Amtsbestellungen der Subjektcharakter der Gemeinde durch die Ermöglichung ihrer eigenen gemeindlichen (»demokratischen«) Aktivität konkret angenommen werden. Amtsbestellungen sollten diesem Prinzip gemäß nie nur von oben erfolgen – hier muss an der seit dem 13. Jahrhundert zum Sieg kommenden Entwicklung entschieden Kritik geübt werden. Andererseits kann Amtsbestellung nie nur von unten, von der Einzelgemeinde her erfolgen, sondern muss immer auch den gesamtkirchlichen Faktor in sich bergen: Das Zueinander beider scheint mir für eine rechte Kirchenordnung konstituiv zu sein … Ich verweise nur auf die klassische Formulierung der Doppelseitigkeit des Verhältnisses (der Amtsträger untereinander) durch Cyprian. Er betont einerseits mit einem Nachdruck, der durch die ganze Geschichte weiterwirkt: »Nihil sine episcopo« (»Nichts ohne den Bischof«); die Forderung der Öffentlichkeit und der Einheit der Ortskirche unter dem Bischof erreicht bei ihm im Kampf gegen Wahlgemeinden und Gruppenbildung ihre äußere Schärfe und Klarheit. Aber derselbe Cyprian erklärt seinem Presbyterium gegenüber nicht weniger deutlich: »Nihil sine consilio vestro« (»Nichts ohne euren Rat«) und er sagt ebenso klar zu seiner Gemeinde »Nihil sine consensu plebis« (»Nichts ohne die Zustimmung des Volkes«). In dieser dreifachen Form von Mitwirkung am Aufbau der Gemeinde liegt das klassische Modell kirchlicher »Demokratie« vor, die nicht aus einer sinnlosen Übertragung kirchenfremder Modelle, sondern aus der inneren Struktur der kirchlichen Ordnung selbst erwächst und daher dem spezifischen Anspruch ihres Wesens gemäß ist.

(aus: Joseph Ratzinger, Hans Maier, Demokratie in der Kirche, Matthias-Grünewald-Verlag 2000, Neuauflage des Werks von 1970)

Demokratie in der Kirche, davon bin ich fest überzeugt, kann nicht darin bestehen, noch mehr Abstimmungskörperschaften einzurichten; sie besteht vielmehr darin, dem Lebendigen und seiner Vielfalt mehr Raum zu geben.

(Joseph Ratzinger im Schlusssatz zum Vorwort der Neuauflage von »Demokratie in der Kirche«)

Das Bekenntnis war Maßstab auch für die Wissenschaft. Aber nun stand das alles in der katholischen Kirche, jedenfalls in ihrem öffentlichen Bewusstsein, erneut zur Revision an, und auch das Bekenntnis schien nicht mehr unantastbar, sondern der Kontrolle durch die Gelehrten unterworfen. Hinter dieser Tendenz zur Herrschaft der Spezialisten war aber schon das andere zu spüren, die Idee einer kirchlichen Volkssouveränität, in der das Volk selbst bestimmt, was es unter Kirche verstehen will, die ja nun ganz deutlich als Volk Gottes definiert schien. Die Idee der »Kirche von unten«, der »Kirche des Volkes«, die dann besonders im Kontext der Befreiungstheologie zum Reformziel wurde, kündigte sich an.

(aus: Joseph Ratzinger, Aus meinem Leben – Erinnerungen, Stuttgart 1998, S. 136 im Kapitel »Münster und Tübingen«)

Die Anerkennung Jesu Christi als Souverän der Kirche und die Treue zum Evangelium als ihre Verfassung lassen es nicht zu, dass die katholische Kirche eine Demokratie werden könnte. Würde dennoch die Kirche in eine Demokratie verwandelt, würde es sich nicht mehr um die katholische Kirche handeln. Liegt hier vielleicht der Grund, warum über diese Frage in der heutigen Öffentlichkeit so kontrovers und so leidenschaftlich gekämpft wird?

(aus: Bischof Kurt Koch von Basel, Ist die Kirche eine Demokratie?, Kommentar für kath.net, 21. Juni 2007)

Paulus erwähne jedoch auch »die ein wenig traurige Situation der Gemeinde der Galater«, die eher dem »Fleisch« als dem »Geist« angehörten. Auch heute könne Ähnliches festgestellt werden, so Benedikt XVI. Statt sich in die Gemeinschaft der Kirche einzugliedern, wolle ein jeder über dem anderen stehen, »und mit intellektueller Arroganz will er glauben machen, dass er der Bessere wäre«. Auf diese Weise würden Polemiken entstehen, die zerstörerisch seien. »So entsteht eine Karikatur von Kirche, die ein Herz und eine Seele sein sollte.«

(aus einem Bericht in: Zenit – Die Welt von Rom aus gesehen, 23. Februar 2009, über die »Lectio divina« von Benedikt XVI. im Priesterseminar der Diözese Rom)

Christus hat Petrus als den Felsen erwählt, auf dem er seine Kirche aufbauen wollte. Als Apostel sollte er in der ganzen Welt – universal – als Hirte und Lehrer dienen, und dieses Apostelamt wirkt in seinen Nachfolgern durch alle Zeiten fort. Bitten wir den heiligen Petrus um seine Fürsprache, dass Verwirrung und Stürme die Kirche nicht erschüttern und wir am unverfälschten Glauben festhalten, in der Einheit bleiben und in Liebe miteinander leben.

(aus der Ansprache von Benedikt XVI. am 22. Februar 2009, am Fest der Kathedra Petri, hier an die deutschsprachigen Gläubigen gerichtet)

Kampf gegen Pluralismus und Relativismus

Von Norbert Copray

Als Papst Benedikt XVI. noch Kardinal Ratzinger war, erklärte er den »Relativismus zum zentralen Problem für den Glauben in unserer Stunde«. Das sagte er als Leiter der obersten katholischen Glaubensbehörde, der Bibelkommission und der Internationalen Theologenkommission. Und damit hat er ein Schlüsselwort seiner Theologie genannt. Mit ihm erschließen sich sowohl die Aktionen des obersten Glaubenshüters Ratzinger als auch die bisherigen Taten und Worte des Papstes Benedikt XVI. Verstehen lässt sich so auch, warum dieser Papst den meisten Projektionen der Kardinäle entsprach, die ihn wählten: Sie erhoffen sich von ihm, dass er den Relativismus und Pluralismus erfolgreich zurückdrängt und ihrer Position so neue Plausibilität verschafft. Denn die Plausibilität bischöflichen und lehramtlichen Verhaltens ist inner- wie außerkirchlich so geschwunden, dass die Kirche um ihren Einfluss auf gesellschaftliche Gesamtprozesse fürchten muss. Daher schon die heftige Demokratiekritik des Vorgängerpapstes. Der sprach von einer »Diktatur der Mehrheit«, wenn es um Abtreibungsfragen und die staatliche Anerkennung homosexueller Verbindungen ging. Darin ist der heutige Papst Ghostwriter und Vollstrecker seines Vorgängers in einer Person.

Allseits wird Benedikt XVI. wegen seiner intellektuellen Schärfe innerhalb und außerhalb der Kirche gelobt. Wer aber genauer hinschaut, erkennt unschwer: Was wie intellektuelle Schärfe erscheint, ist letztlich nichts anderes als der perfektionierte Bau kirchlicher

Lehre und Hierarchie mit den Mitteln der vormodernen Theologie und der spätantiken Apologie (Glaubensverteidigung). Dass dazu einiges an rhetorischem Geschick und an theoretischer Akrobatik gehört, ist geschenkt. Aber kommt dabei die theologische Auseinandersetzung auf die Höhe der Zeit? Auf die Höhe der heutigen theoretischen Diskurse, der theologischen Anfragen, der existenziellen, sozialen und politischen Widersprüche der Menschen in ihren Kontexten? Nein. Was in den Texten und Äußerungen Ratzingers und jetzt Benedikts XVI. anzutreffen ist, sind sprachlich modernisierte spätscholastische Behauptungen und Argumente, die so auch schon vor dem Zweiten Vatikanischen Konzil (1962-1965) zu lesen waren. Natürlich werden heutige Fragestellungen aufgenommen. Aber nicht so, dass der begründete Eindruck besteht, sie seien wirklich verstanden und in ihrem Recht auch anerkannt worden. Sondern – und das ist ja dann auch der rhetorische Trick – gewissermaßen als Scheinfragen, die der Autor Ratzinger dann auch als Scheinfragen entlarven kann. So wird das kirchliche Lehramt zum Igel, der immer schon da ist und alles besser weiß und natürlich zum Schluss auch gewinnt, während die anderen sich wie Hasen mit ihren Fragen und offenen Suchprozessen zu Tode hetzen.

Ratzingers Kampf gegen den Relativismus schließt sich nahtlos an seinen Kampf gegen die Befreiungstheologie an. Diesem sind Theologen wie Leonardo Boff und Ernesto Cardenal zum Opfer gefallen. Immer noch wirft Ratzinger alle Befreiungstheologien in einen Topf. Er verwechselt dabei den Inhalt mit marxistischem Erlösungskampf. So hält er den befreiungstheologischen Ansätzen in Bausch und Bogen vor, mit dem Zusammenbruch der kommunistischen Staatenwelt Menschen ratlos zurückgelassen zu haben. Das hätte Nihilismus und Relativismus nach sich gezogen. Abgesehen davon, dass mit einer solchen Behauptung neunzig Prozent der Befreiungstheologen massiv Unrecht geschieht, zeugt diese Darstellung Ratzingers nicht von intellektueller Schärfe. Von Redlichkeit ganz zu schweigen. Denn mitnichten haben es Boff und Gleichgesinnte an theologischer und – vor allem – an spiritueller und ethischer Orientierung fehlen lassen. Mitnichten haben sie einem Relativismus das Wort geredet, dem das Leben und die Identität von Menschen, Kulturen und Gesellschaften nichts gilt.

Aber was meint Ratzinger mit Relativismus? Warum sieht er darin den Hauptfeind der katholischen Kirche und Theologie? Relativismus meint bei Ratzinger zweierlei:

- Der in demokratischen Gesellschaften existierende Pluralismus. Dieser Relativismus erscheint Ratzinger »als die philosophische Grundlage der Demokratie, die eben darauf beruhe, dass niemand in Anspruch nehmen dürfe, den richtigen Weg zu kennen«. Er bedeute, dass »alle Wege füreinander als Bruchstücke des Versuchs zum Besseren hin« anzuerkennen sind und im Dialog nach Gemeinsamkeit gesucht werden muss. Im politische Raum spricht Ratzinger dem Pluralismus ein gewisses Recht zu, wenn er nicht einem totalen Relativismus – lässt sich denn Relativismus noch steigern? – Tor und Tür öffne. Denn »es gibt Unrecht, das nie Recht werden kann, zum Beispiel Unschuldige zu töten, Einzelnen oder Gruppen das Recht auf ihre Menschenwürde und auf entsprechende Verhältnisse zu versagen«. Hier zeigt sich bei Benedikt XVI. ein krasses Miss- und Unverständnis moderner Demokratie. Es sind gerade Demokratien, in denen zweifelsfrei gilt, dass Unschuldige nicht zu töten sind und Einzelnen oder Gruppen die Menschenwürde nicht abzusprechen ist. In der Vergangenheit auch gegen die Kirche. Und im Gegensatz zu all den Diktaturen, die die Erde schon gesehen hat, die Diktatur der kirchlichen Inquisition eingeschlossen, bis hin zur menschenunwürdigen innerkirchlichen Rechtspraxis, beispielsweise bei Lehrverboten. Demokratie bedeutet nicht die Relativierung von allem, sondern die Auseinandersetzung um den richtigen Weg und den gleichberechtigten Kampf um die Anerkennung dessen, was gültig und recht sein soll. Wer hier – wie Ratzinger – von einer »Diktatur der Mehrheit« spricht, tut allen Demokratieverächtern und Diktaturverehrern einen unakzeptablen Gefallen.

• Den politischen Relativismus sieht Ratzinger in das Feld von Glaube und Ethik überschwappen. Hauptgegner ist in diesem Feld für ihn die pluralistische Religionstheorie. Diese hat sich zum Ziel gesetzt, den Dialog der Weltreligionen zu betreiben und damit den Frieden zwischen den Religionen zu befördern. Dabei will sie das menschlich bedingte Unvollkommene von Religionen sowie deren kulturelle Begrenztheit beachten. So erst kann man gleichberechtigt miteinander umgehen und einander als gleichwertig achten. Ratzinger aber ist es zuwider, dass der eigene Glaube auf »eine Stufe mit den Überzeugungen der anderen« gesetzt wird und »ihm nicht mehr Wahrheit« zugestanden wird »als der Position des anderen«.

Ein Weiteres: Der Relativismus kommt auch als Demokratisierung der Kirche daher, in dem Versuch, »das Mehrheitsprinzip auf Glaube und Sitte auszudehnen«. Diesen »Relativismus in der Theologie« weist Ratzinger entschieden zurück und proklamiert: »Ein Glaube, den wir selbst festlegen können, ist überhaupt kein Glaube. Und keine Minderheit hat einen Grund, sich durch eine Mehrheit Glauben vorschreiben zu lassen. Der Glaube und seine Praxis kommen entweder vom Herrn her durch die Kirche und ihre sakramentalen Dienste zu uns, oder es gibt ihn gar nicht.«

Das ist überdeutlich und dazu ein klares Eigentor. Denn dann hat eine Minderheit vatikanischer Würdenträger auch nicht der Mehrheit der Gläubigen einen Glauben vorzuschreiben. Insofern Zustimmung. Aber zugleich gehen »Glaube« und »Glaube« durcheinander. Jeder Mensch glaubt seinen Glauben, auf eigene Verantwortung. Was Ratzinger aber meint, ist die Glaubenslehre, das, was über Gott und die Welt gedacht werden darf oder soll. Aber wieso kommt das direkt vom Herrn durch die Kirche zu uns, wenn die Kirche zugleich die Gemeinschaft aller Gläubigen ist, die laut Ratzinger nicht selbst – »wir (!) nicht festlegen können«, also Ratzinger eingeschlossen – den Glauben festlegen kann?

Das Christentum also soll anderen Religionen überlegen sein. Es wird zur wahren Religion erklärt, deren Wahrheit allein die katholische Kirche zu interpretieren, vorzuschreiben und zu repräsentieren hat. Damit aber ist der Theologe vollends bei den vormodernen Positionen angekommen, zu denen das kirchliche Lehramt die Gläubigen verpflichten will. Aus Theologie wird Ideologie, weil sie dann jedes Gegenargument als unangemessen abweist und sich in die Rechthaberei zurückzieht. Ratzinger macht aus Pluralismus und Gleichberechtigung erst Beliebigkeit und Gleichheit und will dann mit seinem theologischen Florett dic Luft aus der pluralistischen Theologie herauslassen. Aber das gelingt nicht wirklich, weil er mit postmodernem Pluralismus und demokratischer Gleichberechtigung nichts anfangen kann.

Mit Blick auf die »heidnischen« Religionen spricht er dann auch noch vom »Sieg des Christentums« über sie. Denn das Christentum sei ja so viel vernünftiger und moralischer als die anderen Religionen. Damit hat Ratzinger sich eigentlich um seine Rolle als ernst zu nehmender Partner in interreligiösen Dialogen gebracht. Aber dieser Papst will da auch nicht Partner sein, sondern endgültige Autorität religiöser Wahrheit. Das ist weder heilsam noch hilfreich, sondern tendenziell fundamentalistisch.

(Zitate aus: Joseph Kardinal Ratzinger: Glaube, Wahrheit, Toleranz, Herder 2005)

Mut zum Ewig Neuen statt Angst vor Relativismus

Von János Darvas

Man kann die Rehabilitierung der vier exkommunizierten Bischöfe der erzkonservativen Piusbruderschaft – darunter der Holocaustleugner Richard Williamson – als politischen Skandal, als falsches religiöses Signal, als kommunikatives Missverständnis oder sonstwie interpretieren. Es mag Dementis geben, nachgereichte Aufrufe an die ohne Vorbedingungen Wiederaufgenommenen und Rechtfertigungen mittels kirchenrechtlicher Spitzfindigkeiten. Irreversibel aber bleibt ein Schaden, der Betroffenheit, ja Trauer auslöst. Für Katholiken vor allem wohl deshalb, weil die Stimme der Freiheit, die fundamental in der Botschaft und dem Wirken Jesu erklingt, so unsensibel wie nur irgend möglich zurückgewiesen wurde. Gerade in einem Zeitalter wie dem unseren kommt es angesichts der säkularen Freiheitsideale allenthalben zu einer energischen Besinnung auf diesen auf Freiheit angelegten Ursprung auch in kirchlichen Kreisen, bei Laien wie Priestern. Die Piusbrüder sind militante Gegner dieser Freiheit. Ein Bollwerk wollen sie sein: gegen »Chaos« und »Relativismus«. Ihre Ideologie transportiert ein autoritär-mittelalterliches Kirchenparadigma weiter und steht allem, was religiösen Grundforderungen unserer Zeit entspricht, entgegen. Die von Marcel Lefebvre gegründete Bewegung hat Vertreter der reaktionärsten Milieus nicht nur angezogen, sondern ihre Nähe auch gesucht, etwa mit den Führern der Militärdiktatur in Argentinien, deren Hände tausendfach mit Blut befleckt sind. Ihr notorischer, auf alter unseliger Tradition beruhender

Antijudaismus wird sich, trotz verbaler Abgrenzungen zum rassistischen Antisemitismus, kaum von ihm trennen lassen: Hat doch jener diesem erst sein bewusstseinsgeschichtliches Fundament bereitet. Deswegen ist Betroffenheit und Trauer bei Juden nicht minder groß. Waren nicht seit dem Zweiten Vatikanischen Konzil, waren nicht durch den sonst kirchenpolitisch durchaus autoritär agierenden Papst Johannes Paul II. die Tore zu gegenseitigem Verständnis, zu Anerkennung und Versöhnung weit geöffnet worden? Und nun dies – und nicht nur dies. Die jüngst wieder allgemein zugelassene Tridentinische Messe erhielt in der Karfreitagsliturgie eine Formulierung zurück, die zwar weniger beleidigend wirkt als die ursprüngliche, die aber doch in der Fürbitte, die Juden mögen Christus anerkennen, die berechtigte Sorge aufkommen lässt, es sei mit der Aussicht auf ein wirklich unbefangenes und partnerschaftlichen Miteinander wieder vorbei, wo Sinngebung und Führung ruhig dem Geist anvertraut werden können, der weht, wo er will.

Trauer und Betroffenheit. Nicht nur bei Christen und Juden, sondern bei jedem, der sich im Ausblick auf eine werdende Ökumene aller Kulturen und Religionen bewusst macht, wie sehr Geist und Freiheit zusammengehören. Wir brauchen ja durchaus die Spiritualität aller Traditionen. Wir müssen sie einbringen in jene zwanglose Konvergenz eines »heiligen Humanismus«, die sich, bei allen Unterschieden, heute unmissverständlich ankündigt. Ja, wir brauchen sogar »Traditionalisten« im besten Sinne, qualifizierte Hüter dessen, was, von fern her spirituell angelegt, vielleicht gerade heute erst seine Quintessenz freigeben kann. Was wir nicht brauchen, sind normative Festschreibungen alter, neuerer und neuester Weisheitsgüter – seien es kirchliche, rabbinischc, anthroposophische oder integrale. Und deshalb haben Trauer und Betroffenheit angesichts der Rückschritte in der großen katholischen Kirche nichts mit der klammheimlichen Schadenfreude zu tun, es geschehe dieser überalterten Institution schon recht und es sei ohnehin nichts anderes zu erwarten gewesen. Trauer und Betroffenheit werden wach angesichts einer tief in die menschlichen Verhältnisse eingeschriebenen Schwäche, das Ewig Neue nicht zu wollen, das in der Zuwendung zum Spirituellen immer da sein will. Die Angst vor Chaos und Relativismus: Das ist ein durch und durch menschlich-allzumenschlicher Zug, auch und besonders in der Person des jetzigen Kirchenoberhaupts. Sie findet sich bei Verantwortungsträgern anderswo nicht weniger, die freilich selten mit so weitreichendem Prestige und autoritativer Macht ausgestattet sind wie er. Sie ist auch sonst bei den Menschen überall da. Wir brauchen natürlich Ordnung und verbindliche Werte, brauchen Kontinuitäten und Sicherheiten. Es scheint aber die Stunde gekommen zu sein, wo diese Qualitäten innerhalb universeller, dynamischer Werdensprozesse verwirklicht werden müssen und können. Jede Geburt, jede Empfängnis geht ja durch ein Chaos hindurch, wo in der Befruchtung das vorgegebene Gefüge der Eizelle zerfällt. Nur so entsteht Neues – und wahrt dennoch in innerer Gesetzmäßigkeit die Kontinuität des Lebensstroms. Und ohne Relativität, ohne adäquates In-Beziehung-Setzen, wo auch das Eigene hinterfragt, sogar rückhaltlos hinterfragt werden kann und muss, gibt es keine Freiheit. Das Absolute selbst, das in den religiösen und spirituellen Traditionen gemeint ist, kann nicht relativ sein. Unsere Beziehung zu ihm, die spezifischen Formen der Religionen, sind es allemal. Fehlt aber der Mut zum kreativen Chaos, fehlt der Wille zur Freiheit, dann wird der Zugang zum Unbedingten – das lebendig ist, ewig und neu zugleich – nicht an seinem eigentlichen Ort im Geist erfasst. Ein erstarrtes Spiegelbild des Ewigen wird einseitig in die Bewahrung überlebter Dogmen, Verhaltensweisen, Institutionsformen hineinprojiziert. In der Folge wird fast unumgänglich das äußere, zeitbedingte Kleid verewigt, in dem es einmal wirklich wirksam war. Das Wesentliche, um das es letztlich geht, wird zugedeckt. Alle organisierten Religionen, alle spirituellen Bewegungen schlagen sich mit diesem Problem herum. Durchschaut man das, dann verwandeln sich Trauer und Betroffenheit in Verantwortungsbewusstsein für sich und für die Tradition – alt oder neu –, in der man steht. Statt mit dem Finger auf andere zu zeigen, wird man sich den schwierigen Forderungen zu stellen haben, wie es um einen selbst und um die Gemeinschaften, Einrichtungen, Initiativen bestellt ist, mit denen man verbunden ist. Die Rückständigkeiten, Sklerosen, Amtsanmaßungen zu benennen und in rückhaltloser, zugleich brüderlicher Gesinnung miteinander zu diagnostizieren ist das eine. Das andere aber ist die Umsetzung ins Handeln. Wo fängt man an? Ein hilfreiches Wort dazu findet man in den Evangelien: »Die Wahrheit wird euch frei machen.« Das aber tut sie nur, wenn sie ganz im Individuellen ankommt und jede Bevormundung, jede Gängelung abstreift. Bevormundungen sind im buchstäblichen Sinne unwahr, auch dann und vor allem dann, wenn sie mit großen Weisheitslehren und Erlösungsperspektiven daherkommen. Deshalb sollte man tunlichst den Hinweis aus den Evangelien mit einer kühnen Formulierung des jungen Hegel ergänzen, der den Satz umkehrt: »Die Freiheit wird euch wahr machen.« Nicht Willkür ist damit gemeint, sondern Verantwortlichkeit sowie der Mut, sie zu ergreifen. Das ist gewiss unbequem. Es führt aber kein Weg daran vorbei.

Wahrheit – Widerspruch zwecklos

Von Hartmut Meesmann

Der Erfolgsschriftsteller Umberto Eco hat in seinem Bestseller »Der Name der Rose« die Erkenntnis formuliert: »Die einzige Wahrheit heißt: lernen, sich von der krankhaften Leidenschaft für die Wahrheit zu befreien.« In einem solchen Satz sieht Papst Benedikt XVI. nicht nur eine »Kriegserklärung« an das Christentum, sondern auch ein Abdanken der Vernunft. Wenn der Mensch auf den Wahrheitsanspruch für eine bestimmte Weltanschauung verzichte, bleibe er unter seinen Möglichkeiten, mahnt der deutsche Papst. Und wenn der englische Autor Dan Brown in seinem Thriller »Illuminati« eine seiner Hauptfiguren erklären lässt: »Die Kirche ist nicht die einzige erleuchtete Macht auf diesem Planeten; wir alle suchen nach Gott, wenn auch auf verschiedenen Wegen«, dann sieht Benedikt XVI. auch in einem solchen – von vielen Zeitgenossen geteilten – Bekenntnis letztlich eine Verirrung der Vernunft.

Joseph Ratzinger untermauert demgegenüber in aller Deutlichkeit den Anspruch des christlichen Glaubens, die Wahrheit über die Welt, den Menschen und Gott zu wissen. Und dieser Anspruch könne letztlich nur vom Lehramt der römisch-katholischen Kirche eingelöst werden, das die Wahrheit erkennt und lehrt. Ratzingers zentrales theologisches Anliegen ist es, die innere Vernünftigkeit und Aufgeklärtheit des christlichen Glaubens aufzuzeigen – gegen den zeitgeistigen Relativismus, der den Anspruch aufgegeben habe, dass die Wahrheit über Welt, Mensch und Gott je erkannt werden könnte.

Benedikt XVI. wendet sich gleichermaßen gegen die »falsche Demut«, die Wahrheit könne vom Menschen letztlich nicht entdeckt werden, wie gegen den »falschen Hochmut«, der Mensch könne sein Leben einfach nach freien Stücken gestalten und sich über die (objektiv vorgegebene) Wahrheit der Dinge hinwegsetzen – und zum Beispiel die Abtreibung im Konfliktfall erlauben oder gleichgeschlechtliche Partnerschaften als »normal« akzeptieren. Das sind zwei Konfliktfelder, die der Papst – wie sein Vorgänger – immer wieder als besonders schlimme Beispiele für die unvernünftige Hybris des Menschen heraufbeschwört. Diese Hybris breche immer dann auf, wenn der Mensch nicht an Gott glaube oder irgendwelche Götzen verehre.

Der Papst insistiert darauf, dass das Göttliche grundsätzlich durch eine rationale Analyse der Wirklichkeit wahrgenommen werden könne. An der inneren Ordnung der Natur könne der Mensch die schöpferische Weisheit (Gottes) ablesen. »Gott kann im Lichte der Vernunft erkannt werden«, heißt denn auch ein traditionelles Grundprinzip des christlichen Glaubens, vor allem in seiner katholischen Ausprägung. Aber nicht nur die Ordnung der Dinge kann erkannt werden, sondern auch der Wille Gottes in Bezug darauf, wie der Mensch (gottgefällig) zu leben habe. Auch die von Gott gewollte sittliche Ordnung, in die sich der Mensch bescheiden und demütig einzufügen habe, könne von der menschlichen Vernunft nachgezeichnet werden.

Und weil das alles so ist, kann der Papst folgern: »Der christliche Glaube beruht auf Erkenntnis.« Der Glaube ist ihm daher zuerst Philosophie und Aufklärung, nicht Religion. »Im Christentum ist Aufklärung Religion geworden«, formuliert Ratzinger in seinem Aufsatzband »Glaube – Wahrheit –Toleranz«, und zwar deshalb, weil Gott selbst »in die Religion eingetreten« sei: durch seine Menschwerdung in dem Menschen Jesus von Nazareth.

Die letzte (und objektive) göttliche Wahrheit habe sich, so der Papst, endgültig und allein in der Person und im Leben Jesu von Nazareths gezeigt, »offenbart«. Diese Wahrheit sei »von außen« – oder »von oben« oder wie immer man es formulieren will – in die Geschichte der Menschheit eingetreten. In der Person Jesu habe sich die »Vernunft des Weltalls als Liebe offenbart«. Erst durch das Christentum und seine originelle Verbindung von die Wahrheit aufdeckendem Denken und tätiger Liebe (Caritas) sei der religiöse Monotheismus, also der Ein-Gott-Glaube des Judentums, zum erkennbaren Heilsweg für alle Menschen geworden – über alle Kulturen hinweg. Deswegen könne das Christentum den universalen Anspruch erheben, allein die befreiende und tröstliche Wahrheit, was das Leben im Kern ausmache und wie es gelebt werden sollte, zu »besitzen«. Denn richtig leben und sterben könne man nur »im Licht der Wahrheit«, behauptet Benedikt XVI. Für ihn ist der Streit um die Wahrheit keine akademische, sondern immer eine existenzielle Frage, eine Frage auf Leben und Tod.

Den anderen Religionen steht der Papst eher skeptisch gegenüber. Denn diese könnten laut Ratzinger letztlich immer nur ihren eigenen menschlichen Weg »von unten« beschreiten, nicht aber zur letzten göttlichen Wahrheit vorstoßen. Diese göttliche Wahrheit könne dem Menschen in letzter Konsequenz nur von außen vermittelt werden, wenngleich die Vernunft diese Wahrheit dann – sozusagen im Nachvollzug – als Wahrheit erkennen könne. In den Religionen gehe es dagegen um das »bloß Eigene und selbst Erdachte«, urteilt Ratzinger mehrfach. Weshalb er denn auch den religiösen Aufbruch, den Religionssoziologen derzeit konstatieren, eher skeptisch betrachtet. Immer wieder spricht der Papst warnend von »kranker und degenerierter Religiosität«, weil und insofern sie im rein Subjektiven stecken bleibe.

Der Papst formuliert einen provozierenden Anspruch in Zeiten, da »pluralistische Religionstheologen« von den unterschiedlichen Perspektiven der Religionen auf das Absolute und von verschiedenen Erscheinungsweisen Gottes sprechen – weswegen ihre Vertreter denn auch vom Papst als nicht mehr christlich angesehen werden – und nichtchristliche Denker ein Loblied auf die Vielgestaltigkeit der Wahrheit anstimmen, weil nur diese Vielgestaltigkeit Toleranz und Frieden unter den Weltanschauungen gewährleisten könne.

Provozierend für die Ökumene ist der von Ratzinger unterstrichene Anspruch, dass im Letzten nur die römisch-katholische Kirche als die vom »Geist Gottes geleitete Gemeinschaft der Glaubenden« die göttlichen Weisungen verbindlich auslegen könne. Sie decke die Wahrheit auf, die aber natürlich grundsätzlich jeder Mensch guten Willens aufspüren könne – sofern Verstand und Gewissen bei ihm »funktionierten«. Widerspruch zwecklos, könnte man salopp kommentieren. Denn die im Christentum ausformulierte »Offenbarung Gottes« antworte, davon ist der Papst felsenfest überzeugt, auf eine tiefe Sehnsucht und ein unstillbares Verlangen des Menschen (nach Wahrheit). Dies anzunehmen und darauf sein Leben zu bauen ist für ihn der Kern des Glaubens. Und so kann Ratzinger formulieren: »Wenn aber der Gott, den das Denken findet, nun im Innern einer Religion als sprechender und handelnder Gott begegnet, dann sind Glauben und Denken versöhnt.« Dann gilt: »Die Gottheit, auf die die Vernunft zugeht, ist identisch mit dem Gott, der sich in der Offenbarung zeigt.« Dann »decken sich die vom christlichen Glauben ins Licht gestellten wesentlichen Forderungen des einen Gottes an das Leben des Menschen mit dem, was dem Menschen, jedem Menschen, ins Herz eingeschrieben ist, sodass er es als das Gute einsieht, wenn es vor ihn hintritt«.

Damit entfaltet Benedikt XVI. ein rational stimmiges, geschlossenes, ja unfehlbares System, aus dem es kein Entrinnen gibt. Wer bestimmten inhaltlichen Vorstellungen der katholischen Kirche – aus Vernunft- und Gewissensgründen – nicht folgen mag oder kann, ist dann entweder ignorant, böswillig, gewissenlos oder hat, gutwillig zwar, dennoch bestenfalls Bruchstücke der Wahrheit erkannt. Auch demokratische Mehrheitsentscheidungen können dann folgerichtig die Wahrheit verfehlen und dürfen ignoriert, ja sogar bekämpft werden. Im Weltbild Ratzingers steht hier das »Zufällige« gegen das Absolute.

Der Streit (mit dem Papst) aber geht um die Frage, wie ein von Vernunft und Liebe geprägtes (und damit »gottgewolltes«) Leben konkret auszusehen hat. Widerspricht eine Haltung, die dem Embryo kein absolutes Lebensrecht auf Kosten der Mutter zubilligen will, in jedem

Fall der Vernunft? Nein! Widerspricht ein Ja zur gleichgeschlechtlichen Partnerschaft dort, wo es um tief verankerte Persönlichkeitsstrukturen geht, in jedem Fall der Vernunft und der Liebe? Nein! Die Vernunft des Menschen ist immer auch eine schöpferische Vernunft. Deshalb steht »die Wahrheit« nicht ein für alle Mal fest. Früher hat die Kirche zum Beispiel die Religionsfreiheit verworfen, weil sie nicht dem Willen Gottes entspreche; heute wird sie als Menschenrecht – und damit gottgewollt – anerkannt. Früher wurden die Juden als »Gottesmörder« gebrandmarkt, heute sieht man in ihnen eine »Geschwisterreligion«. Das Lehramt der Kirche kann sich also irren und hat sich in der Geschichte geirrt. Deshalb muss um »die Wahrheit« immer neu gestritten werden. Auch mit und in der Kirche.

Wahrheit ohne Wenn und Aber

Von Erwin Koller

Die Wahrheit Benedikts XVI. ist die Wahrheit des Papstes. Wer diesen Thron besteigt, hat zu sagen, was Jahrhunderte als katholische Wahrheit ausgemergelt haben. Anderes zu erwarten wäre töricht. Überraschen kann höchstens, wie Forderungen der Gegenwartsdiskussion mit Ansprüchen der Tradition verbunden werden, ob sie ungewohnte Durchblicke ermöglichen oder zu neuen Verwerfungen führen.

Auffallend ist bei Benedikt XVI., wie eindringlich er die Wahrheit des Glaubens zur Wahrheit der Vernunft in Beziehung setzt. Er respektiert die Autonomie der Vernunft. So erklärt er, es gehöre zum Wesen der Universität, »dass sie allein der Autorität der Wahrheit verpflichtet sein soll«, »frei von politischen und kirchlichen Autoritäten« und »unabhängig von Parteien und Interessengruppen«. Er würdigt die »Erkenntnis und Anerkenntnis von Menschenrechten und Menschenwürde«, die aus der Entwicklung der Humanwissenschaften hervorgegangen sind.

Andererseits verurteilt er jeden Versuch, die Wahrheit des Glaubens mit Gewalt zu verbreiten. »Gott hat kein Gefallen am Blut«, zitiert der Papst bei seiner verunglückten Rede in Regensburg den byzantinischen Kaiser Manuel II. Palaiologos, »und nicht vernunftgemäß ... zu handeln ist dem Wesen Gottes zuwider«. Eine brisante Aussage angesichts der weltpolitischen Gegenwartskonflikte. Hätte Benedikt XVI. sie mit einem Schuldbekenntnis verbunden statt mit dem Unfrieden stiftenden Zitat über Gewalt bei Mohammed, wäre sein Wahrheitsverständnis zur epochalen Herausforderung aller Religionen geworden. Erst recht, wenn er in der eigenen Kirche zielstrebig alle groben und subtilen Nötigungen in Fragen des Gewissens und der Disziplin abgeschafft hätte.

Ratzinger vertritt einen Wahrheitsanspruch ohne Wenn und Aber. Trotzdem postuliert er: »Es geht nicht anders: Vernunft und Religion müssen wieder zueinanderkommen.« Grundlage dafür ist seine Deutung der geistigen Situation des frühen Christentums und der Gegenwart. Zwischen Jerusalem und Athen, zwischen jüdisch-christlicher Offenbarung und griechischem Denken brauchte es eine Vermittlung. Ratzinger sieht sie verwirklicht in der Begegnung beider Kulturen im alten Alexandrien: »Der ins Griechische übersetzte Glaube Israels (in der sogenannten Septuaginta), wie er sich in seinen heiligen Büchern spiegelte, wurde alsbald zu einer Faszination für den aufgeklärten Geist der Antike, deren Religionen seit der sokratischen Kritik immer mehr ihre Glaubwürdigkeit eingebüßt hatten ... Die Religion Israels muss für die besten Kreise der späten Antike eine ähnliche Faszination gehabt haben wie die Welt Chinas in der Zeit der Aufklärung für Westeuropa ... Das Christentum war jene ins Universale geweitete Gestalt des Judentums.«

In der Analyse der geistigen Situation der Gegenwart setzt Ratzinger sowohl der Religion wie der Vernunft kritisch zu: »Wenn Terrorismus auch durch religiösen Fanatismus gespeist wird – und er wird es –, ist dann Religion eine heilende und rettende oder nicht eher eine archaische und gefährliche Macht, die falsche Universalismen aufbaut und dadurch zu Intoleranz und Terror verleitet? Muss da nicht Religion unter das Kuratel der Vernunft gestellt und sorgsam eingegrenzt werden?« Andererseits müssen angesichts der Versuchung der Biowissenschaft, mit dem Menschen zu experimentieren, »Zweifel an der Verlässlichkeit der Vernunft aufsteigen. Schließlich ist ja auch die Atombombe ein Produkt der Vernunft ... Müsste also jetzt nicht umgekehrt die Vernunft unter Aufsicht gestellt werden?« Weil offenkundig »ein erneuertes ethisches Bewusstsein nicht als Produkt wissenschaftlicher Debatten zustande kommt«, fordert Ratzinger, dass »Religion und Vernunft sich gegenseitig begrenzen und je in ihre Schranken weisen und auf ihren positiven Weg bringen«.

Eine faszinierende Herausforderung der Philosophie. Jürgen Habermas nimmt sie an: »Beide Modi, Glauben und Wissen, mit ihren in Jerusalem und Athen basierten Überlieferungen (gehören) zur Entstehungsgeschichte der säkularen Vernunft. Fromme Katholiken, die bei Paulus lesen, die Menschwerdung sei den Griechen eine Torheit, schweigen vor sich hin.« Andere zweifeln und erinnern daran, dass Ratzinger in der Aufklärung eine Verfallsgeschichte der Vernunft am Werk sieht – wie schon in der Reformation –, die zu einer »Diktatur des Relativismus« führe.

Doch selbst wenn mit Benedikt XVI. ein aufgeklärtes Gegenwartsbewusstsein auf dem Papstthron angekommen wäre – noch sind keine Früchte erkennbar in der Handhabung geistlicher Macht gemäß dem Vermächtnis des Stifters. Noch klafft ein Riss zwischen katholischer Wahrheit und Aufklärungswahrheit, ja er geht gar durch den Träger des Amtes selbst hindurch. Oder was sagt Benedikt XVI., wenn er Professor Ratzinger dozieren hört: »Wenn Religion mit elementaren Gewissheiten einer Weltansicht nicht mehr in Einklang zu bringen ist, löst sie sich auf«?

Der Papst und die widerspenstige Freiheit

Von Norbert Copray

Benedikt XVI. hat ein tiefes Grundmisstrauen gegenüber Emanzipationsbewegungen. Das zeigt sich in päpstlichen Sätzen wie dem Folgenden: »Das implizite Ziel aller modernen Freiheitsbewegungen ist es, endlich wie ein Gott zu sein, von nichts und niemandem abhängig, durch keine fremde Freiheit in der eigenen beschränkt.« Wer moderne Emanzipationsbestrebungen so versteht, wird zu einer konkreten Freiheitstheologie und -bewegung niemals ein positives Verhältnis herstellen können. Sicher gibt es den menschlichen Wahn, sich zu eigener Allmacht befreien zu wollen. Aber Ratzinger stellt mit seiner Kritik gleich alle Freiheitsbewegungen unter Generalverdacht. Ist das ein philosophisch und historisch angemessener Umgang mit den Freiheitsbestrebungen in der Menschheitsgeschichte? Ist das die Urteilsfähigkeit des vermeintlich »brillantesten Intellektuellen, den die Kirche im 20. Jahrhundert hervorgebracht hat« (Thomas Assheuer in: Die Zeit)?

Wenn Benedikt XVI. von Befreiung spricht, dann besteht sie für ihn »in der Reinigung unserer selbst und in der Reinigung der Normen, sodass sie das menschengemäße Miteinander der Freiheiten ermöglichen«. Wenn Befreiung aber bedeutet, Normen und Rechtsbestimmungen auf den Prüfstand zu stellen und gegebenenfalls abzuschaffen, falls sie den Menschen bedrücken, dann kommt das für Ratzinger einer generellen Auflösung von Normen bis hin zur Anarchie gleich. Diese Sicht der Dinge ist fatal: Denn wo es um die Freiheit von Völkern und Volksgruppen geht, wo Recht und Ordnung von Herrschenden missbraucht werden, um die Freiheit von Menschen klein zu halten, wirkt ein Verständnis von Freiheit wie Hohn, das nur auf die »Reinigung« von Normen und auf innerliche Prozesse abstellt.

Freiheit, Recht und Ordnung stehen für Ratzinger in einem unauflösbaren Bedingungsverhältnis. Dass die Französische Revolution überhaupt erst so etwas wie Recht und Ordnung ermöglicht hat bis hin zur Befreiung der Sklaven in den USA, ficht ihn in seinem Freiheitsverständnis allerdings nicht an. Ratzinger sieht in Befreiungsaktionen grundsätzlich die ontologische – das heißt die seinsmäßige – Ordnung und das »natürliche Recht« angegriffen. Historische und politische Prozesse spielen für ihn eine geringe Rolle. Das ist typisch für idealistische Entwürfe und für das »platonische Weltbild« Ratzingers, wie es Kardinal Walter Kasper einmal charakterisierte. Ideen sind demzufolge wahr, historische Prozesse verdächtig und eher eine Täuschung. Freiheit ist für Ratzinger keine menschliche Realität, die geschichtlich erkämpft wird. Insofern fehlt es ihm an Verständnis dafür, dass Recht und Ordnung die Freiheit der Menschen zu ermöglichen und zu wahren haben.

Zur falsch verstandenen Freiheit gehört für Ratzinger, dass Menschen Freiheit mit Konsumwahl verwechseln. Aber wer das kritisieren will, kann nicht mit der ontologisch bestimmten Freiheitsordnung argumentieren und dann den Menschen das ihr angemessene moralische Verhalten abverlangen. Vielmehr ist ein Verständnis für die Mechanismen zu entwickeln, die zu solchen Einstellungen führen. Denn um moralisch und verantwortlich handeln zu können, bedarf es sozialer und politischer Strukturen, die das fördern. Es ist ja häufig so, dass vielen Menschen gar nichts anderes übrig bleibt, als sich mit der Verwechslung von Freiheit und Konsumwahl zu begnügen, denn andere Freiheits- und Teilhabeformen sind bereits okkupiert oder außer Kraft gesetzt. So stellen sich soziale und politische Fragen, die eine strukturelle Antwort verlangen. Beispielsweise, wie Freiheitsmomente in Arbeitsprozessen durch die Mitbestimmung von Arbeitnehmern verwirklicht werden können. Dazu kommt: In einer modernen, komplexen Dienstleistungsgesellschaft sehen sich die Menschen vor derartig anspruchsvollen, widersprüchlichen und multilateralen Herausforderungen, dass sich ihnen die Frage nach Freiheit ganz anders stellt. Aus dem Befreiungsprozess ist permanente Freiheitsarbeit geworden. Sie macht es erforderlich, täglich um den eigenen Freiheitsspielraum zu kämpfen, ihn zugleich zu nutzen und in Entscheidungen aufs Spiel zu setzen, die sich wechselseitig beeinflussen.

Als im Jahre 2004 Jürgen Habermas, der philosophische Chefdenker Deutschlands, und Kardinal Joseph Ratzinger miteinander sprachen, ging Ratzinger auf das zentrale Thema von Habermas nur am Rande ein. Habermas widmete zwei Drittel seines Statements dem politischen Liberalismus. Und was Ratzinger immer wieder weismachen will – nämlich dass die Hybris der Vernunft und die Pathologien der Religion sich nur in einem geordneten Zueinander von Vernunft (= Aufklärung) und Religion (= Christentum) in der Interpretation des katholischen Lehramts (!) meistern lassen –, ist genau das, was Habermas bestreitet. Gegen Ratzinger besteht Habermas darauf, dass eine »ihrer Fehlbarkeit und ihrer fragilen Stellung« bewusste Philosophie sich der allgemein zugänglichen Rede und Erkenntnis verpflichtet weiß. Habermas beschreibt, dass im modernen Säkularisierungsprozess Religionen und Kirchen ihren »Anspruch auf Interpretationsmonopol und umfassende Lebensgestaltung« aufgeben mussten. Damit will sich aber Papst Benedikt XVI. gar nicht bescheiden. Seine Formel lautet: »Freiheit ist nur in der Wahrheit.« Und diese Wahrheit wird nur vom katholischen Lehramt endgültig und verbindlich festgestellt. Wer sich aber als der einzig wahre Interpret von »Freiheit in Wahrheit« in der Menschheit versteht, stellt seine unkritisierbaren »Wahrheiten« über die Freiheit der Menschen und beansprucht, der letzte absolute Herrscher des Erdkreises zu sein – wenigstens in Glaubens- und Moralfragen. Dann aber macht die Wahrheit nicht frei, sondern sie unterjocht.

Ratzinger weiß, dass die bürgerlichen Freiheitsrechte in der kapitalistischen Gesellschaft auf ökonomische Freiheitsslogans verkürzt werden. Er sieht, dass der Mensch vom Markt manipuliert werden kann und wird. Er erkennt, dass die Sphäre des Subjekts größer geworden ist und dabei Religion und Moral in die Privatsphäre abgedrängt wurden. Aber was folgt aus solchen Erkenntnissen? Jedenfalls folgt für Ratzinger daraus nicht, den einzelnen Menschen zu stärken, damit er seine Freiheit und seine religiösen und moralischen Interessen auch über die Privatsphäre hinaus besser wahrnehmen kann. Sondern für Ratzinger folgt aus seiner Beobachtung der gesellschaftlichen Entwicklungen, der Leistung der Menschen auf den Gebieten der Moral, der Verantwortung und des Glaubens zu misstrauen. Er will Menschen vorschreiben, wie sie ihre Freiheit zu orientieren und zu gestalten haben, denn er traut ihnen nicht zu, sowohl individuell als auch sozial die Inhalte des christlichen Glaubens selbst zu erkennen, zu verstehen, miteinander zu artikulieren und zu praktizieren. Er verlangt die Unterordnung unter die Autorität des kirchlichen Lehramts – zum Schutz des Individuums vor sich selbst. Das kann nur logisch sein, wenn man annimmt, dass das Lehramt unfehlbar ist.

Benedikt XVI. verkürzt das, was der christliche Glaube seit dem Exodus der Israeliten aus Ägypten mit Freiheit meint, auf ein weltfremdes Freiheitsverständnis, das auch unter widrigen politischen Umständen gelebt werden könnte, weil es von Äußerlichkeiten abgekoppelt ist. Er würde sich mit Appellen an die Herrschenden und Reichen begnügen, die politischen Strukturen durchaus infrage stellen – aber eben nicht selbst ändern. Dieser halbierte Freiheits- und Befreiungsbegriff reduziert die Erlösung durch Christus auf innere Vorgänge und macht Christen zu bloßen Adressaten göttlichen Handelns. Allerdings: Das gilt nur für die Masse der Gläubigen. Die Amtskirche selbst hat dagegen für sich immer schon in Anspruch genommen, am Umsturz politischer Verhältnisse oder an deren Stabilisierung mitzuwirken, wenn sie sich davon einen Vorteil versprochen hat.

Ratzinger ist der Restaurator des katholischen Christentums. »Zurück in die 1950er-Jahre« heißt die Devise. Seine Überzeugungen werden in Bischofskonferenzen und theologischen Fakultäten weltweit durchgesetzt. Er hat nahezu keine Einsichten, keine Aufbrüche der Theologie aus der Zeit nach dem Zweiten Vatikanischen Konzil aufgenommen. Alle diese Aufbrüche thematisierten zentrale Freiheitsaspekte bei gleichzeitiger Verantwortlichkeit gegenüber Tradition und aktueller Situation. Sofern die Wortführer dieser Aufbrüche einen vatikanischen Dialogpartner suchten, bekamen sie einen Zuchtmeister vorgesetzt. Doch wer anderen kein Erwachsensein im Glauben zugesteht, trifft bald nicht mehr auf gläubige Erwachsene.

»Der Glaube kommt stets von außen«

Von Hartmut Meesmann

Die Begeisterung vieler Christen für eine mystische Religiosität teilt Papst Benedikt XVI. nicht. Er befürchtet, dass im Verständnis von Mystik die Grundfesten des christlichen Glaubens, wie er sie sieht, niedergerissen werden könnten: Gott als in der Welt handelnde »Person«; der Glaube an die Offenbarung des göttlichen Willens, wie er durch Jesus von Nazareth vermittelt wurde; und die Unterscheidung von guten und bösen Handlungen, also die Ethik. Der frühere oberste Glaubenswächter des Vatikans sieht dies alles besonders durch Mystiker wie den beurlaubten Benediktinerpater Willigis Jäger und andere bedroht. Deshalb wurde Jäger von Joseph Ratzinger gemaßregelt und zu einem Bußschweigen verurteilt.

Ob mystische Religiosität noch christlich ist oder nicht, das hängt für den Papst davon ab, dass sie sich »dem Anruf Gottes« an den Menschen unterordnet. Zuerst komme der handelnde und Erwartungen an den Menschen formulierende Gott, dann der antwortende und sich unterordnende Mensch. So sagt es Ratzinger in seiner aufschlussreichen Aufsatzsammlung »Glaube – Wahrheit – Toleranz«. Wenn aber der letzte und einzige Ausgangspunkt der Mystik die »innere Erfahrung des Göttlichen« sei, wenn der Mensch auf diesem Weg zu einer Identität finde, »in der alle Trennung (zwischen Welt und Gott) versinkt«, dann sage der Mystiker zu seinem Gott letztlich nicht mehr: »Ich bin Dein«, sondern »Ich bin Du«. Das Gegenüber von Ich und Du werde damit aufgelöst. Es enthülle sich als vorläufig in der All-Eins-Erfahrung des Mystikers.

Der Papst kritisiert die von Mystikern oft behauptete »Identität von Gott und Welt, von Seelengrund und Gottheit« als »dogmatische« Vorannahme. Er übersieht, dass es sich dabei um den Ausdruck einer religiösen *Erfahrung* handelt, die zumeist nur dem zugänglich ist, der im mystischen Schauen und Meditieren geschult und geübt ist. Vielleicht will Ratzinger das auch gar nicht wahrhaben. Er stellt dem Mystiker den »Typ des Propheten« entgegen. Für diesen sei »gerade nicht die Identität, sondern das Gegenüberstehen des rufenden und befehlenden Gottes entscheidend«. Diese Aussage aber kann man genauso als »dogmatische« Vorannahme bezeichnen, von der ausgehend Benedikt XVI. alle anderen Positionen innerhalb des Christlichen be- und verurteilt.

Diese Vorannahme verbindet sich mit einem bestimmten, zum Teil sogar wörtlichen Verständnis der Bibel. Sie kommt etwa in dem Bekenntnis Ratzingers zum Ausdruck, dass Jesus ganz real »Gott *ist*«. Der Nazarener ist damit nicht etwa (nur) ein Mensch, in dem Gott in besonderer und »absoluter« Weise in Erscheinung getreten sei. So wie Gott dies grundsätzlich in jedem anderen Menschen tun könnte und vielleicht auch bereits getan habe. Ratzinger sieht in den biblischen Erzählungen überwiegend historische Tatsachen. Er will nicht anerkennen, dass wir es mit vielfältigen, sich zum Teil widersprechenden Ausformulierungen von (religiösen) Erfahrungen mit der Person Jesu zu tun haben. Damit trifft auch er eine glaubensmäßige dogmatische Vorannahme, über die zumindest gestritten werden kann. »Gottes Wort« fällt nicht einfach vom Himmel. Es kann doch heute – nach allem exegetischen Wissen – beispielsweise kein Theologe mehr hingehen und einfach erklären, Jesus habe sich als »Sohn Gottes« und damit selbst als Gott verstanden! Benedikt XVI. aber scheint genau davon auszugehen. Er neigt zu einem Bibelpositivismus, den allein er als Ausdruck des Glaubens anerkennen will.

Für Ratzinger gibt es hier einen klaren Gegensatz: Da ist die mystische Frömmigkeit, die eine letzte und tiefe *Einheit* von Gott und Mensch behauptet. Ihr steht der biblisch begründete Offenbarungsglaube gegenüber, der die *Differenz* zwischen Gott und Mensch betont. Der deutsche Theologe wörtlich: »In der Mystik gilt der Primat der Innerlichkeit, die Absolutsetzung der geistlichen Erfahrung. Das schließt ein, dass Gott das reine Passiv in Bezug auf den Menschen ist. So kann Inhalt der Religion nur das Eintauchen des Menschen in Gott sein.« Der christliche Glaube aber gehe von einer gegenteiligen Überzeugung aus: »Hier ist der Mensch das Passiv, an dem Gott handelt, hier ist der Mensch es, der von sich aus nichts kann, aber hier gibt es dafür ein Tun Gottes, einen Anruf von Gott her.«

Dass Mystiker eine innere Offenbarung des Willens Gottes erleben (können), dass sich das absolute Du in ihrem Erleben nicht zwangsläufig auflöst oder auflösen muss, ignoriert Benedikt XVI. Innerlichkeit ist ihm schlicht verdächtig, sie riecht ihm nach Beliebigkeit. Sie stützt nur einen in seinen Augen schädlichen religiösen Individualismus. Nur die Kirche garantiert ihm die Wahrheit des Glaubens, die stets nur »von außen« kommen könne. So wundert dann nicht, dass der Papst den Anspruch zurückweist, die geistliche Erfahrung des Mystikers sei letztlich mehr wert als alle Versuche, den Glauben in dogmatische Formulierungen zu gießen. Aus solcher – von vielen Päpsten geteilten – Haltung erklärt sich dann auch, warum die Mystikerinnen und Mystiker in der Geschichte der Kirche oft sehr stiefmütterlich behandelt, ja sogar verfolgt wurden.

Weil der Glaube in der Sicht des früheren Dogmatikprofessors Ratzinger *von außen* und nicht von innen komme, kritisiert er auch die »Ungeschichtlichkeit« der Mystik: »Das Erlebnis, an dem in der Mystik alles hängt, drückt sich nur in Symbolen aus, sein Kern ist für alle Zeiten identisch. Nicht der Zeitpunkt des Erlebens ist wichtig, sondern allein sein Inhalt. Der göttliche Anruf hingegen, von dem der Prophet sich getroffen weiß, ist datierbar, mit ihm beginnt eine Geschichte: eine Beziehung ist gesetzt.« Dass auch der mystisch Glaubende innerlich von einem (vielleicht sogar datierbaren) göttlichen Anruf erfasst werden kann, kommt Ratzinger nicht in den Sinn.

Immer wieder verweist der Papst auf das biblische Gottesbild, bei dem Gott »nicht wie bei den großen Mystikern geschaut, sondern als Handelnder erfahren wird, der dem Menschen nachgeht und in Beziehung zu ihm tritt« – vor allem in der Person Jesu, dessen Weisungen der Mensch folglich »gehorsam« zu folgen habe. So baut Ratzinger einen doch eher künstlichen Gegensatz auf: Hier die liebende Begegnung mit einem sehenden, hörenden und handelnden, also personalen Gott, zu dem allein man wirklich beten könne. Dort ein beziehungsloses Aufgehen im All-Einen, das in der Meditation etwa erfahrbar werde. Dieses Aufgehen aber sei eher Ausdruck einer Religiosität, die im rein Menschlichen verbleibe und damit zum Götzendienst werde. Womit Benedikt XVI. deutlich jenen theologischen Positionen zuneigt, die scharf zwischen dem Christentum als Offenbarungsglauben und den Religionen als reinem Menschenwerk unterscheiden.

Ratzinger verteidigt sein personales Gottesverständnis mit dem Argument, nur ein solcher Gott könne »einen Willen« haben und Weisungen an den Menschen richten. »Gibt es keinen Willen Gottes, dann gibt es auch keinen letzten Unterschied zwischen Gut und Böse, dann stehe ich unter keinem Maß«, urteilt Ratzinger. Er wendet sich damit gegen alle mystischen, aber auch tiefenpsychologisch untermauerten theologischen Denkansätze. Denn diese sehen die Kategorien von Gut und Böse als zwei Seiten des Lebens an, nicht also als scharfe Gegensätze im Leben – ohne damit das Böse nivellieren zu wollen. Doch das genau wirft Ratzinger den Mystikern vor: »In der Identitätsmystik gibt es keine letzte Trennung von Gut und Böse.«

Wiederum will der Dogmatiker nicht anerkennen: Gerade aus der mystischen Erfahrung der All-Verbundenheit erwächst oft eine tiefe ethische Haltung der Achtung vor dem Leben und der Mitwelt. Die führt dann auch zu einer klaren Erkenntnis des Unterschieds zwischen richtigem und falschem Verhalten. Das kann man schließlich in vielen Büchern christlicher Autorinnen und Autoren nachlesen. Sicher, es gibt auch Auswüchse, bei denen eine mystische Religiosität nur der Aufblähung des eigenen Ichs zu einem quasi-göttlichen

Selbst dient und ethische Unterscheidungen keine Rolle spielen. Aber Missbräuche und Fehlhaltungen gibt es überall, auch und gerade in der Kirche mit ihren vielen (angeblichen) dogmatisch-theologischen Richtigkeiten. Es bleibt der Eindruck, dass Ratzinger vor allem Zerrbilder und Auswüchse vor Augen hat. Zum anderen kommt manche Argumentation doch sehr holzschnittartig daher.

Der moderne religiöse Individualismus ist unumkehrbar. Für ihn zeigt der deutsche Papst jedoch keinerlei Verständnis. Damit gibt sich Benedikt XVI. als vormodern zu erkennen. Dass der moderne Individualismus zur Beziehungslosigkeit führen kann, ist unleugbar. Berechtigt ist daher Ratzingers Warnung vor einer mystischen Religiosität, in der sich das Ich von den anderen Menschen abtrennt und lediglich der religiösen Selbstbefriedigung frönt. Doch ein autoritär vorgetragener und mit rigidem und absolutem Wahrheitsanspruch vertretener Glaube ist genauso wenig eine Lösung, gar noch verknüpft mit einem absolutistischen Gottesbild. »Zwischen Gott und Göttern, zwischen personalem und impersonalem Gottesverständnis gibt es keine letzte Vermittlung«, so Ratzinger wörtlich. Damit aber verfehlt er glatt den selbstbestimmten, eher skeptischen, tastenden, aber darin doch oft sehr ehrlichen Gottsucher von heute.

Wenn es in gut theologischer Tradition im Glauben darum geht, alle Bilder von Gott zu übersteigen, dann gilt das letztlich auch für das »personale« Gottesbild. Dann handelt es sich jeweils um Annäherungsversuche an das »dunkle Geheimnis Gott«, das sich in den verschiedenen Phasen des individuellen Lebens jeweils unterschiedlich »offenbaren« kann.

»Gott mit dir, du Papst aus Bayern!«

Von Norbert Sommer

Die Bayern-Visite von Papst Benedikt XVI. vom 9. bis 14. September 2006 wurde vom Regensburger Bischof Gerhard Ludwig Müller schon vorher zum Jahrtausendereignis erklärt. Von einem Gottesgeschenk, einem geistlichen Großereignis, ja einer »großen spirituellen Lokomotive« war da die Rede. Es sollten neue Impulse und Aufbrüche ebenso zu spüren sein wie eine Renaissance des Religiösen, ausgelöst durch den Bayern Joseph Ratzinger auf dem Stuhl Petri. Nach rund 950 Jahren endlich wieder ein Bayer dort in Rom. Wenn das kein Grund zur Freude war! Natürlich erwartete auch Benedikt XVI. »mit Freude« seine Reise nach Bayern. Der päpstliche Zeremonienmeister, Erzbischof Piero Marini, meinte: »Der Papst hat Sehnsucht danach, in seine Heimat zu kommen.« Schon bei seiner ersten Audienz am 25. April 2005 hatte Benedikt XVI. gesagt: »Ich bin natürlich ein Bayer geblieben, auch als Bischof von Rom.« Später fügte er hinzu: »Mein Herz schlägt bayerisch. In meinem Amt gehöre ich der Welt.« Gönnerhaft wies der bayerische Ministerpräsident Edmund Stoiber darauf hin, mit dem Besuch in Bayern komme der Papst »natürlich« auch nach Deutschland. So durfte denn auch der Bundespräsident den hohen Gast aus Rom am Münchner Flughafen begrüßen, doch dabei wurde nicht die deutsche Nationalhymne, sondern die Bayernhymne »Gott mit dir, du Land der Bayern« gespielt.

7 Millionen der 12,5 Millionen bayerischen Bürgerinnen und Bürger sind katholisch. Doch der Papstbesuch galt nur den drei Bistümern München, Regensburg und Passau. Einladungen nach Bamberg und Würzburg fanden keine Berücksichtigung. Der Bamberger Bi-

schof Ludwig Schick zeigte Verständnis für die Absage, schließlich habe Joseph Ratzinger von Anfang an gesagt, dass er seine Reise nach Deutschland biografisch gestalten möchte, das heißt, er wolle an die Orte gehen, in denen er einmal gelebt hat. Was ist dann aber mit Bonn, Münster und Tübingen? Möchte er diese Orte lieber vergessen, weil sie zu sehr an den einstmals progressiven Theologen Ratzinger erinnern? In Bayern ist alles anders. So verwies der Münchner Kardinal Friedrich Wetter auf die Verbindung zwischen Rom und Bayern, die nie abgerissen, sondern lebendig geblieben sei, »weil sie tiefe Wurzeln im Herzen der Gläubigen hat«. Und Benedikt XVI. sprach bei einem Empfang für 170 CSU-Politiker im Apostolischen Palast überschwänglich von seiner »geliebten bayerischen Heimat«: »Es zeichnet Bayern aus, dass sich auf seinem Boden zukunftsgerichtete Wissenschaft, Technik und Industrie mit einer überreichen kulturellen und religiösen Überlieferung harmonisch verbinden. Gerade in dieser Harmonie liegt auch die Verheißung einer wahrhaft menschenfreundlichen Zukunft.« Da wundert es nicht, dass ihm zu Ehren ein Lied komponiert wurde, in dem es unter anderem heißt: »Wir sind entzückt, wir sind beglückt, Heiliger Vater Benedikt ... Edel, nobel, frei und gut ist dein bayerisch Herz und Blut.«

Im Februar 2009 beglückten dann die bayerischen Bischöfe »ihren« Papst im Blick auf die heftige Kritik nach der Aufhebung der Exkommunikation der vier Lefebvre-Bischöfe mit der Erklärung: »Gerade in diesen Tagen und Wochen der öffentlichen und so sehr verzerrten Diskussion über die katholische Kirche und besonders auch über Amt und Person des Papstes drängt es uns als bayerische Bischöfe, Ihnen unsere unverbrüchliche Solidarität zu bekunden.«

Was aber sollte der päpstliche Heimatbesuch 2006 für die Menschen, für die Kirche bringen? Der Freiburger Erzbischof Robert Zollitsch meinte, es sei für die Kirche in Deutschland, die vor tief greifenden Veränderungen stehe, Ermutigung und Bestätigung zugleich, vor den anstehenden Herausforderungen nicht zu kapitulieren. Während der Trierer Bischof Reinhard Marx verharmloste, der Papst komme nicht zu einer heiklen diplomatischen Mission und es gehe nicht um die Klärung strittiger Fragen, da er nur seine Heimat besuche, erwartete der Bischof von Bamberg »Stärkung des Glaubens, der kirchlichen Gemeinschaft, der Einheit zwischen dem Papst und der deutschen Kirche«. Anton Schlembach, der Bischof von Speyer, wurde deutlicher: »Es würde der Kirche in Deutschland gut anstehen, auf die Wünsche des Papstes einzugehen und nicht immer neu gewisse alte Wünsche bisweilen sogar als Forderungen und Rechtsansprüche an den Papst zu richten.«

Das zielte wohl in erster Linie auf Reformgruppen wie Wir sind Kirche und das Zentralkomitee der deutschen Katholiken (ZdK) ab. Dabei waren deren Einstellungen zu Papst und Papstbesuch keineswegs identisch. So überraschte Stefan Vesper, der Generalsekretär des ZdK, mit seiner Aussage, er knüpfe große Erwartungen an die Visite. Gerade aus Sicht der Laien sei der Stil von Benedikt XVI. zu begrüßen: »Ich glaube, dass der Papst ein offenes Ohr hat für unsere Bedeutung.« Und was war mit »Donum vitae«, was mit dem rigorosen Kahlschlag bei der Laienmitverantwortung im Bistum Regensburg? Beim Katholikentag in Saarbrücken 2006 stellte das ZdK noch »dankbar fest, dass sich kein deutscher Bischof dem Vorgehen des Regensburger Bischofs Müller angeschlossen« habe. Wenig später berichtete der Regensburger Prälat Heinrich Wachter, bei einem Abendessen habe ihn Benedikt XVI. als Erstes nach den »Streitigkeiten« im Bistum gefragt und dann gesagt, er hoffe, »dass mehr Bischöfe dem Beispiel des Regensburger Bischofs folgen würden«. Papstbruder Georg, der schon in der Vergangenheit der wichtigste Informant des Präfekten der Glaubenskongregation über Vorgänge in der Kirche Deutschlands gewesen sein soll, hatte bereits vorher Stellung bezogen: »Die Tragik ist, dass in Regensburg offensichtlich Laien am Werk sind, die nicht aus der Mitte des Glaubens heraus leben. Der bischöfliche Auftrag ist, dies in Ordnung zu bringen.«

Unermüdlich sind rechte Gruppierungen am Werk, um Errungenschaften des Konzils zu diskreditieren und zu Fall zu bringen. Sie überschütten Rom mit Beschwerden und Denunziationen. Mit der Erklärung der deutschen Bischöfe zur Unvereinbarkeit von Funktionen in der Kirche und bei der von Laien getragenen Schwangerenkonfliktberatung »Donum vitae« haben diese Kreise einen ersten Erfolg errungen. Das bestärkte sie offensichtlich, weitere Forderungen zu stellen. Dabei geht es vor allem um die Laien. Sicherlich nicht ohne Zustimmung des Papstes hat sein Nachfolger als Präfekt der Glaubenskongregation, Kardinal William Joseph Levada, den Vorsitzenden der Deutschen Bischofskonferenz aufgefordert, nicht nur Stellung zu beziehen zum Beschluss des ZdK vom April 2005, mehr kirchliche Mitbestimmungsrechte für Laien zu verlangen, sondern auch über »getroffene oder geplante Maßnahmen« zu informieren. Levada wies den Beschluss zurück, weil katholische Bistümer schließlich keine protestantischen Landeskirchen seien. Außerdem würden die Aussagen des Lehramtes über den Dienst und die Verantwortung der Bischöfe und Priester ebenso wenig berücksichtigt wie eine Reihe von Kirchenrechts-Artikeln. Schon 2002 hatte Kardinal Ratzinger gesagt: »Wir kümmern uns zu sehr um uns selbst, um Strukturen, um den Zölibat, Frauenpriestertum, Pastoralräte, Rechte dieser Räte und Synoden.« Und da erwartete Kardinal Wetter noch, dass durch den Papstbesuch die Ehrenamtlichen in den Räten und Verbänden ermutigt würden?

Was ist uns der Papst wert?

Viele von ihnen waren schon verunsichert oder verärgert wegen der hohen Kosten für die päpstliche Heimat-Visite. »Sicher wäre es billiger, Jacken von der Stange zu kaufen. Aber für den Papst sollte es dann doch etwas Besonderes sein.« So lautete zum Beispiel die Begründung für die monatelange Maßanfertigung von über hundert weinroten Jacken und Röcken für die Chorkinder der Dommusikschule München. Wenn sie dem Papst zu Ehren die Bayernhymne singen, dann sollten sie nicht in der sonst üblichen, individuell gestalteten

Schwarz-Weiß-Kleidung auftreten. Nach den Kosten für die neue Einheitsausstattung zu fragen galt allerdings als unschicklich. Das traf übrigens auf alles Finanzielle im Zusammenhang mit der päpstlichen Visite in seiner bayerischen Heimat zu. Nur vereinzelt wurden Zahlen genannt oder genannte Zahlen als Spekulation abgetan. Erst fünf, dann sechs Millionen Euro an Kosten erwarteten das Erzbistum München und Freising. Der Finanzdirektor des Bistums Regensburg sprach von einer »Ehre für die Diözese, für dieses Jahrtausendereignis die Organisation zu übernehmen und die Mittel bereitzustellen«. Geschickt bezifferte er die Kosten auf einen einstelligen Millionenbetrag, was also von einer Million Euro bis zu neun Millionen Euro reichen konnte. Als ein führendes Mitglied der Polizei fünfzig Millionen Euro ins Spiel brachte, die angeblich allein die Sicherheitsmaßnahmen mit ihrem riesigen personellen und technischen Aufwand kosten würden, wurde es zurückgepfiffen und die Summe als völlig überhöht hingestellt. Realistische Zahlen wurden aber nicht genannt. Als der Bayerische Rundfunk ankündigte, die Kosten für Produktion und Übertragung beim Papstbesuch seien mit vier Millionen Euro angesetzt, rührte sich kaum jemand.

Offensichtlich war der Enthusiasmus wegen des päpstlichen Bayern-Besuchs so groß, dass Proteste gegen die große finanzielle Belastung der Kirche und des Freistaats nur vereinzelt zu hören waren. Erstaunlich war der fehlende Protest auch deshalb, weil gleichzeitig immer mehr Katholiken die Folgen der mit sinkenden Kirchensteuereinnahmen begründeten Kirchenschließungen und Entlassungen von Personal zu spüren bekamen. Offenbar zeigte das Argument der Amtskirche Wirkung, es werde ja nur ein Teil mit Kirchensteuermitteln finanziert. So hatte der Regensburger Bischof Gerhard Ludwig Müller versucht, Sponsoren zu gewinnen. In einem Brief bat er: »Reihen Sie sich mit Ihrem Unternehmen ein in den Kreis unserer Unterstützer.« Den Erfolg dieser Bemühungen konnte man aus der offiziellen »Benedikt-in-Bayern«-Internetseite ablesen: Siemens, T-Systems, Mercedes, BMW, Südzucker, Labertaler Mineralwasser wurden da unter anderem als Sponsoren genannt. Fehlte eigentlich nur noch Hanuta. Denn schließlich haben Jugendliche in Regensburg bei der Werbung zur Teilnahme am Papst-Gottesdienst Hanuta-Waffeln verschenkt mit dem Hinweis, dies sei die Lieblings-Nascherei von Joseph Ratzinger. Papst-T-Shirts, Papst-Tassen, Papst-Fahnen, Aufkleber, Halstücher, Papst-Schlüsselanhänger wurden im Auftrag des Bischofs von einer Regensburger Agentur unters Volk gebracht. Mit dem Verkauf von Gedenkmünzen wollte das Erzbistum München zusätzliche Mittel hereinbekommen. Schließlich schlug ja auch noch der millionenschwere Kauf des Papst-Geburtshauses bei den bayerischen Bistümern zu Buche. Gewinn dagegen machten die Hoteliers. Wie es sich anlässlich von Papstmessen, die die Massen anziehen, gehört, nahmen sie aus diesem Anlass die stark überhöhten Messepreise. Die Münchener Tourismus-Chefin wörtlich: »Der Papst wird uns einen September bescheren, wie wir ihn noch nie hatten.«

Letztendlich hat sich inzwischen in der Kirche die Ansicht des Kölner Kardinals Joachim Meisner durchgesetzt, der 1996 meinte: »Ich finde das Rechnen und Kalkulieren um den Papstbesuch erbärmlich.« Der Kirchenrechtler Knut Walf dagegen findet bis heute bei den Bischöfen kein Gehör mit seiner Überlegung, »ob ins kirchliche Gesetzbuch nicht mittlerweile Bestimmungen aus dem Mittelalter wieder aufgenommen werden müssten, die eine allzu ungebührliche wirtschaftliche Belastung der Teilkirchen durch den Besuch des Papstes oder seiner Gesandten ausdrücklich untersagten«.

Der Benedikt-Kult

Nach der Bayern-Tour hielt die Verehrung für Benedikt XVI. bei vielen Menschen besonders in Deutschland an, nicht zuletzt deshalb, weil zahlreiche Gruppierungen und Initiativen systematisch den Personenkult förderten. Es war Harald Schmidt, der 2007 zum Beispiel den unglaublichen Rummel um den 80. Geburtstag von Joseph Ratzinger und den zweiten Jahrestag seiner Wahl zum Papst wohl am besten charakterisierte, als er in Anspielung auf den Berliner Publikumsliebling Eisbär Knut sagte: »Papst Benedikt ist so beliebt, man nennt ihn jetzt schon den ›katholischen Knut‹.« Und »Der Bayerische Rundfunk hat in den letzten Tagen so viel über den Papst berichtet: Bei meinem Fernseher stieg hinten schon weißer Rauch auf.« Nie zuvor wurde ein Papst-Geburtstag oder Jahrestag der Wahl so gefeiert. Oft hatte man den Eindruck, es handele sich um eine vorgezogene Seligsprechung. Im überwiegend protestantischen Hamburg wetteifert Benedikt XVI. inzwischen mit seinem Vorgänger Johannes Paul II., dessen Seligsprechungsverfahren bereits spöttisch als Eiligsprechung bezeichnet wird, um die Gunst der Besucher. Während die polnische Gemeinde dort im Freien eine überlebensgroße Bronzeplastik ihres großen Landsmanns aufstellen ließ, fand Benedikt XVI. einen Platz im Wachsfigurenkabinett auf der Reeperbahn.

Der »Bild«-Zeitung haben wir gleich zweimal Besonderes zu verdanken. So brachte sie zusammen mit dem Herder-Verlag (!) eine aufwendig produzierte »Benedikt-Bibel« heraus (was auch immer das bedeutet …). Denn – so »Bild«-Chefredakteur Kai Diekmann – Religion sei »ein absolut boulevardtaugliches Thema«, und »die katholische Kirche hat einen Star, den Papst«. »Bild« sei »selbstverständlich eine Zeitung, die sich christlichen Werten verpflichtet fühlt«. Und wahrscheinlich ist es »Bild« deshalb gelungen, den Papst, »auf den die Deutschen stolz sind« (dabei sind wir doch angeblich selbst Papst, wie uns dieses Blatt verkündete …), exklusiv für ihre Leser zu gewinnen. Der 80. Geburtstag sei ein Tag der Freude, der Besinnung, des Schenkens. Der Heilige Vater habe zu diesem besonderen Tag gemeinsam mit seinen Mitarbeitern im Vatikan für alle »Bild«-Leser zusammengestellt, was ihm für das christliche Leben wichtig ist. Seine »10 Regeln für ein gutes Leben« beginnen mit den Worten: »Liebe Freunde, wer beim Herrn ist, braucht keine Angst zu haben. Er ist nicht allein« und enden mit Sätzen wie: »Die Sache mit den Menschen geht nicht auf ohne Gott, und die Sache mit der Welt, mit dem ganzen Universum, geht nicht auf ohne ihn.« Der Papst als moderner Missionar – nur leider mit antiquierter Sprache.

Vielleicht hilft da die Bildersprache ja weiter. Schließlich hat die Deutsche Post ihren Grundsatz über Bord geworfen, außer Bundespräsidenten keine noch lebenden Menschen abzubilden, und anlässlich der Jubelfeiern in 1,5 Millionen Exemplaren eine Benedikt-Sonderbriefmarke herausgebracht, bei deren Präsentation der Vorsitzende der Deutschen Bischofskonferenz, Kardinal Karl Lehmann, unter anderem folgende zu Herzen gehende Worte fand: »Die Briefmarke bekundet aber auch als ein öffentlich-amtliches Zeichen die sichtbare und gesellschaftlich greifbare Bedeutung von Religion und christlichem Glauben, ganz besonders der katholischen Kirche mit dem 264. Nachfolger des Heiligen Petrus. Darum schaut der Papst auf der Marke auch offen, ermutigend und menschenfreundlich in die ganze Welt hinein.« Anschließend bot die Deutsche Post in einer Wurfsendung an alle Haushalte den neuen »Medaillenbrief mit offizieller deutscher Sondermarke und der exklusiven Gedenkmedaille« anlässlich des 80. Geburtstages des deutschen Papstes versandkostenfrei für nur 4,90 Euro an – und das auch noch mit dem begehrten Ersttagsstempel »Mitarbeiter der Wahrheit – Berlin 12.4.2007«.

Ermutigendes, Frommes und Profanes war auch aus dem Papst-Geburtsort Marktl am Inn zu hören, wo das teuer erworbene Geburtshaus des kleinen Joseph als Museum eröffnet wurde. »Die Leute stehen vor dem Taufbecken des Heiligen Vaters und weinen«, erzählte der Leiter des neu gegründeten Tourismuszentrums und fügte hinzu: »Vor zwei Jahren noch war die Pro-Kopf-Verschuldung des Örtchens doppelt so hoch wie im bayerischen Durchschnitt – nun hat Marktl acht Omnibusparkplätze, 15 neue Arbeitsplätze und einen viersprachigen Internet-Auftritt. Die ersten Unternehmen siedeln sich in der Geburtsstadt des Papstes an …« Josef Kaiser, Pfarrer in Marktl, schwärmte acht Monate nach der Papstwahl: »Bis jetzt sind weit über 100 000 Besucher hier gewesen. Das muss man sich mal vorstellen: In unser kleines Dorf, in das früher das ganze Jahr über vielleicht zwanzig Besucher gekommen sind, kommen jetzt scharenweise Menschen.«

Im Februar 2007 gab der Regensburger Bischof Gerhard Ludwig Müller bekannt, das Bistum wolle einen Papst-Benedikt-Lehrstuhl stiften, um »das akademische Lebenswerk Papst Benedikts XVI. zu würdigen«. Das Projekt kam jedoch nicht zustande, weil die Universität Regensburg befürchtete, diese Art Stiftung könne dazu führen, »dass wissenschaftliche Forschung oder Besetzungsverfahren fremdbestimmt werden«. Am 1. September 2008 begann dafür das »Institut Papst Benedikt XVI.« in Regensburg seine Arbeit. Es soll zu einem zentralen Ort der Forschung zum Werk Joseph Ratzingers werden und eine Gesamtausgabe seiner Schriften und Reden vorbereiten. Dies geschieht in enger Kooperation mit der Libreria Editrice Vaticana und dem Herder-Verlag, dessen Chef Manuel Herder dieses Projekt als einen der verlegerischen Höhepunkte in der Geschichte seines Hauses bezeichnete und davon schwärmte, dass der Verlag seit der Wahl Benedikts XVI. kaum einen Monat habe verstreichen lassen, ohne nicht ein Buch von ihm auf den Markt zu bringen. Daneben vermarktet auch noch der Leipziger Benno-Verlag im Rahmen der »Edition Radio Vatikan – Die beste Verbindung mit dem Papst« päpstliche Äußerungen wie »Trost- und Genesungswünsche des Heiligen Vaters« oder »Meditationen zur Bibel«. Im Dezember 2007 wurde bereits in München eine Benedictus-Stiftung auf Initiative von Pater Eberhard von Gemmingen SJ, Leiter der deutschsprachigen Abteilung von Radio Vatikan, gegründet, die »sich nicht nur die Verbreitung päpstlichen Gedankenguts, sondern ganz allgemein die Vermittlung christlich-abendländischer Werte auf die Fahnen geschrieben hat«. Ebenfalls in München wurde wenige Tage später die »Joseph Ratzinger Papst Benedikt XVI.-Stiftung« zur Erforschung und Verbreitung der Theologie und Spiritualität Ratzingers und zur Bewahrung seines Andenkens errichtet, hinter der der rund vierzig Mitglieder zählende Ratzinger-Schülerkreis steht, der darauf verwies, dass die Stiftung »vom Heiligen Vater mit persönlichem Schreiben autorisiert ist und von ihm unterstützt wird«. Der Papst selbst habe den Namen der Stiftung bestimmt. Der Freistaat Bayern schließlich stiftete den Papst-Benedikt-XVI.-Forschungs- und Wissenschaftspreis.

Hand- und mundfester war da schon das Geschenk, das der schleswig-holsteinische Ministerpräsident mit nach Rom brachte: eine drei Kilo schwere Marzipantorte in Form eines Buches. Dass der Papst sie zum Anbeißen gut fand, inspirierte die »Lübecker Nachrichten« zu der rührenden Feststellung: »Eine bessere Werbung für Marzipan aus Lübeck ist kaum vorstellbar und gleicht schon einer Heiligsprechung. Wenn wir denn schon Papst sind, dann sind wir jetzt auch Torte.«

Um bereits Kinder mit dem berühmten deutschen Papst bekannt zu machen, erschien das Buch »Joseph und Chico«, in dem das Leben des Joseph Ratzinger aus der Sicht der Katze Chico geschildert wird. Offensichtlich war dies ein großer Erfolg, denn Anfang 2009 veröffentlichte die italienische Journalistin Jeanne Perego als Fortsetzung das Kinderbuch »Max und Benedikt«, in dem der Alltag des Papstes aus der Sicht des Spatzen Max beschrieben wird: Der Vogel sieht, wie Benedikt XVI. aufsteht, die Messe liest oder sich in sein Studierzimmer zurückzieht: »Wenn ihr nur wüsstet, wie viel er am Tag liest« – sagt Max an einer Stelle. Am Abend sieht der Spatz, wie der Papst noch ein wenig Klavier spielt …

Wir durften in der Jubelwoche 2007 aber auch erfahren, dass Kardinal Joachim Meisner den Papst, den er den »Mozart der Theologie« nennt, weiterhin duzen darf und dass Uta Ranke-Heinemann mit ihm studiert hat, zunächst Hoffnungen in ihn setzte, dann aber sehr schnell feststellen musste, »dass die Unfehlbarkeit der Vorgängerpäpste das selbstständige Denken der Nachfolgerpäpste lahmlegt«. Trotzdem nenne sie ihren ehemaligen Kommilitonen und Kollegen noch immer liebevoll »Ratzipatzi«. »Einen respektableren Botschafter als diesen Katholiken aus Marktl am Inn hat auch das säkulare und protestantische Deutschland nie gesehen«, war in der »Welt« zu lesen. Dieser »fragile Bücherwurm« und »Feingeist aus Bayern« habe es demnach geschafft, dass sich vom Tag seiner Wahl an »unzählige Frauen (und Männer) weltweit in das scheue Lächeln des Papstes aus Deutschland« verliebten, »der die Römer schon immer mühelos mit seiner ›bella figura‹ und rhetorischer Brillanz entzückt hatte«. Die Zeitschrift »Cicero« kürte den Papst gar zu »Deutschlands führendem Intellektuellen« vor Martin Walser, Günter Grass und Harald Schmidt – eine nette Gesellschaft ... Die »Deutsche Tagespost« allerdings war nicht mehr zu überbieten mit ihrem Interview mit dem Journalisten Stephan Kulle, sagte der doch den bewegenden Satz: »Benedikt XVI. ist die Antwort Gottes auf die 68er-Bewegung.« Das scheint übrigens auch die Überzeugung der inzwischen internationalen Gruppierung »Generation Benedikt« zu sein, die seit ihrer Gründung nach dem Weltjugendtreffen in Köln 2005 immer wieder als Verteidiger des deutschen Papstes auftritt und hauptsächlich im konservativen studentischen Milieu angesiedelt ist.

Ja, und dann war da noch das gezielt zum Geburtstag herausgebrachte Jesus-Buch der beiden Autoren Joseph Ratzinger und Benedikt XVI. Der »Literatur-Knüller des Jahres« (»Kölner Stadt-Anzeiger«), der »populäre Volltreffer« (Peter Hahne), der »religiöse Literaturknüller« (»Rheinischer Merkur«), die »Summe eines großen Theologenlebens« (Manuel Herder) schaffte es, den Sachbuch-Bestseller-Spitzenreiter Hape Kerkeling beim Wort zu nehmen: »Ich bin dann mal weg«. Auch Harry Potter ließ der Papst-Jesus hinter sich. Ein Verkaufsschlager ersten Ranges, mit einem gut inszenierten Showdown wochenlang hochgetrieben, sodass der »Buchreport« titeln konnte: »Herder im Himmel«. Schön für den Herder-Verlag, schön für den Vatikan, der sich die weltweiten Rechte gut bezahlen lässt. Wer aber hat das Buch gelesen, wer es verstanden? Vielen schien es wichtig zu sein, einfach ein als so bedeutsam herausgestelltes Buch des Papstes zu besitzen.

Das waren dann wohl auch die rund siebzig Prozent der Deutschen, die nach einer Meinungsumfrage fanden, der Papst mache seine Arbeit gut oder gar sehr gut. Leider hat man sie nicht gefragt, was er denn eigentlich mache und was er so gut mache. Das Ergebnis der Befragung war wahrscheinlich in erster Linie auf Nationalstolz und auf das Erscheinungsbild von Benedikt XVI. im Fernsehen zurückzuführen. Es war eher »seine Liebenswürdigkeit, seine Sanftheit, seine Feinsinnigkeit, der Respekt, den er jeder Person entgegenbringt, seine Fähigkeit zuzuhören« – wie es Kardinalstaatssekretär Tarcisio Bertone formulierte – als eine echte Beurteilung seiner Tätigkeit. Die Kirchenvolksbewegung Wir sind Kirche dagegen wusste schon damals einen ganzen Katalog von Rückschritten, fehlenden Reformen, von Mängeln und Eingriffen sowie Rückgriffen auf Positionen aus seiner Zeit als oberster Glaubenswächter aufzulisten. Da war es doch erstaunlich und tröstlich zugleich, dass das ZDF verlauten ließ, mit der Reportage »Ein Professor als Papst« wolle der Sender den zweiten Jahrestag der Amtseinführung von Benedikt XVI. kritisch begleiten. Nach den Huldigungen zum 80. Geburtstag wollten die Autoren Jürgen Erbacher und Andreas Klinner nun klären, in welchen Fragen der Papst bislang keine Fortschritte bewirkte. Beginn der Sendung: 0.35 Uhr ... Gute Nacht!

Nur Fortschritte dagegen registriert Andreas Englisch regelmäßig in seiner anmaßend »Mein Leben mit dem Papst« genannten »Bild-online«-Kolumne (übrigens hat er angeblich auch schon mit JP2 ein »gemeinsames Leben« geführt ...). Nach der Privataudienz Anfang 2009, bei der er dem Papst die Neujahrsgrüße der »Bild«-Redaktion überbringen durfte, schrieb er unter anderem: »Wie sehr, denke ich, hat sich der Mann, der einmal Joseph Alois Ratzinger war, doch geändert! Er weiß inzwischen bis ins Detail, was wie wann zu tun ist. Wie scheu stellte sich Benedikt noch zu Beginn seiner Amtszeit vor die Fotografen – schüchtern, fast ungelenk. Jetzt beherrscht Benedikt die Situation, sicher und ruhig. Der Pontifex als Regisseur im Blitzlichtgewitter ... Da! James Harvey, Präfekt des päpstlichen Hauses, und Kammerdiener Paoletto nicken mir zu. Das Zeichen, ich darf mich dem Papst nähern ... Ich spüre seinen gütigen Blick, fühle die warmen Hände. Es ist ein überwältigendes Gefühl, vor ihm zu knien, den Fischerring zu küssen. Ich spüre die Kraft des Papstes, die Stärke seines Glaubens. Ich wünsche unserem Benedikt ein erfolgreiches neues Jahr, Kraft für die Strapazen. Benedikt freut sich. Dann seufzt er sehnsuchtsvoll ein ›Ach, Deutschland‹ hinterher. Ich glaube, der Papst hat alles im Griff im Vatikan – außer seinem Heimweh.« Dabei dürfte sich das Heimweh wohl in erster Linie auf Bayern beziehen, während das »Ach, Deutschland« vielleicht eigentlich auf diese ständig Rom kritisierenden deutschen Katholiken gemünzt war. Dass die ganze Welt kurz darauf bei der Exkommunikations-Aufhebung der vier Piusbruderschafts-Bischöfe mitbekam, wie wenig offensichtlich Benedikt XVI. bis ins Detail weiß, was wie wann zu tun ist, und wie wenig er alles im Griff hat im Vatikan, darüber schwieg der »Lebenspartner« des Papstes bezeichnenderweise. Statt den Konflikt zu thematisieren, schilderte er die Impfprozeduren für alle, die Benedikt XVI. auf seine erste Afrika-Reise im März 2009 begleiten sollten: »Der Papst nahm gestern seine erste von 14 Anti-Malaria-Tabletten. Ich auch.« …

Freunde Seiner Heiligkeit

Der Papst und seine geliebte Integrierte Gemeinde

Von Thomas Seiterich

»Wo Gott, der Allmächtige, hinhaut, da entsteht in der Wüste ein Garten.« Auf diesen Satz kann man, vereinfacht und vergröbert, die Theologie, das Selbstverständnis und das Sendungsbewusstsein der Integrierten Gemeinde (IG) komprimieren. Die Wüste, das war die Ruinenstadt München der Nachkriegsjahre. Wüste ist heutzutage das wohlstandsmaterialistische Oberbayern der Gegenwart. Und der von Gott gewirkte Garten? Das ist in ihrer Selbstwahrnehmung die Integrierte Gemeinde selbst: eine verbindliche Personalgemeinde von sehr überschaubarer Größe, die Arbeit, Alltag, Freizeit und gemeinsamen Glauben »integrativ« verbindet.

Erst als sie nicht mehr progressiv war, die Jugendbewegtheit der Anfänge ablegte und fromm und frömmer wurde, änderte die IG ihren Namen in Katholische Integrierte Gemeinde (KIG). Sie ist heutzutage eine Gruppe von engagierten, vornehmlich süddeutschen Katholiken, die – wie römische Beobachter meinen – »unheimlich viel« Macht besitzen, denn sie bilden das familiäre Freundes-Umfeld für Papst Benedikt XVI.

Joseph Ratzinger gilt als menschenscheu. Die leise, vorsichtige Distanz zu den Menschen, deren einfachen Glauben zu verteidigen er vorgab, hielt er als Kardinal und Präfekt der vatikanischen Glaubenskongregation aufrecht. Als Privatperson verkehrte er mit wenigen Vertrauten in der Glaubensbehörde und in seinem Haushalt, ferner mit dem Kreis um die römische Gräfin Borghese sowie im heimatlichen Regensburg mit seinem Bruder Georg Ratzinger und der Familie der erzkatholisch gewordenen Fürstin Gloria von Thurn und Taxis. Freundschaft jedoch pflegte und pflegt Joseph Ratzinger im Kreis der Katholischen Integrierten Gemeinde.

In Rom ist allerlei Giftiges und Neidgetränktes über diese seltsame Connection zu hören. »Wenn der Fuchsbau Seiner Heiligkeit acht Eingänge hat, dann wacht an sieben jemand von der KIG, und an dem achten wacht der unbestechliche Don Giorgio, der päpstliche Privatsekretär Georg Gänswein«, seufzt der Korrespondent einer großen deutschsprachigen Zeitung, der namentlich nicht zitiert werden will. Römische Vatikanjournalisten fürchten das Thema Integrierte Gemeinde: »zu heikel«. Also lässt man besser die Finger davon.

In der Tat: Als die selbstbewusste KIG sich in den 1990er-Jahren in Rom niederließ, da stießen ihre Kundschafter auf den Palast der Villa Cavaletti. Kuriale Quellen berichten eine Mixtur aus Fama und Fakten: Früher einmal war der eindrucksvolle Palazzo auf den klimatisch angenehmen Albaner Bergen unweit des päpstlichen Sommerpalastes Castel Gandolfo der Sommersitz des Jesuitengenerals. Nun trug sich die Gesellschaft Jesu mit dem Gedanken, den Palast zu verkaufen. Aber ach, der Preis lag weit über den finanziellen Möglichkeiten der KIG. Also bat die Gemeinde ihren Freund, den allseits gefürchteten Glaubenskardinal, um Vermittlung. Ratzinger agierte persönlich – so berichten kuriale Quellen –, für seine Verhältnisse handelte er ungewöhnlich praktisch. Der vorsichtige Kurienkardinal zögerte nicht lange. Dann stiefelte er zum Jesuitengeneral, mit dessen Gesellschaft Jesu er lehramtlich gar manches Hühnchen zu rupfen hatte, und drückte den Kaufpreis so weit, dass die Integrierte Gemeinde 1995 kaufen konnte. Dies war Ratzingers Freundschaftsdienst. Seither veranstaltet die KIG in der Akademie Cavaletti theologische Kurse. Der nächste Kurs behandelt, kirchlich hochaktuell, das Thema: »Fehler, Schuld und Sühne. Analysieren, verdrängen, vergeben?«

Seit über dreißig Jahren ist Ratzinger mit der KIG verbunden. Die Integrierte Gemeinde legt sich um ihn wie ein wärmender Kokon, als er sich, 1977 neu in München, als frisch gebackener Erzbischof in der Bayernmetropole isoliert fühlt und fremdelt. Umgekehrt fördert er die Personalgemeinde, wo er kann. Weil die Integrierte Gemeinde sich von den Territorialpfarreien abhebt, kommt es zu Animositäten. Doch Erzbischof Ratzinger hilft verlässlich.

Angesehene Theologieprofessoren wie die Bibelexperten Gerhard Lohfink und Rudolf Pesch geben ihre Lehrstühle auf und stoßen zur IG. Pesch bringt seine halbe Frankfurter Dessauergemeinde mit nach München. Junge Theologen der IG lernen bei Ratzinger. Auf solche Weise verdichtet sich theologisches Potenzial. Ende der 1970er-Jahre galt in Kreisen von Gemeindereformern in puncto IG der flotte Spruch »Schöner wohnen – schöner glauben«. Eine Anspielung auf den gutbürgerlichen Wohn- und Lebensstil in den »Integrationshäusern« der IG, die von IG-Fachleuten gediegen gestaltet waren. Später jedoch setzt die KIG verstärkt auf Theologie. Sie baut Beziehungen zu religiösen Kibbuzim in Israel auf sowie zur Kirche in Tansania.

Für den Bücher schreibenden Papst tun die Theologen der KIG allerlei – diskret in aller Stille. Der an der Jesuitenhochschule in Frankfurt Sankt Georgen lehrende Dogmatiker Werner Löser weist auf seiner Website nach, wie sehr die judentumsfreundliche sogenannte Volk-Gottes-Theologie, die die Katholische Integrierte Gemeinde entwickelte und heute vertritt, in das weltweit erfolgreiche Jesus-Buch Benedikts XVI. Eingang gefunden hat.

Und der konservative Papst? Professor Joseph Ratzinger schlug in der KIG früher schon mal über die Stränge. Gesetze, die er heute als Papst beinhart vertritt, galten für ihn in der IG zuweilen nicht. Ratzinger hielt in der Integrierten Gemeinde schon im Zivilanzug mit Krawatte, ohne Kreuz am Revers, ohne Priesterkragen, ohne Stola und Messgewand eine »Homilie«, also eine Predigt bei einer Tischmesse. Solch ein liturgischer »Frevel« würde heute genügen, um einen Priester, nach Benedikts Gesetzen, aus der Liste möglicher Bischofskandidaten zu tilgen.

Generation Benedetto

Unverbindliche Begeisterung für einen alten Mann

Von Britta Baas

Ach, die Jungfrau Maria! Nicht mal mehr auf sie ist Verlass. Die Australierin, die beim Papstbesuch in Sydney 2008 vor mehreren Millionen Zuschauerinnen und Zuschauern vor Ort und weltweit die Mutter Jesu verkörperte, ist mittlerweile aus der katholischen Kirche ausgetreten. Marina Dickson geht jetzt in die populäre freie Kirche der Hillsong-Bewegung in Sydney. »Da geht es jetzt mehr um die Beziehung zu Gott«, erklärte sie im »Sun Herald«. »Es ist eine ganze Lebenseinstellung, nicht nur etwas, wo man sonntags hingeht.«

Kardinal George Pell, australischer Gastgeber des Papstes während des Weltjugendtags in Sydney, ist über Marinas Entscheidung tief betrübt. Hatte er doch selbst die damals 26-Jährige für die Rolle der Maria ausgewählt. Und nun das!

Was macht die katholische Kirche nur falsch? Immerhin hatte sie 400 000 Pilgerinnen und Pilger nach Australien bzw. nach Sydney gelockt. Ein gigantischer spiritueller Event nahm seinen Lauf. Weltweit wurden die Bilder von Benedikt XVI. übertragen, der in einer Mischung aus Schüchternheit und heiliger Faszination inmitten der Menschenmenge thronte. Und Sydney ist kein Einzelfall: Die Generation der religiös Interessierten der »U27« liebt den Papst und pilgert dorthin, wo er wie ein Herrscher erscheint, der nicht von dieser Welt ist: auf den Petersplatz in Rom, nach Sydney oder zum Weltjugendtag 2005 nach Köln. »Bene, Benedetto!« schallen die Rufe. Und wer sich halbwegs wachhalten kann nach Nächten im Zelt, der x-ten Linsensuppe und nach qualvollen Hustenattacken wegen zu vielen Singens, dem steht ein verzaubertes Lächeln auf den Lippen: Der Papst ist nicht irgendwer. Der Papst ist ein Wunder, das man live erleben kann. Ein entrückter Säulenheiliger, herausgehoben aus der Menge, verehrungswürdig, faszinierend, begeisternd.

Wieso aber hält die Verehrung des Säulenheiligen nicht über den Tag hinaus? Zumindest nicht bei Marina Dickson und ein paar anderen, die irgendwann doch aus der katholischen Kirche austreten? Vor allem aber: Wieso hält sie nicht bei den vielen, die im Alltag so gut wie keine Doktrin der römischen Kirche leben und denen der Papst herzlich egal ist, wenn es um die Alltagsmoral geht?

Es scheint am besonderen Standort des Säulenheiligen zu liegen, dass er den Alltag nicht beeinflussen kann. Der Säulenheilige ist der Mann für die Ausnahmesituation. Zwar steht seine Säule inmitten der Menge, aber das heißt nicht, dass der Heilige auf der Säule mit der Menge in Kontakt kommen will. Schon die ersten Säulenheiligen der frühen Christenheit hatten daran überhaupt kein Interesse. Sie bauten ihre Säulen höher und höher, um den Abstand zum Volk wachsen und wachsen zu lassen. Auf diesen hohen Säulen standen sie dann: unbewegt, wortlos, einfach ANDERS – und konnten sich ihrer Wirkung gewiss sein. Wer so etwas stunden- und tagelang tat, musste entweder verrückt oder heilig sein. Die Massen entschieden sich für »heilig«. Ein Mythos war geboren.

Von diesem Mythos lebt auch der Papst. Nicht nur Benedikt XVI., nein, jeder Papst. Das Amt bringt es mit sich, als Säulenheiliger fungieren zu müssen.

Eine andere Frage ist es, ob der Papst auch als Säulenheiliger fungieren will. Benedikt XVI. will es. Immer wieder macht er das klar, schriftlich, mündlich, an vielen Orten der Welt, zu denen ihn seine Reisen im Amt führen. Anders als mancher seiner Vorgänger – anders vor allem als Johannes Paul II. – sieht sich Benedikt in erster Linie als Repräsentant »der wahren Priorität der Kirche«, wie er zum Beispiel in einem Brief an die weltweite Gemeinschaft seiner Bischöfe nach den Turbulenzen um die Piusbruderschaft schrieb. Diese Priorität liegt für ihn in der Unbedingtheit des Heiligen, die mit dem Papstamt zu zeigen sei. Einheit und Entrücktheit der Kirche gehen in diesem Denken Hand in Hand.

»Bene, Benedetto!?« Höchstens so lange, wie die Performance des Säulenheiligen läuft. Da wird geklatscht, gejubelt, gesungen. Wie wunderbar ist doch das Wunder! Man kann in diesem Augenblick alles vergessen, was traurig und schwierig ist. Alles, was der Auseinandersetzung und der Entscheidung bedarf. Das Wunder kann nur ganz erlebt werden – oder gar nicht.

Irgendwann aber ist der Augenblick des Wunders vorbei. Und dann? Dann kommt der Alltag. Mit Traurigem und Schwierigem. Mit Auseinandersetzungen und Entscheidungen. Mit vergeblicher Jobsuche, der Angst vor der Zukunft und den Aufs und Abs in der Liebe und Freundschaft. Da postmoderne Religiosität von einer theologiefreien Volksfrömmigkeit eigener Art lebt, hilft in diesen Momenten der Gedanke an den wundervollen Säulenheiligen überhaupt nicht weiter. Ja, seine Performance! Die war damals, vor ein paar Monaten oder Jahren in Köln, in Sydney – oder irgendwo sonst auf der Welt. Aber jetzt ist Realität. Und der Säulenheilige hatte nur eine Botschaft für den faszinierenden Moment des Wunders zu bieten.

Marina Dickson, so könnte man aus ihren Worten im australischen »Sun Herald« schlussfolgern, hat das erkannt. Die römische Kirche bietet ein Faszinosum für den Sonntag – im übertragenen und im wörtlichen Sinne. Der Event ist fantastisch, aber die theologischen Wahrheiten und die vormodernen Ansichten des Säulenheiligen, der den Event dominiert, sind nicht alltagstauglich. Wer Spiritualität für jeden Tag sucht, muss andernorts auf die Suche gehen.

Marina Dickson ist bei ihrer Suche in einer Freikirche gelandet. Ob sie da auf Dauer glücklich wird? Die Presseagenturen berichten nicht, wie es weitergeht mit ihr. Spannend ist auch für sie nur der Event – der spektakuläre Fall der Maria, die keine katholische Maria mehr sein will. Was danach kommt? Marina wird es mit anderen teilen als mit Journalisten und Päpsten.

Nachschlag

Die Geburt des »richtigen« Welttreffens der katholischen Jugendlichen verlief nach dem Prinzip »Versuch ohne Irrtum« mit den kräftigen Hebammendiensten des deutschen Bischofs Paul Josef Cordes. Dieser war von Johannes Paul II. schon bald nach seinem Amtsantritt von Paderborn nach Rom in den »Päpstlichen Rat für die Laien« berufen worden ... Als Johannes Paul II. am Palmsonntag 1985 sah, wie viele Jugendliche seiner Einladung gefolgt waren, überlegte er mit Bischof Cordes, ob sich das nicht wiederholen ließe. Nicht jedes Jahr. Alle zwei, drei Jahre an einem zentralen Ort, dazwischen in den einzelnen Bistümern. Nicht nur in Rom, nicht nur in Europa, sondern auch auf anderen Kontinenten.

(Heinz-Joachim Fischer: »Ihr kennt die Gebote, nehmt sie ernst«, in: FAZ, 14. August 2005)

Der Präfekt der Glaubenskongregation, Kardinal Joseph Ratzinger, äußerte sich mehrfach skeptisch über den Weltjugendtag. Unmittelbar nach seiner Wahl zum Papst jedoch versprach er bei der offiziellen Gratulationsrunde der Kardinäle dem Kölner Erzbischof Joachim Meisner, er werde im August 2005 auf jeden Fall zu dem noch von seinem Vorgänger geplanten Weltjugendtag nach Köln kommen. Seitdem akzeptiert er auch eine Fortsetzung dieser Tage der Jugend. Allerdings trifft er dabei mit seinen Ansprachen nie den verständlichen, lockeren Ton wie Johannes Paul II. ... Dennoch findet er jugendliche Unterstützer, zum Beispiel in einem eigenen Fan-Club:

Hier steht ein Mann an der Spitze der Weltkirche, der trotz seines Alters sehr jung geblieben ist, der offen ist und die Kirche prägt. Ich hoffe, Benedikt bleibt uns noch lange erhalten ... Die Kirche grenzt Kritiker nicht aus. Sie setzt sich mit ihnen auseinander. Das nämlich unterscheidet den Papst von anderen Figuren des öffentlichen Lebens: Er hat eine klare Haltung. Gerade das macht ihn für junge

Menschen, die nach Antworten suchen, so wertvoll. Hier ist jemand, der verbindliche Werte vertritt, der Position bezieht. Also: Wer in Zeiten, da alles beliebig ist, nach Sinn sucht, ist bei Benedikt sehr gut aufgehoben ... Warum pilgern denn mehr als eine Million Menschen zum Weltjugendtag nach Köln? Doch nicht, um einen grauen, alten Mann zu sehen. Sondern weil sie dessen Botschaft und dessen Wertekonzept begeistert.

(Nathanael Liminski, Sprecher des Jugendnetzwerks Generation Benedikt, in einem Streitgespräch bei Spiegel online am 20. April 2007)

Benedikt nimmt die Welt anders wahr, als sie ist. Er lässt sich feiern, und für seine Anhänger steht er offenbar im Mittelpunkt der Kirche – und nicht Gott oder Jesus ... Die Kirche gibt den Jugendlichen nicht den Raum, den sie bräuchten. Sie ist unglaubwürdig. Also wenden sie sich Menschenrechts- oder Umweltorganisationen zu. Dort können sie handeln ... Der katholische Weltjugendtag war ein Welt-Papst-Tag: in erster Linie ein Event. So wie die Leute Rolling Stones gucken gehen, sind sie da halt mal zur Papst-Party gegangen ... Niemand ist jetzt religiöser, weil ein Bayer Papst ist. In Köln ließ sich Benedikt feiern. Gleichzeitig streicht die Kirche Stellen in der Jugendarbeit.

(Tobias Raschke, Sprecher der katholischen Basisbewegung Wir-sind-Kirche-Jugend im Streitgespräch bei Spiegel online am 20. April 2007)

Modische Analysen tendieren dazu, die Weltjugendtage als eine Variante der modernen Jugendkultur anzusehen, als eine Art Rockfestival, im kirchlichen Sinn angepasst, mit dem Papst als Star. Ob mit oder ohne Glaube, diese Festivals wären letztlich das Gleiche, und so meint man die Gottesfrage ausräumen zu können. Es gibt auch katholische Stimmen, die in diese Richtung gehen. Man meint, dass dies alles nur ein wenn auch schönes, großes Spektakel ist, das nur eine geringe Bedeutung für den Glauben und für die

Vergegenwärtigung der Frohen Botschaft heute hat. Die Weltjugendtage wären nur festliche Ekstasen, die am Ende aber alle unverändert hinterlassen, ohne sich in tieferer Weise auf das Leben auszuwirken … (Dabei sei das Wesentliche auf der Glaubensebene angesiedelt:) Daher ist auch der Papst nicht der Star, um den sich alles dreht. Er ist einzig ein Stellvertreter. Er weist auf den anderen hin, der mitten unter uns steht. Schließlich ist die feierliche Liturgie die Mitte des Gemeinsamen, denn in ihr ereignet sich das, was wir nicht machen können und was wir gleichwohl erwarten. Er ist gegenwärtig. Er tritt mitten unter uns. Der Himmel tut sich auf und macht die Erde hell. Das ist es, was unser Leben fröhlich macht und es öffnet und was uns mit den anderen in einer Freude eint, die nicht verglichen werden kann mit der Ekstase eines Rockfestivals.

(Benedikt XVI. am 22. Dezember 2008 in einer Ansprache zum Jahresrückblick vor der römischen Kurie)

Ich denke mit tiefer Dankbarkeit vor dem Herrn an das Treffen zurück, das im Juli vergangenen Jahres in Sydney stattgefunden hat: ein unvergessliches Treffen, während dessen der Heilige Geist das Leben zahlreicher Jugendlicher, die aus der ganzen Welt gekommen waren, erneuert hat. Die Festfreude und die spirituelle Begeisterung, die während dieser Tage erfahrbar waren, wurden zu einem vielsagenden Ausdruck der Gegenwart des Geistes Christi.

(Benedikt XVI. am 22. Februar 2009 in seiner Botschaft zum 24. Weltjugendtag auf diözesaner Ebene in Vorbereitung für den internationalen Weltjugendtag 2011 in Madrid)

Die logische Versuchung des Vatikans und die Frauenfrage

Von Andrea Günter

Die Geschlechterfrage, historischer Kontext und vatikanische Theologie

Wer von denjenigen, der oder die sich mit den exegetischen Ergebnissen in den letzten Jahrzehnten beschäftigt hat, weiß heute nicht, dass es in den Anfängen der Jesusbewegung Apostelinnen und in den ersten Gemeinden Gemeindeleiterinnen gab, es also ohne die führende, gemeindebildende Rolle von Frauen keine Kirche, weil keine Gemeinden gegeben hätte? An der Kongregation für Glaubensfragen, die Joseph Kardinal Ratzinger über Jahre geleitet und maßgeblich geprägt hat, gehen solche gesicherten Erkenntnisse spurlos vorbei. Einmal abgesehen davon, dass Frauen immer noch das Priesteramt vorenthalten wird, verliert sich der Kardinal auch in der Verlautbarung des Apostolischen Stuhls »über die Zusammenarbeit von Mann und Frau in der Kirche und in der Welt« lieber im Geschlechterkonstruktivismus einer »Liebes-« und »Brautmystik«.[1] Diese hat mit den Geschlechtern und ihrer Zusammenarbeit höchstens in Form einer Ana-

1 Verlautbarungen des Apostolischen Stuhls, 166. Kongregation für die Glaubenslehre, Schreiben an die Bischöfe der katholischen Kirche über die Zusammenarbeit von Mann und Frau in der Kirche und in der Welt, hg. vom Sekretariat der Deutschen Bischofskonferenz, Bonn, 31. Juli 2004.

logiebildung zu tun. Die Liebes- und Brautidee bezieht sich auf das Verhältnis zur Kirche, nicht aber auf die Zusammenarbeit zwischen Frauen und Männern, sonst wären Männer in Bezug auf Frauen Bräutigame, würden also im Brautpaar in derselben Position stehen, nicht durch eine Überordnung vorangestellt werden.

Statt sich auf die imaginäre, in Bezug auf weltliche Fragen und Bedingungen gegenstandslose Seite der Liebe zu stürzen, wäre es naheliegend gewesen, zum Thema der *Zusammenarbeit* von Frauen und Männern im Ersten und im Neuen Testament fündig zu werden. Hier werden Konflikte über diese Zusammenarbeit erzählt. Ihre Lösungswege jenseits der Hierarchisierung der Geschlechter ebenso wie ihre Ideen zur Geschlechtergerechtigkeit könnten aufgegriffen werden.

Warum nimmt der Kardinal nicht die weltlichen, gegenstandsbezogenen Verhältnisse und folglich den Stand der exegetischen und ekklesiologischen Ergebnisse der letzten Jahrzehnte zur Grundlage einer christlichen Theologie der Geschlechter und ihrer Zusammenarbeit? Das ist weniger ihm als Person anzulasten als vielmehr dem, was sich die Logik des Vatikans bzw. die (politische) Struktur des Vatikanischen (Denkgebäudes) nennen lässt. Und in diese Logik scheint der ehemalige Kardinal so ausgezeichnet zu passen, dass er letztlich anscheinend alternativlos zum Papst gewählt wurde. Es ist zu befürchten, dass es keinen Raum für Differenz zwischen der vatikanischen Logik und dem Papst mehr zu geben scheint.

Da wurde nämlich einer zum Papst gewählt, von dem man nicht weiß, welche Spiritualität er *praktiziert*, nicht einmal, ob er überhaupt eine praktiziert. Zwar muss die Spiritualität seines Vorgängers Johannes Paul II. nicht unbedingt die eigene, persönliche gewesen sein. Aber sie wahrnehmen zu können heißt, mitzubekommen, wo sich jemand von außen berühren lässt, wo er offen ist für anderes und für andere, wo er (für sich selbst) Neues empfängt: die Seite des Herzens einer Person. Auch diese Seite ist für einen Papst eine zentrale Eigenschaft, eine Art Gegenkraft und Ausgleich für die Glaubensverwaltung in Form einer theologisierend-dogmatisierenden Vernunft.

Stattdessen wird diesem Papst die Vernunft angerechnet. Seltsamerweise wird seine schon in der Nachkriegszeit erworbene, für damalige Verhältnisse normale wissenschaftliche Qualifikation in der Theologie heute von einigen sogar als Intellektualität empfunden. Das kann man als Zeichen dafür nehmen, wie bescheiden es um die geistige Größe der Kirchen zu Beginn des 21. Jahrhunderts bestellt ist. Außerdem ist ein einigermaßen gut ausgebildeter Theologe noch lange kein Intellektueller. So besteht Intellektualität eigentlich im Innewerden der Gegenwart und in der freien Würdigung ihrer kontingenten Gehalte und Werte, ohne dass man sich an einen politischen oder moralischen Standpunkt bindet. Dabei muss seit dem letzten Jahrhundert unterschieden werden, ob ein Kritiker ein rechter oder ein linker Intellektueller ist: Liberalität und Pluralität wertschätzt oder aber ablehnt, wobei das Letztere meistens mit einer Vorstellung von Einheit – »Volk« – verbunden ist. Ferner würde zu einer Kritik der Gegenwart, die sich aus der Vorstellung des Reiches Gottes nährt, immer auch die (innervatikanische) Selbstkritik gehören, was im deutlichen Widerspruch dazu steht, den Überlegenheitsanspruch einer Religion, den des katholischen Christentums vor dem evangelischen, vor dem Judentum und Islam, zu zelebrieren.

Daher muss nachgefragt werden: Lernt man etwas über die Geschlechterverhältnisse als Herrschaftsform und ihre Überwindung jenseits des Liebesgesäusels eines vermeintlich als Gutmenschen auftretenden Papstes, wenn man der vatikanischen Stimme zuhört? Mitnichten. Wiederholt und als zugleich ewig ausgegeben werden die Geschlechterbilder und Vorstellungen über Sexualität, Fortpflanzung und Eheleben, die dem Bürgertum entstammen, die also, kaum 200 Jahre alt, für die katholische Perspektive also ziemlich jung sind. Diese als Ergebnis einer bestimmten historischen Konstellation zu begreifen, das geschieht derzeit allerdings auch kaum noch in der Öffentlichkeit. Beide Seiten verspielen damit die große spirituelle Idee des Christentums, dass die Beziehungen der Menschen ständig erneuert werden können und müssen, die Liebe also nicht mit einer bestimmten sozialen Form – der Ehe, dem Brautstand – verwechselt werden darf, sondern die Versprechen von Brautschaft und Ehe in neue soziale Formen zu transzendieren sind. Die Frauenbewegungen in den christlichen Kulturen geben ein aussagekräftiges Zeugnis von der Wirkmacht dieser spirituellen Idee.[2]

Neben der üblichen ersten Aufgeregtheit über den »Papst«, das Papsttum und dessen Botschaften zu diesen Themen, die eher sensationellen Bedürfnissen entspringt, hört außer dem reaktionären Milieu kaum einer mehr in einem existenziellen Sinne zu, und zwar deshalb, weil wir tatsächlich an die *Versprechen* glauben, die die Ehe und das Paar von Frau und Mann in den letzten Jahrhunderten präsentierten, diese aber nicht länger wie ein Aberglaube an die alten *sozialen Formen* binden wollen, weil ihre Verwirklichung dort kaum mehr möglich zu sein scheint.

Warum aber muss vermeintlich ewig Gleiches behauptet, kann Veraltetes nicht aufgegeben werden? Warum muss Dogmatisches tradiert werden, das die Seelen von Menschen einem unglaublichen Leid ausgesetzt hat? Vermutlich gibt es einen tieferen Grund dafür, einen, der gar nichts mit dem alltäglichen Leben der Menschen, ihrer Sexualität und den Geschlechtern zu tun hat.

Theologischer Starrsinn und Naturrechtsargumentation

Nimmt man den Wiederholungsanspruch eines vermeintlich ewig gleichen Geschlechterbildes wahr, lernt man etwas über einen schlechten hermeneutischen (theologischen) Zirkel: Weil der Vatikan schon immer – spätestens seit dieser oder jener Enzyklika usw. – »xyz« sagt und das der Inbegriff dessen sei, was schon immer und von Anfang an gelte, gilt »xyz« ewig und für immer. Geistesgeschichtlich be-

2 Vgl. Andrea Günter: Die Erneuerung von Beziehungen: eine Perspektive für die Familien- und Geschlechterpolitik, in: dies., Welt, Stadt, Zusammenleben. Pluralität und Geschlechterbeziehungen, Königstein 2007, S. 145-153.

trachtet lernt man: In der Stimme des Vatikans zeigt sich, wie sehr die Naturrechtslogik des Aristoteles in unserer Kultur verankert ist. Naturrechtslogik besagt, dass das, was geworden ist, weil es genau so und nicht anders geworden ist, als es geworden ist, der »Natur« entspricht, ein »natürliches« Ergebnis des Spiels der Kräfte, theologisch gedacht »gottgewollt« ist. Und, oh heiliger Zufall, genau diese Logik ist genauso frauen- wie pluralitätsfeindlich.

Dass es in einer Gesellschaft oder einer Kirche unterschiedliche Wirklichkeiten gibt, wird übergangen. Es gibt immer nur einen einzigen Zustand, der identifiziert wird oder hergestellt werden soll. Falls Unterschiede wahrgenommen werden, müssen sie ausgehebelt werden, statt eines Umgangs mit unterschiedlichen Wirklichkeiten wird eine Vereinheitlichung angestrebt, in der Regel gebunden an verbohrte und geistlose Formen von Hierarchisierung wie an die zwischen Männern und Frauen, Klerikern und Laien.

Gerade eine solche Politik von Vereinheitlichung mit dem Horizont »Einheit der Kirche« hat der Papst im Jahr 2009 im Zusammenhang mit der Piusbruderschaft versucht. Da es um die Rückführung eines reaktionären Lagers geht, muss Veraltetes neu starkgemacht werden. Dabei kann das Starkmachen einer überholten Position auch dann hierarchisieren, wenn es lediglich als Reintegration, Ergänzung und Erweiterung des Spektrums gemeint ist. Dies geschieht dann, wenn es von der Seite, die wieder ins Boot geholt werden soll, keine Bereitschaft dazu gibt, sich zu bewegen. Unbeweglichkeit will einen historisch überholten Zustand aufrechterhalten, schon Verändertes ist das Feindbild und wird angeprangert. Eine solche (Kirchen-)Politik begründet einen Fundamentalismus, wenn sie keine Beweglichkeit einfordert. Umkehr heißt nicht Rückkehr, sondern meint einen wirklichen Sinneswechsel, eine wirkliche Veränderung.

Deutlich wird auch der Preis, den man in einem Denkgebäude bezahlt, das wie im vatikanischen historische Gegebenheiten und Veränderungen grundsätzlich ignoriert und sie dadurch nicht in den Blick nehmen muss. Die Leugnung von historischen Gegebenheiten, konzentriert in der Person des Piusbruders Richard Williamson, ist kein Betriebsunfall, sondern der vatikanischen Beziehung zur Tradition als Hort des Traditionellen ohne Idee einer wirklichen, tief gehenden Veränderung geschuldet. (Wenn man Williamson »Bischof« nennt, anerkennt man schon die theologischen Konsequenzen der vatikanischen Vereinheitlichung.)

Fundamentalistische Strömungen inkarnieren ihre Ablehnung von Veränderung erfahrungsgemäß immer wieder in der Moralisierung des Tuns von Frauen. Für die Strategie, vermeintlich ohne Veränderung zu vereinheitlichen, greift der Fundamentalismus auf eine spezielle Form der Herrschaftsstabilisierung zurück. Aristoteles baute einen Dualismus von Nicht-Veränderbarem und Veränderung auf einem Geschlechterbild auf, in dem er einen »naturgegebenen« Unterschied von Mann und Frau zusammen mit der Unterordnung der Frau konstruiert. Er wollte nicht, dass sich an den politischen Verhältnissen seiner Zeit etwas ändert. Wer als Sklave geboren ist, bleibt Sklave, und wer als Herrscher geboren ist, bleibt Herrscher, betont er in seiner »Politik«. Ein historischer Zustand – seine (!) Vorstellung von der Gegenwart als Ausdruck des Guten – darf nicht geändert werden. Um dies zu begründen, zieht Aristoteles eine Analogie zu den Geschlechtern. Er konstruiert die Geschlechterbilder so, dass er seine These halten kann. Er behauptet, dass Frauen passiv und empfangend und Männer aktiv und bestimmend seien. Er behauptet zugleich, so seien der Mann und die Frau nämlich bei der Fortpflanzung beteiligt, diese Aufteilung gelte für alle anderen Lebensbereiche ebenso, und daran dürfe sich nichts ändern.[3]

Mit dieser Argumentation hat Aristoteles sich nun das Problem aufgeladen, dass er Frauen und Männern zugleich als gleich im Menschsein beschreiben, ihnen also die gleiche menschliche Vernunft zuschreiben muss, will er Frauen nicht zu Tieren degradieren. Aller-

3 Frauen kommen nicht als Gebärende vor, nur als Empfangende, denn sonst wären sie ja als »aktiv« gekennzeichnet.

dings sei die Vernunft der Frauen so wie ihr Sein bei der Zeugung: passiv, empfangend. Frauen müssten daher gehorchen, während Männern die aktive Vernunft zukomme und sie befehlen dürften. Frauen repräsentierten also das Passive ohne jegliche Eigenaktivität. Als solche stabilisieren sie in der Folge die Zustände, während (eine bestimmte Gruppe von) Männer(n) tun und lassen, vor allem aber bestimmen können, was sie wollen.

Dass es eine derartige geschlechtliche Verteilung von Aktivität und Passivität bei der Zeugung gebe,[4] diese Behauptung als Faktum und Natur in Verbindung mit ihrer Übertragung auf die Vernunft macht sie ewig und unveränderlich. Die gemeinsame menschliche Vernunft wird in eine männlich-befehlende und in eine weiblich-empfangende hierarchisiert. In der Folge wird eine jede weitere historische Veränderung im Leben von Frauen und ein jeder weibliche Wille, selbstbestimmt, eigenen Vorstellungen folgend, die Gesellschaft zu gestalten, hinfällig. Frauen können prinzipiell nicht Ursache, Gründer, Leiter sein. – Auch wenn heute kaum ein Christ mehr eine (solche) unabänderliche Natur des Sklaven behaupten würde, so ist diese Naturrechtslogik in Bezug auf Frauen nach wie vor als ein grundlegender Pol im Verständnis unserer Gesellschaft verankert. Der Papst ist der Repräsentant dieser Logik in der christlichen Welt. Mit der Fixierung des Unveränderlichen im Weiblichen wird einerseits legitimiert, dass (eine bestimmte Gruppe von) Männer(n) ständig verändern darf, andererseits wird die Diskussion darüber tabuisiert, ob sie das tun dürfen und wie sie dies tun sollten, solange stattdessen über die Frauen als Fokus des Unveränderlichen diskutiert werden soll.

Es geht also nicht direkt um Sexualität. Es geht um die Identifizierung von (weiblicher) Passivität als Empfängnis, um die Identifizier-

4 Biologen und Psychologen unserer Zeit werden dies nicht mehr behaupten, sie würden, spätestens seit sie entdeckt haben, dass die Eizelle sich bewegt, um das Sperma auszusuchen und aufzunehmen, damit ihren Ruf als Wissenschaftler aufs Spiel setzen. Ganz abgesehen davon, dass Frauen beim Akt durchaus aktiv, wollend und gestaltend sind.

barkeit von Passivität und Aktivität bzw. Hören und Befehlen in zwei vermeintlich eindeutig zu identifizierenden Gruppen von Menschen und dabei um die Möglichkeit, das Unveränderliche in einem Teil der Menschheit zu identifizieren, um einen Ort von Stabilität zu besitzen: im »ewig« Weiblichen, daher in den Frauen.

Männer müssen sich gleichzeitig nicht als passiv und empfangend verstehen oder bewähren. Sie müssen nicht nach dem Wollen der anderen fragen, solange die Frauen die Rollenträgerinnen für diese Seite des Menschseins sind.[5] Stattdessen wollen sie die Frauen gerne für ihre vermeintliche Hingabe an das Bestehende loben. Diese Vorstellung von Männlichkeit könnte durchaus etwas mit der besonderen Homosexuellenfeindlichkeit des Vatikans zu tun haben, wird manchmal interpretiert: Vielleicht spiegelt die homosexuelle Kultur zu sehr das vermeintlich Weibliche bei Männern in Priestergewändern und -ritualen. Oder: Darf ein Papst auf die Worte von Frauen hören? Darf er passiv sein, während die Frauen die Maßstäbe verändern?

Mit der Kritik an der Naturrechtsargumentation müsste die vatikanische Theologie ihr Verständnis der Natur verändern: Die Natur ist nicht etwas Unveränderliches, sie verändert sich ständig selbst. Außerdem kann man aus der Natur nichts ablesen. Das Ablesen ist immer eine menschliche Tätigkeit. Was Menschen ablesen, sagt deshalb etwas über die Menschen und ihr Selbstbild aus. Vor allem aber müsste der Vatikan dazu fähig sein, die falschen historischen Entwicklungen einzugestehen, die er selbst erzeugt hat, wissentlich und unwissentlich, vor allem aber: kontingent.

Wenn man genauer betrachtet, welche Fehler der Vatikan bekennt, etwa das Versagen der Kirche im Dritten Reich, dann stellt man fest,

5 Zur Frage des Hörens auf Frauen vgl. Andrea Günter: Hörende Vernunft und der genealogische Ursprung von Handlungsfähigkeit: Autorität in Erziehung und (frauenbewegter) Politik, in: dies. (Hg.), Frauen – Autorität – Pädagogik. Theorie und reflektierte Praxis, 2006, S. 169-210.

dass es sich um Bereiche handelt, die man als »rein innerhistorisch« klassifizieren kann. Bei Bereichen, bei denen es um die Natur oder den Willen Gottes im vatikanischen Verständnis geht, kenne ich keine solchen Geständnisse. Der Vatikan braucht die Naturrechtsargumentation, sonst müsste er das logisch aufgeben, worauf er selbst baut, nämlich sich in seinem jeweiligen historisch gewordenen Zustand als den wahren Repräsentanten der christlichen Kirche in Form eines göttlich gestifteten Papsttums zu behaupten. Er müsste seine Position und Institution als einen historischen Zufall betrachten, der gleichermaßen dem Willen Gottes entspricht, wie er ihm nicht entspricht. Damit wäre er sofort und gründlich veränderbar.

Vorbild für eine andere, nicht naturrechtliche Theologie und Ekklesiologie könnte nun sein: die Idee der Pluralität bei der Erschaffung der Geschlechter. Denn Aristoteles und seiner Naturrechtslogik steht deutlich die Bibel, insbesondere der Schöpfungsbericht entgegen. So steht in Genesis 1, 26 f. nicht, dass Gott Frau und Mann und diese als Einheit, Paar, gar Ehepaar schafft. Diese Stelle so zu tradieren missachtet die Bedeutung der Gottheit der Pluralität und Einzigartigkeit – im Unterschied zur Einheit –, die der erste Schöpfungsbericht gerade vorstellt.

»Lasst *uns* Menschen machen als *unser* Bild, etwa in *unserer* Gestalt. [...] Und es erschuf Gott *Menschen* als sein/ihr Bild, als Bild Gottes erschuf sie/er sie/ihn, männlich und weiblich schuf sie/er *sie*« (Gen 1, 26 f.).

In einem genialen Spiel aus Singular und Plural, 3. Person Singular und 1. sowie 3. Person Plural wird die Menschheit als »Menschen« geschaffen, als Spiel von einem unbestimmten Plural. Das Unbestimmte der Menschen entspricht dem Plural der Gottheit. Der göttliche Plural »wir«/»uns« zeigt an, dass die Menschen *im Plural* männlich und weiblich geschaffen werden.

Im Schöpfungstun der Gottheit des ersten Schöpfungsberichts sind Theologie und Pluralität zusammengeführt, nicht als Vereinheitlichung von Vielheit, sondern als Spiel von Einzigartigkeit und Pluralität. Dieses grandiose jüdische und christliche Verständnis der Schöpfungsgeschichte hat große politische Denker inspiriert wie ansatzweise Augustinus, vor allem aber Hannah Arendt und Jacques Derrida, die beiden, die den Sinn der Pluralität für unsere Zeit gerade als Gegenkraft gegen Fundamentalismus und Totalitarismus neu entwickelt haben und sich dabei explizit auf die jüdische und die christliche Denktradition beziehen.[6] Wir brauchen uns von der Idee des Sinns für Pluralität durch Stimmen, die sich dem Aristoteles verpflichten, nicht abbringen zu lassen.

Liebe zwischen Menschen oder vatikanische Selbstverliebtheit?

Was man aus den Äußerungen des Vatikans über die Geschlechter, die Natur und Gottes Schöpfungswillen lernen kann, ist also, wie sehr der Vatikan die Naturrechtslehre und das Politikverständnis des Aristoteles braucht: zur Behauptung des Papsttums, das zu seiner Legitimierung eine lückenlose Kontinuität in seiner apostolischen Sukzession behaupten will, um diese historischen Entwicklungen nicht als Spiel von Herrschaft, Macht und historischen Zufällen, sondern als Gottes Wille wahrnehmen zu können und damit eine jegliche Möglichkeit von etwas anderem auszuschließen. Genau damit ist das vatikanische Denken substanziell pluralitätsfeindlich. Gesellschaftlich »andere« – Schwache, bislang Abgewertete und Geächtete – können grundsätzlich in dieser Logik ebenso wenig eine neue Position erwerben und Gerechtigkeit erfahren wie andere Religionen. Sie können nicht zum Maßstab werden wie die Zöllner und Huren für Jesus, sodass sie zu Einflussgrößen werden, die das soziale Gefüge

6 Vgl. Andrea Günter: Geist schwebt über Wasser. Postmoderne und Schöpfungstheologie, Wien 2008; ähnlich: Richard Rorty und Gianni Vattimo: Die Zukunft der Religion, Frankfurt 2006.

grundsätzlich verändern. Sie können dies höchstens als Passive und Empfangende.

Die »Frauenfrage« ist gleichzeitig Fundament, Ausgangs- und Kristallisationspunkt dieser institutionellen Ordnung und damit tatsächlich das Ärgernis kirchlicher Verlautbarungen. Das Hören auf Frauen wäre die strukturelle innerkirchliche Voraussetzung für die Rückbesinnung auf das christliche Paradigma des Menschseins der Menschen und des Unter-den-Menschen-Weilens Gottes. An den überkommenen christlichen Frauenbildern aber wird von katholischer Seite weiterhin festgehalten, weil es dabei nicht um die Frauen geht, sondern um die Unfähigkeit, die mit dem Frauenbild der letzten Jahrhunderte einhergehende Metaphysik, Logik und die auf dieser beruhende naturrechtliche Verfasstheit der katholischen Kirche zu verändern.

Solange die Frauen die Natur und das Feste, Einheitliche und Identische, Ewige, Wesensgemäße und Unveränderliche, ferner Bezogenheit repräsentieren müssen, weil diese nicht anders gedacht, repräsentiert und in Praxis übersetzt werden können, nützen alle exegetischen, ekklesiologischen und historischen Richtigstellungen oder ethischen Neuentwürfe bezüglich der Geschlechter oder auch der Kirche nichts. Exegetische, ekklesiologische, historische oder auch soziologische Erkenntnisse bleiben irrelevant. Die Spaltung zwischen Theorie und Praxis wird allem anderen Ansinnen zum Trotz weiterhin aufrechterhalten. Das Zweite Vatikanum, insbesondere der Appell der Pastoralkonstitution »Gaudium et Spes«, die konkreten Bedürfnisse der Menschen und ihr In-der-Welt-Sein ernst zu nehmen wird nicht seine wirkliche Bedeutung entfalten können.

Der neuralgische Punkt »Frauenfrage« scheint inzwischen auch von vatikanischer Seite neu eingeschätzt zu werden. Auch wenn das Wort »Zusammenarbeit« in der vatikanischen Verlautbarung ein Rückschritt hinter die Erklärung der Jesuiten ist, die davon sprechen, dass sie Frauen gegenüber schuldig geworden sind und auf Frauen hören lernen müssen,[7] wenn zudem die »Zusammenarbeit von Mann und Frau« anstatt in dem Plural »Zusammenarbeit von Männern und Frauen« im unbedachten Singular steht: Dieses Schreiben ist ein Zeichen dafür, dass aus der vormaligen Besserwisserei über die Frauen und ihr Leben sichtbar Ohnmacht und Unbeholfenheit geworden ist. Damit wäre der Dialog tatsächlich auch von männlich-vatikanischer Seite eröffnet. Die Leben von Frauen können ins Zentrum rücken. Ihre Worte sind hörbar. Sie können vernommen werden. Ihr Sinn wächst aber nur dann, wenn der Vatikan bereit zu einer wirklichen Änderung, zu Umkehr ist. Dann kann der freie und freiheitliche Sinn des Lebens der Menschen als geschlechtliche zusammen mit der Pluralität von Männern und von Frauen ihren Platz in der Religion bekommen, in der Gott als ein einzigartiger *zur Welt gekommen* ist. Damit wäre das Christentum die Religion, die für die ständige Erneuerung der weltlichen Verfasstheit der menschlichen Beziehungen einsteht.[8]

7 Vgl. Die Jesuiten und die Situation der Frauen in der Kirche und in der bürgerlichen Gesellschaft, Dekret 14 der 34. Generalkongregation der Gesellschaft Jesu.

8 Vgl. Andrea Günter: Theologie des Geborenseins, Gaudium et Spes und die Geschlechter im Christentum. Oder: Das Christentum als Religion gelingender Weltlichkeit, in: Theologie und Kirche nach dem Zweiten Vatikanum. Positionen – Probleme – Perspektiven, Festschrift für Elmar Klinger, hg. von Hanjo Sauer und Thomas Franz, Würzburg 2006, S. 188-203, wiederabgedruckt in: dies., Welt, Stadt, Zusammenleben(wie Anm. 2), S. 154-169.

»Ich werde mich nicht für ein weibliches Presbyterat einsetzen«

Persönliche Erfahrungen mit Joseph Ratzinger

Von Ida Raming

Es war in den frühen 1960er-Jahren – zur Zeit des Zweiten Vatikanischen Konzils (1962-1965). Ich studierte damals katholische Theologie an der Universität Münster und arbeitete – neben meiner Tätigkeit als wissenschaftliche Hilfskraft – an meiner Dissertation über die Stellung und Wertung der Frau in der römisch-katholischen Kirche, im Besonderen über den Ausschluss der Frauen vom priesterlichen Amt. Mit dieser wissenschaftlichen Untersuchung betrat ich in der Tat Neuland – es gab kaum Vorarbeiten auf diesem Gebiet.

Gemeinsam mit meiner Kollegin und Freundin, Dr. Iris Müller, verfolgte ich alle Meldungen über das Konzil mit steter Wachsamkeit und größtem Interesse, besonders wenn es sich um Meldungen zum Thema »Frau und Kirche« handelte.

Im Herbst 1963 – es war das Jahr, in dem die wichtige Enzyklika Johannes' XXIII. »Pacem in terris« erschien – verfassten wir gemeinsam eine Eingabe an das Konzil, in der wir alle Argumente, die für den Ausschluss der Frauen vom Priesteramt vorgebracht wurden, auf theologischer Basis widerlegten. Diese mehrseitige Eingabe vervielfältigten wir – damals noch mit sehr primitiven Mitteln – und verschickten sie nicht nur an den Vatikan (Einheitssekretariat), sondern auch an alle deutschen Bischöfe. Wir hielten es darüber hinaus aber auch für nötig, unsere Professoren mit der Eingabe zu konfrontieren. So kam es, dass wir uns auch um ein Gespräch mit dem damaligen Professor für

Dogmatik, Joseph Ratzinger, bemühten. Ich hatte bereits einige Vorlesungen von ihm zum Thema Ekklesiologie gehört. Er galt damals als hervorragender Professor, dem noch eine große Zukunft bevorstand. Nach meiner Erinnerung war ich jedoch nicht so angetan von seinem Vortragsstil – es erschien mir zu schwärmerisch, zu wenig nüchtern, wenn er von der Kirche »als Heilige und zugleich Hure« sprach.

Wir besuchten zu zweit eine seiner Sprechstunden im Januar 1964. Wir wollten ihm die neuesten Forschungsergebnisse zum Thema »Frau und Kirche/Priesteramt der Frau« unterbreiten und uns dabei unter anderem auf die unter Karl Rahner in Innsbruck verfasste Dissertation von Haye van der Meer SJ aus dem Jahre 1962 stützen. Meine Erinnerung an das Treffen: Es kam gar nicht zu einem Gespräch! Der Professor schaute uns kaum an, sondern schaute nur in eine Ecke seines Büros. Wir fanden das beide sehr befremdend und enttäuschend – an dem Thema schien er überhaupt nicht interessiert zu sein.

In der Rückschau auf diese »Begegnung« vermute ich wohl nicht ohne Grund, dass seine klerikal-zölibatäre Erziehung, die einen ungezwungen natürlichen Umgang mit Frauen vielfach verhindert (was wir auch bei anderen Priesterprofessoren wahrnahmen), zumindest eine Ursache für sein Verhalten war. Vielleicht war es dem Professor darum wohl erst recht nicht möglich, mit Frauen, die sich offen für ihre Gleichberechtigung in der Kirche einsetzten, in eine wirkliche Kommunikation zu treten. Auch von seiner Ursprungsfamilie her war ihm ein solches Engagement von Frauen sicherlich fremd.

Dennoch wollte ich die für uns unbefriedigende Begegnung nicht einfach auf sich beruhen lassen. Im Februar 1964, bald nach dem Gespräch, schrieb ich daher einen Brief mit beigefügten Informationen aus der Konzilszeit zum Thema »Frau und Kirche« an Professor Ratzinger. Ich wollte versuchen, einige Perspektiven zu dieser Thematik aufzuzeigen, die er bislang vermutlich noch nicht berücksichtigt hatte. In meinem Brief, der auch einige Zitate aus der oben genannten Dissertation von Haye van der Meer von 1962 enthielt, hieß es unter anderem: »Der erste Grund (für die Notwendigkeit der Betrachtung der Frage nach dem Priesteramt der Frau) ist zweifellos das Gespräch mit den Mitchristen aus der Reformation. Es darf doch von katholischer Seite nicht mehr ignoriert werden, dass verschiedene protestantische Großkirchen die Frau zum geistlichen Amt zugelassen haben … Es ist noch nie bewiesen worden, dass das Priestertum der Frauen genau dasselbe ist wie die Leugnung der apostolischen Sukzession oder dass es diese implizieren würde … Die Aufgabe, die sich diese Arbeit stellt, ist: Alle Beweise der Dogmatiker bezüglich dieser These (dass nur Männer Priester werden können, d. Vf.) kritisch zu überprüfen …«. Man möchte meinen, »dass in einer zur Fülle des Eschatons wachsenden Kirche und Menschheit auch die Männer den Frauen mehr Platz einräumen sollten und die Frauen mehr geeignet werden, den Mann Christus zu repräsentieren. Diese Inversion liegt natürlich nicht auf biologisch-physischer Ebene …, sondern auf der psychisch-spirituellen. Aber wer würde behaupten, dass die Repräsentation Christi sich auf biologisch-physischer Ebene vollziehen müsste?«

Nach diesem Zitat aus van der Meers Dissertation schrieb ich persönlich: »v. d. Meer ist also der Überzeugung …, dass die Voraussetzung für die Repräsentanz Christi durch den Priester nicht das männliche Geschlecht bildet. Wollte man aber am Gegenteil festhalten, so würde sich daraus die absurde Konsequenz ergeben, dass ein sündiger Priester um seines Mannseins willen Christus besser repräsentieren könnte als eine heilige Frau – und das Wort des Apostels Paulus, dass der Mensch durch das Pneuma Christ (die göttliche Geistkraft, d. Vf.) zu seinem Bilde umgestaltet wird (vgl. 2 Kor. 3, 18), wäre bedeutungslos. – Würde man das Selbstzeugnis der katholischen Frauen, die sich zum geistlichen Amt hingezogen fühlen, ernst nehmen, wie es an sich dem Selbstzeugnis einer erwachsenen Person, die als Christ verantwortungsbewusst leben will, zukommen dürfte, so würden sich viele der theoretischen Untersuchungen erübrigen lassen. Gott hat Frauen zum Prophetenamt berufen. Gott beruft auch Frauen zum Priesteramt, wie aus der Selbstaussage derjenigen Frauen hervorgeht, die unter der Unfreiheit, diesen Beruf nicht wählen zu können, schwer leiden, weil in ihnen geistliche Kräfte unterdrückt sind, die speziell auf diesen Beruf hingeordnet sind …

Möge die katholische Theologie von heute die Aussagen früherer Theologen (Kirchenväter, Thomas von Aquin u. a.) über die Frau revidieren und endlich dem Menschen in der Frau und damit ihrer Würde als Person und Gottes Ebenbild entsprechend dienen! Das ist unsere Bitte und Hoffnung …«

Hier die Antwort von Prof. Ratzinger auf meinen Brief:

Prof. Dr. Joseph Ratzinger — Münster in Westfalen, den 4.3.64
Annette-von-Droste-Hülshoff-Allee 18

Fräulein
Ida Raming

Münster in Westfalen
Juistweg 6

Sehr geehrtes Fräulein Raming,

leider erst heute fand ich die Zeit, Ihnen für Ihren freundlichen Brief vom 20. Februar meinen besten Dank zu sagen. Bei allen Aufgaben, die ich mir für die Osterferien vorgenommen habe, fehlt mir unglücklicherweise die Zeit, auf das von Ihnen berührte Problem mit der Ausführlichkeit, die es verlangen würde, einzugehen. So kann ich nur, ohne die Gründe im einzelnen vorzuführen, sagen, dass ich glaube, die gegenwärtige Situation der Kirche eigne sich nicht dafür, um die Frage des Ordo presbyteralis für Frauen in einer neuen Weise zu lösen. Die Umstellungen, die im Augenblick von der geistigen Gesamtlage her unumgänglich notwendig sind, sind so tiefgehend, dass sie eine Verwandlungskrise auslösen, deren Tiefgang man sich in Deutschland wohl nicht genügend vorstellen kann. Es wird den Gläubigen auf dem Erdenrund vielfach schwer genug werden, die Identität der Kirche in ihren Verwandlungen wiederzuerkennen. Es würden diejenigen, die erneuern wollen und diejenigen, denen Erneuerung verständlich gemacht werden soll~~en~~, in einer nicht zu verantwortenden Weise belastet, im selben Augenblick auch einen Schritt zu unternehmen, der von der Tradition k e i n e Stützen hat, (was man hinsichtlich des Ordo presbyteralis mit Sicherheit sagen kann). Ob es dabei um eine Frage göttlichen Rechts handelt oder nicht, bleibt damit offen. Schließlich hat das Tridentinum mit dem Begriff der traditiones gerade auch die grundlegenden consuetudines der Kirche schützen wollen.

Im übrigen möchte ich sagen, dass man ja nicht übersehen darf, dass es die Möglichkeit zu seelsorgerischem und priesterlichem Dienst auch ohne diesen Ordo gibt. Ich glaube, dass hier ein einseitiger Sakramentalismus der Korrektur bedarf. Man kann doch nicht übersehen, dass Paulus unter den Charismen und Gemeindediensten denjenigen, die dem späteren Amt des Presbyters entsprechen, einen relativ bescheidenen Platz angewiesen hat (so z. B. 1 Kor 12,28, wo die Kybernesis an vorletzter Stelle steht); das will doch offensichtlich sagen, dass unsere starre Gegenübersetzung von Presbyter und Nicht-Presbyter ein unzulängliches Kirchenverständnis ausdrückt. Die presbyteriale Aufgabe ist in einer Vielfalt von Diensten eine einzelne, und niemand braucht traurig zu sein, weil er eine bestimmte Aufgabe nicht und dafür eine andere hat: das ist doch der Sinn von 1 Kor 12, ein Kapitel,

das ich als die eigentliche Antwort auf Ihre Wünsche
auffasse. Auf diese Weise spielen bei Paulus Frauen
wie Phöbe, Chloe, Priszilla eine ganz entscheidende
Rolle für die Mission und die Ausbreitung des Christen-
tums und es ist ihnen offenbar gar nicht in den Sinn
gekommen, darüber traurig zu sein, dass sie nicht aus-
gerechnet die Aufgabe der Kybernese, sondern eine andere
hatten. Was wir heute brauchen, ist deshalb meiner Mei-
nung nach nicht ein weibliches Presbyterat, sondern die
Überwindung eines falschen und zu Unrecht sakramentalisier-
ten Ständedenkens, die zugleich die Ausbildung neuer und
beweglicherer Formen des Dienstes ermöglichen wird. Ob man
dabei dann an Formen wie diejenige der alt-christlichen
Diakonin anknüpfen soll, wird sich erst zeigen,müssen.
Ich möchte aber nochmals sagen, dass ich für meinen Teil
mich für ein weibliches Presbyterat nicht einsetzen werde.

Mit freundlichen Grüßen

Joseph Ratzinger

Obwohl die Antwort Professor Ratzingers in freundlichem Ton gehalten war, enttäuschte sie mich/uns beide doch sehr, besonders seine dezidierte Absage am Schluss des Briefes: »Ich möchte aber nochmals sagen, dass ich für meinen Teil mich für ein weibliches Presbyterat nicht einsetzen werde.« Seine Argumentation erschien mir unbefriedigend und wurde unserm Anliegen nicht gerecht. Der Brief offenbarte aus meiner Sicht einen deutlichen Mangel an Gerechtigkeitssinn für Frauen in der Kirche sowie auch eine unzureichende Kenntnis über die Diskriminierung der Frau im Laufe der Kirchengeschichte. Nun war ein solches Defizit an Wissen auf diesem Gebiet in der damaligen Zeit durchaus nicht außergewöhnlich, selbst bei Theologieprofessoren.

Ich antwortete nicht mehr auf diesen Brief; denn ich hielt eine weitere Korrespondenz für aussichtslos. Als ich mich – nach etlichen Jahren – mit der Vorbereitung unserer (I. Müller / I. Raming) Autobiografie befasste, fiel mir der Brief von Professor Ratzinger wieder in die Hände. Ich schrieb eine »Späte Antwort an Professor Joseph Ratzinger«, inzwischen bereits Papst Benedikt. Ich sorgte dafür, dass dieser Brief an die »richtige Adresse« gelangte – zugleich war mir aber auch an seiner Veröffentlichung gelegen, denn meine Antwort sollte nicht nur eine private sein, sondern wegen der Bedeutung des Themas ebenfalls vielen Menschen in der Kirche zugänglich werden. Die Zeitschrift »Kirche In« druckte den Text etwas später vollständig ab (10/2007, S. 12 f.). Ich schrieb u. a.: »Sie schreiben in Ihrem Brief: ›Was wir heute brauchen, ist deshalb meiner Meinung nach nicht ein weibliches Presbyterat ...‹ Diese Aussage weise ich entschieden zurück, denn uns Menschen (in diesem Fall: den Männern) steht es nicht zu, andere Menschen (in diesem Fall: Frauen) von vornherein (aufgrund des Geschlechts oder Rasse ...) von irgendeinem kirchlichen Amt auszuschließen oder sie daran zu hindern, es auszuüben. Gott selbst beruft und teilt die Charismen in dem gleichen Maße und in der gleichen Fülle Frauen wie Männern zu; denn Gottes Geistkraft weht, ›wo Sie will‹ und ›teilt einer jeden, einem jeden zu, wie Sie will‹ (vgl. 1 Kor. 12, 11). Menschen dürfen ihr keine Hindernisse entgegenstellen, denn ›in Christus‹ ist aufgrund von Glauben und Taufe ›nicht männlich und weiblich‹ (Gal. 3, 27 f.).

An folgendem Beispiel wird das ganze Ausmaß des Unrechts an Frauen in der römisch-katholischen Kirche exemplarisch deutlich: Wenn vormals evangelische Pfarrer zur katholischen Kirche konvertieren, wird ihnen – oftmals trotz Ehe und Familie – das Priesteramt übertragen (es gibt zahlreiche Beispiele dafür); wenn dagegen eine evangelische Pastorin/Pfarrerin, die die gleiche Ausbildung erhalten hat und die gleiche Tätigkeit ausübte wie ihr männlicher Kollege, zur römisch-katholischen Kirche konvertiert, verliert sie ihr Amt (trotz Zölibats) – ohne Hoffnung darauf, es je wieder zu erlangen. Ihre von Gott geschenkte Berufung zum geistlichen Amt und ihre Begabung dazu wird (aufgrund von c. 1024 CIC) übergangen, ignoriert. Das ist ein eklatanter Ungehorsam gegenüber Gottes Geist, der unabhängig vom Geschlecht die Charismen zuteilt.

›In Christus‹ ist aufgrund von Glauben und Taufe ›nicht mehr männlich und weiblich‹ (vgl. Gal. 3, 27 f.) – dieser Aussage des Apostels Paulus zu entsprechen heißt, Frauen endlich Gerechtigkeit in der römisch-katholischen Kirche widerfahren zu lassen und die zwischen Männern und Frauen aufgerichtete, dem Geist Jesu widersprechende Rangordnung zu überwinden. Wann raffen sich die verantwortlichen Amtsträger der Kirche endlich dazu auf? Gott kennt unser Innerstes und weiß darum auch um die große Not der Frauen in der römisch-katholischen Kirche ... Die verantwortlichen Amtsträger dieser Kirche werden sich für ihr Tun oder Nicht-Tun in dieser Sache vor Gott verantworten müssen!«

Eine Antwort auf diesen Brief habe ich bis heute freilich nicht erhalten. Ich habe sie allerdings auch nicht erwartet. Denn ein Papst ist verantwortlich für die ganze Kirche. Viele Nachrichten und Probleme werden täglich an ihn herangetragen. Wie soll ein Mensch auf all das reagieren? Andererseits reagiert Benedikt XVI. auf die ständig in Rom eintreffenden Klagen von rechten Katholiken zum Beispiel über angebliches Fehlverhalten wie »liturgische Missbräuche«. Schließlich wurde ja sogar offen zu einer entsprechenden Denunziation aufgerufen, Im Grunde bedürfte es aus meiner Sicht dringend einer Reform dieses monströsen Amtes – freilich auch der Kirche im Ganzen!

In seiner Funktion als Präfekt der Kongregation für die Glaubenslehre war Kardinal J. Ratzinger wesentlich mitverantwortlich für die schwerwiegenden Entscheidungen und Verlautbarungen, die sich in dieser Zeit gegen die Frauenordination richteten. So lieferte er die theoretische Grundlage für das Apostolische Schreiben »Ordinatio Sacerdotalis« von Papst Johannes Paul II. (1994) »Über die nur Männern vorbehaltene Priesterweihe«, wodurch Frauen definitiv vom Priesteramt ausgeschlossen werden. Er verfasste mehrere Artikel zur ideologischen Begründung dieser definitiven Entscheidung. Das »Responsum ad dubium« (1995) der Glaubenskongregation sprach dieser Lehre einen »unfehlbaren« Charakter zu.

Gemeinsam mit meiner Kollegin und Weggefährtin Frau Dr. Müller und weiteren gleichgesinnten Frauen verfolgte ich diese Entwicklung mit einem Gefühl wachsender Bedrückung und Ausweglosigkeit.

Ferner war Kardinal J. Ratzinger maßgeblich und letztverantwortlich an dem Schreiben der Glaubenskongregation »Über die Zusammenarbeit von Mann und Frau in der Kirche und in der Welt« (2004) beteiligt.

In diesem Schreiben wie auch in den Schriften Kardinal J. Ratzingers überhaupt zum Verhältnis von Frauen und Männern und zum Thema Frauenordination zeigt sich ein durchlaufendes anthropologisches Grundmuster, das sich in folgenden Thesen zusammenfassen lässt:

- Hinter der »Maske der Emanzipation« verbirgt sich eine Scheinbefreiung, eine totale Assimilation an die männliche Welt und die Bestreitung des Rechts, eine Frau zu sein. Der sogenannte »Gleichheitsfeminimus« ist daher nach seiner Meinung abzulehnen.
- Die spezifische Sendung der Frau liegt in ihrer Berufung zur Mutterschaft und Jungfräulichkeit. Die Verteidigung der symbolischen Repräsentation der Frau (als »Braut-Kirche«) ist die gerade heute gebotene Verteidigung der Frau.
- In der Gestalt der zwölf Apostel ist das »Maß allen priesterlichen Dienstes« dargestellt. Der priesterliche Mann ist aufgrund des »Geheimnisses der Inkarnation« (= »Mannwerdung« Gottes! Erg d. Vf.) damit betraut, »Christus darzustellen«, »lebendige Ikone Christi« zu sein.
- Das »symbolisch-sakramentale Menschenbild« darf nicht im Zuge der »Emanzipation« abgelöst werden durch eine »funktionale Äquivalenz der Geschlechter«.
- Die Frage des Subjekts der Weihe oder des Weiheempfängers gehört zur »Konstitution der Kirche selbst«. Die Kirche kann das Weihesakrament nicht beliebig gestalten, sie ist zur Treue und zum Gehorsam gegenüber der »Setzung der Zwölf« durch Jesus verpflichtet.

Nach seiner Wahl zum Papst wurde (im August 2006) ein Fernsehinterview mit Benedikt XVI. von vielen Sendern ausgestrahlt. Einer der vier beteiligten Journalisten raffte sich schließlich dazu auf, auch die Frage nach der Stellung der Frau in der Kirche an den Papst zu richten.

Ich erinnere mich deutlich an seine Antwort darauf, da ich die Sendung mehrmals angeschaut habe. Zu Beginn stellte er – wie gewohnt und unter Bezugnahme auf »Ordinatio Sacerdotalis« – klar, dass »wir uns aufgrund des Glaubens und der Konstitution des Apostelkollegiums (das heißt zwölf Männer-Apostel, d. Vf.) nicht dazu ermächtigt fühlen, Frauen die Priesterweihe zu erteilen«. Was allerdings – für mich als Zuschauerin – neu war: Er gab erstmalig zu, dass es dadurch für Frauen in der Kirche ein »juristisches Problem« gebe, da die Jurisdiktion, das heißt die Möglichkeit, rechtlich bindende Entscheidungen zu treffen, nach dem Kirchenrecht an das Weihesakrament gebunden sei. Aber anstatt eine Lösung dieses Problems aufzuzeigen, warf Papst Benedikt die Frauen völlig auf sich selbst zurück: »Die Frauen werden sich«, so sagte er, »mit ihrem Schwung und ihrer Kraft, mit ihrem Übergewicht, mit ihrer geistlichen Potenz sozusagen, selber ihren Platz in der Kirche zu verschaffen wissen.«

Ich dachte bei mir: »Ja wirklich, – das tun wir!« Was bleibt uns auch anderes übrig – nach der definitiven Entscheidung gegen die Frauenordination?

Seit unserer Ordination *contra legem* 2002, an der neben Iris Müller und mir fünf weitere Frauen teilnahmen, folgen wir dem Schriftwort: »Man muss Gott mehr gehorchen als den Menschen!« (Apg. 5, 29) und setzen damit ein prophetisches Zeichen für Freiheit und Würde der Frauen »in Christus« – entsprechend dem Schriftwort: In Christus ist aufgrund von Glauben und Taufe »nicht männlich und weiblich« (vgl. Gal. 3, 27 f.). Unsere internationale Bewegung (RCWP) breitet sich inzwischen in mehreren Ländern aus. Um die ordinierten Priesterinnen bilden sich lebendige Hausgemeinden, darüber hinaus aber auch bereits größere Gemeinden.

Ja, wir wollen, wir müssen Gott mehr gehorchen als den kirchenleitenden Männern – Männern, die sich ein Definitions- und Machtmonopol über Frauen anmaßen, indem sie deren Wesen und Aufgaben in der Kirche bestimmen – in Missachtung der göttlichen Geistkraft, »die einer jeden, einem jeden zuteilt, wie Sie will« (vgl. 1 Kor. 12, 11).

Das prophetische Zeichen ist gesetzt – »wer Ohren hat, höre – wer Augen hat, sehe!«

Quellen/Literatur

Ida Raming: Priesteramt der Frau – Geschenk Gottes für eine erneuerte Kirche (Erweiterte Neuauflage von: Der Ausschluss der Frau vom priesterlichen Amt, 1973, mit ausführlicher Bibliografie [1974-2001]), Lit Verlag, Münster/Hamburg 2002.

Dies.: Gleichrangig in Christus anstatt: Ausschluss von Frauen »im Namen Gottes«. Zur Rezeption und Interpretation von Gal. 3, 27 f. in vatikanischen Dokumenten, Lit Verlag, Münster/Berlin 2006.

Iris Müller/Ida Raming: Unser Leben im Einsatz für Menschenrechte der Frauen in der römisch-katholischen Kirche (Lebensberichte – Hintergründe – Dokumente – Ausblick), Lit Verlag, Münster/Berlin 2007.

Elsie Hainz McGrath, Bridget Mary Meehan, Ida Raming (Hg.): Women Find a Way. The Movement and Stories of Roman Catholic Women Priests, published 2008 by Virtualbookworm.com Publishing Inc., USA (deutsche Übersetzung in Vorbereitung).

Norbert Sommer: Geheimnisvolles »Wesen der Frau«, in: Orientierung 72 (2008), S. 79-82.

Nachschlag

Antwort von Kardinal Joseph Ratzinger auf die Frage von Klaus Bölling, ob der Papst der Forderung einer stärkeren Einbeziehung der Frauen in das kirchliche Leben Gehör schenken werde, »oder ist das nach Ihrer Auffassung, der Sie doch als eine Art – ich drücke mich jetzt etwas journalistisch aus – Bollwerk gegen den Zeitgeist gelten, unvorstellbar?«:

»Ordination von Frauen und deren stärkere Einbeziehung sind zwei ganz verschiedene Dinge. Das Zweite ist voll im Gange, und wenn Sie in die Kirche gehen, dann können Sie auch Gottesdienste erleben, wo der Priester relativ spät und sozusagen nur bescheiden, umgeben von Frauen in Erscheinung tritt. Ob das alles nun ganz geschmackvoll und gut ist, ist eine andere Frage. So wichtig ist es auch nicht, vor einem Altar zu stehen, obwohl es viele Leute offenbar sehr fasziniert. Entscheidender ist es, in der Kirche Verantwortung zu tragen, zu leben und zu sein. In dieser Hinsicht war im Prinzip die Rolle der Frauen immer viel größer, als man heute gemeinhin annimmt, wenn man z. B. bedenkt, dass es im Mittelalter Doppelklöster für Männer und Frauen gegeben hat, wo eine Frau die Chefin auch für Männer war und die Frau die Jurisdiktion über sie ausübte. Oder denken Sie nur an die großen prophetischen Frauen wie Hildegard von Bingen, Katharina von Siena, Birgitta von Schweden, die öffentlich gepredigt und den Männern, auch Päpsten, ins Gewissen geredet haben. Die Kraft der Frauen in der Kirche ist eigentlich immer sehr groß gewesen. Ich würde überhaupt sagen, dass die Kirche, indem sie den Jungfrauenstand, den weiblichen Ordensstand geschaffen hat, einen wesentlichen Schritt für die Emanzipation der Frau getan hat. Sie konnte nun alleine leben, sie brauchte nicht unter einem Mann zu sein, sondern sie konnte selbst ihr Leben gestalten. Gut, jede Zeit hat ihre eigenen Formen. Da wird man fragen müssen, was heute möglich und angemessen ist. Wir in der Kurie sind eher langsam, aber immerhin haben wir natürlich auch weibliche Mitar-

beiterinnen. Als die erste kam, das war noch bei meinem Vorgänger, war es noch eine Verwunderung, inzwischen ist es ganz normal, dass hier Frauen dazugehören. Das wird sich ausweiten, und die richtige Form zu finden ist vielleicht manchmal auch nicht ohne Streitkultur möglich, aber es wird geschehen.

Ein ganz anderes Problem ist die Frauenordination. Sie wissen ja, welches Erdbeben das in der anglikanischen Kirche hervorgerufen hat, wie auch die orthodoxe Kirche dagegen steht. Da sind für uns einfach andere Gewichte, weil es nicht eine von uns zu vergebende Position ist, sondern ein Sakrament, das die Kirche von Christus empfangen hat. Wichtig ist dabei, dass das Priestertum nicht als eine besondere Ehre erscheint und nicht als Machtposition, sondern wirklich als eine Dienstposition.«

(aus: »Welt-am-Sonntag«-Serie »Es gilt das gesprochene Wort«, April 1999, Klaus Bölling und Peter Gauweiler befragen Kardinal Joseph Ratzinger)

Beim Schlussempfang für die Teilnehmenden des Kongresses »Frau und Mann – der Mensch in seiner Ganzheit« (vom 7. bis 9. Februar 2008 in Rom) anlässlich des 20. Jahrestages des Apostolischen Schreibens »Mulieris Dignitatem« (von Papst Johannes Paul II.) wandte sich Benedikt XVI. gegen kulturelle und politische Strömungen, die »die sexuellen Unterschiede tilgen oder zumindest verdunkeln und vermischen« wollten und die Identität der Geschlechter ausschließlich als soziales Konstrukt betrachteten. Gott habe schließlich den Menschen als Mann und Frau erschaffen, »als Einheit und gleichzeitig in komplementärer Verschiedenheit«. Er empfahl als Mittel gegen einseitige und ideologische Überlegungen »eine neue anthropologische Forschung, die auf der Basis der großen christlichen Tradition die neuen Fortschritte der Wissenschaft und das heutige kulturelle Empfindungsvermögen mit einbezieht« … Im Übrigen sagte er so manches, was eigentlich ganz im Sinne der Frauen war, jedoch jeden Bezug zur heutigen kirchlichen Realität vermissen ließ und Fehlverhalten nur bei anderen Religio-

nen wahrhaben wollte: »Das Christentum proklamiert für die Frau die gleiche Würde und die gleiche Verantwortung wie für den Mann. Es gibt Orte und Kulturen, in denen die Frau – aus dem einzigen Grund, weil sie Frau ist – diskriminiert und unterschätzt wird, wo sogar religiöse Gründe angeführt und familiärer oder sozialer Druck ausgeübt werden, um die Ungleichheit der Geschlechter fortzuschreiben ... Christen müssen überall eine Kultur fördern, die die gleiche Würde der Frau anerkennt, im Recht und in der Wirklichkeit der Fakten.«

(aus: Norbert Sommer, Geheimnisvolles Wesen der Frau – Vergebliches Hoffen auf römisches Umdenken beim ersten Frauenkongress im Vatikan, in: Orientierung 72 [2008], S. 79-82)

»Das heutige Datum – der 8. März – lädt uns dazu ein, über die Situation der Frau nachzudenken und unseren Einsatz für die Frauen zu verstärken, damit jede Frau immer und überall die ihr eigenen Fähigkeiten leben und zum Ausdruck bringen kann – und dabei die volle Achtung ihrer Würde erfährt. Ich versichere heute alle Frauen meines Gebets, damit sie in ihrer Würde immer mehr geachtet werden und immer höhere Wertschätzung für ihre positiven Fähigkeiten erfahren. In diesem Sinn hat sich u. a. auch das Zweite Vatikanische Konzil geäußert ... Mehr als alle Dokumente wiegt aber das Zeugnis der Heiligen, und unsere Epoche hat das Zeugnis von Mutter Teresa von Kalkutta erlebt: Diese demütige Albanerin wurde durch Gottes Gnade zu einem Beispiel der Nächstenliebe und Förderung des Menschen in der ganzen Welt. Wie viele andere Frauen arbeiten Tag um Tag, oft versteckt, für das Wohl der Menschheit und des Reich Gottes! Ich bete für alle Frauen, dass ihre Würde immer mehr respektiert und ihr Potenzial immer mehr wahrgenommen wird.«

(Benedikt XVI. am 8. März 2009 beim Angelusgebet am Weltfrauentag)

»Wer hat im 20. Jahrhundert am meisten zur Emanzipation der westlichen Frauen beigetragen? Manche sagen: die Pille, manche nennen die Liberalisierung der Abtreibung, andere erlauben sich noch weiter zu gehen: die Waschmaschine.«

(Giulia Galeotti zum Weltfrauentag 2009 im Artikel »Füll das Waschmittel ein, mach den Deckel zu und entspann dich« in der Vatikanzeitung »L'Osservatore Romano«)

Dies ist eine beispielhafte Antwort auf den Ruf meines Vorgängers, Papst Johannes Paul II., nach einem »neuen Feminismus«, der die Kraft hat, die Kultur zu verändern, und sie durchdringt mit einem eindeutigen Respekt für das Leben ... Angesichts des besonderen Einflusses der Frauen in der Gesellschaft müssen sie ermutigt werden, ihre Chancen beim Einsatz zur Wahrung der Würde des Lebens durch ihre Beteiligung in Bildung und ihre Teilnahme am politischen und bürgerlichen Leben geltend zu machen. Ja gerade, weil sie vom Schöpfer mit einer einzigartigen »Kapazität für andere« ausgerüstet worden sind, kommt Frauen eine entscheidende Rolle bei der Förderung der Menschenrechte zu, denn ohne ihre Stimme würde das soziale Gefüge der Gesellschaft geschwächt werden ... Das Evangelium ist eine frohe Botschaft, die Männer und Frauen ermutigt, sich an der ehelichen Liebe zu freuen. Christlicher Glaube und Ethik macht sie gesund, stark und wirklich frei. Das ist die genaue Bedeutung der Zehn Gebote: Sie sind nicht eine Serie von »Neins«, sondern ein großes »Ja« zu Liebe und Leben.

(Benedikt XVI. in einem Grußwort an die Konferenz »Leben, Familie und Entwicklung: die Rolle der Frau bei der Förderung der Menschenrechte«, veranstaltet vom Päpstlichen Rat für Gerechtigkeit und Frieden zusammen mit internationalen katholischen Frauenorganisationen am 20./21. März 2009 in Rom)

Ich rufe alle Menschen auf, sich der effektiven Benachteiligung bewusst zu werden, unter der viele Frauen gelitten haben und noch leiden. Dabei muss auch der Frage nachgegangen werden, inwieweit die Haltung der Männer, ihr Mangel an Einfühlungsvermögen und Verantwortung Gründe dafür sein können ... Es sind fast immer die Frauen, welche die Menschenwürde intakt halten. Sie verteidigen die Familie und bewahren die religiösen und kulturellen Werte ... Die mütterliche Präsenz innerhalb der Familie ist wichtig für die Stabilität und für das Wachstum dieser Kernzelle unserer Gesellschaft. Sie sollte daher mit Anerkennung bedacht, gelobt und gefördert werden. Aus demselben Grund muss die Gesellschaft auch die Väter und Ehemänner dazu aufrufen, Verantwortung innerhalb der Familie zu übernehmen.

(Benedikt XVI. am 22. März 2009 in der angolanischen Hauptstadt Luanda bei einem Treffen mit Mitgliedern der katholischen Frauenbewegungen Afrikas)

Die internationale Organisation »Römisch-katholische Priesterinnen« (RCWP) fordert Papst Benedikt auf, das Dekret über die Exkommunikation »Latea sentenciae« (veröffentlicht am 29. Mai 2008) aufzuheben, das sich gegen alle Mitglieder unserer Bewegung richtet. Dies wäre ein Akt zur Versöhnung und zur Gerechtigkeit gegenüber Frauen in der Kirche.

Bekanntlich hat die Kongregation für die Bischöfe aufgrund päpstlicher Entscheidung die über vier traditionalistische Bischöfe verhängte Exkommunikation am 21. Januar 2009 aufgehoben. Darum fordern wir, die »Römisch-katholischen Priesterinnen«, den Papst auf, das gegen uns gerichtete Exkommunikationsdekret aufzuheben. Dieser Akt wäre ein Schritt dahin, die Behandlung von Frauen als Kirchenmitglieder »zweiter Klasse« seitens der institutionellen Kirche zu korrigieren. Die Römisch-katholischen Priesterinnen stehen fest in der Tradition des Zweiten Vatikanischen Konzils, das erklärt:

»Jede Form einer Diskriminierung in den gesellschaftlichen und kulturellen Grundrechten der Person, sei es wegen des Geschlechts oder der Rasse, der Farbe, der gesellschaftlichen Stellung, der Sprache oder der Religion, muss überwunden und beseitigt werden, da sie dem Plan Gottes widerspricht« (Gaudium et Spes, Nr. 29).

(Presseerklärung vom 29. Januar 2009)

Die Berufung zum Priestertum und zum geweihten Leben ist ein besonderes göttliches Geschenk, das sich in den großen Liebes- und Heilsplan einfügt, den Gott für jeden Menschen und für die gesamte Menschheit hat … Innerhalb der allgemeinen Berufung zur Heiligkeit tritt die besondere Initiative Gottes hervor, durch die er einige dazu auserwählt, seinem Sohn Jesus Christus enger nachzufolgen und dessen bevorzugte Diener und Zeugen zu sein. Der göttliche Meister berief persönlich die Apostel, »die er bei sich haben und die er dann aussenden wollte, damit sie predigten und mit seiner Vollmacht Dämonen austrieben« (Mk. 3, 14 f.) … Frei erwählt er Personen jeder Kultur und jeden Alters gemäß den unergründlichen Plänen seiner barmherzigen Liebe und lädt sie in seine Nachfolge ein … Der Katechismus der Katholischen Kirche erinnert zu Recht daran, dass die freie Initiative Gottes die freie Antwort des Menschen verlangt: eine positive Antwort, die immer voraussetzt, dass der Plan, den Gott mit einem jeden Menschen hat, angenommen und geteilt wird; eine Antwort, die die Initiative der Liebe des Herrn aufgreift und die für den Berufenen zum verbindlichen moralischen Anspruch wird, zur dankbaren Ehrerbietung an Gott und zur völligen Mitwirkung am Plan, den er in der Geschichte verfolgt.

(aus: Botschaft des Heiligen Vaters zum 46. Weltgebetstag um geistliche Berufungen 2009)

Auch über die Tradition der Kirche vertritt Bischof Richard Williamson aufschlussreiche Thesen. Sie gebietet es seiner Auffassung nach, Frauen von Hochschulen fernzuhalten. Weibliche Studierende »stellen einen massiven Angriff« auf die gottgegebene Natur des Mädchens dar, wetterte der Bischof in einem Rundbrief vom September 2001. Jedem Katholiken, »der noch einen Hauch von Respekt vor der Tradition« habe, sei dies klar. Denn wer, so der besorgte Mitraträger, könne beschwören, dass Frauen an der Uni nicht auf den Gedanken verfielen, Priester werden zu wollen? »Dass Mädchen nichts an Universitäten zu suchen haben, ergibt sich aus dem Wesen der Universität und aus der Natur der Mädchen; richtige Universitäten sind für Gedanken da, Gedanken sind aber nichts für richtige Mädchen. Daher passen richtige Mädchen nicht an richtige Universitäten.«

(aus: Regina Einig, Was ist Tradition?, in: »Die Tagespost«, 29. Januar 2009 über weitere unglaubliche Ansichten des Holocaust-Leugners und Piusbruderschafts-Bischofs Richard Williamson)

Rein himmlische Angelegenheit

Die erste Enzyklika von Benedikt XVI. – Der Papst und die Liebe der Geschlechter

Von Norbert Mette

Positiver konnten die Reaktionen auf die lang erwartete und am 25. Januar 2006 veröffentlichte erste Enzyklika von Papst Benedikt XVI. kaum ausfallen. Jedenfalls was die kirchenoffiziellen Kommentatoren betrifft, aber auch alle möglichen anderen Medien. Das Lob erstreckt sich auf die »plastisch-poetische« Sprache, die statt trocken-theologischer Darlegungen gewählt wurde. Die Kirchenvolksbewegung Wir sind Kirche spricht von einer hoffnungsvollen Botschaft. »Spiegel Online« preist die Enzyklika sogar als »ein Hohelied der Liebe, wie es einfacher und radikaler nicht geht«.

Dass die Enzyklika eine solche Resonanz findet, dafür werden in den Medien mehrere Gründe angeführt. Zum Beispiel:

- die Tatsache, dass der Papst über die Liebe anders spreche, als man es sonst von vielen kirchlichen Verlautbarungen zu diesem Thema gewohnt sei, nämlich nicht moralisierend, ohne erhobenen Zeigefinger;
- der anregende und ermutigende Grundtenor, der das Dokument durchziehe;
- der biblisch und theologisch fundierte Gehalt der Darlegungen, verbunden mit Perspektiven für das konkrete Tun.

In der Tat ist die Lektüre der Enzyklika lohnenswert. Laut Ian Fisher in der »New York Times« handelt es sich um Schreiben von zwei Päpsten. Johannes Paul II. habe ein Dokument über Caritas und die Rolle der Kirche in der Gesellschaft verfassen wollen, es aber nicht abschließen können. Sein Nachfolger habe sich dann diese Thematik zu eigen gemacht, sie aber um grundsätzlichere Überlegungen erweitert. Die Enzyklika unterstreicht somit die Kontinuität, in der Benedikt XVI. sich zu seinem Vorgänger sieht; sie lässt aber zugleich die eigene Handschrift des jetzigen Papstes erkennen.

»Gott ist die Liebe«, zitiert aus dem ersten Johannesbrief (Kapitel 4, 16), ist das zentrale Thema dieses päpstlichen Schreibens. Der Papst geht dabei strikt von den menschlichen Erfahrungen mit der Liebe aus. Stellt er doch ausdrücklich fest: Würde man einen Gegensatz zwischen der »begehrenden Liebe« (Eros) und der »schenkenden Liebe« (Agape) konstruieren und nur die Letztere als christlich gelten lassen, so würde »das Eigentliche des Christentums aus den grundlegenden Lebenszusammenhängen des Menschseins ausgegliedert«. Es würde zu einer Sonderwelt, »die man dann für bewundernswert ansehen mag, die aber doch vom Ganzen der menschlichen Existenz abgeschnitten« wäre. Darum rehabilitiert die Enzyklika ausdrücklich den in der christlichen Tradition gegenüber der Agape häufig abgewerteten Eros. Freimütig räumt der Papst ein, dass Nietzsches Vorwurf an das Christentum, es sei leib- und lustfeindlich, nicht aus der Luft gegriffen sei. Und so plädiert er entschieden für eine Bejahung des Eros, ordnet ihm aber ebenso konstitutiv die Agape zu, gewissermaßen im Sinne der beiden Seiten einer Medaille: Leib und Seele, Materie und Geist. Beide Seiten sieht er als gleichrangig und unbedingt zusammengehörig an. Es komme darauf an, dass sie sich gegenseitig förderten und so gemeinsam heranreifen könnten.

Darf man aus diesem Plädoyer auch eine Ermunterung an die theologische Forschung heraushören? Darf sie sich also mit den Themen Sexualität und Lust, Körper und Leib befassen, und zwar auf der Höhe des zeitgenössischen Diskurses, ohne kirchenamtliche Restriktionen befürchten zu müssen? Kritisch wäre zum Themenkomplex Eros/Agape auch noch anzumerken, dass das Moment der Selbstliebe zu wenig als eigener Vollzug neben Nächsten- und Gottesliebe gewürdigt wird. Jesus sagt, man solle seinen Nächsten lieben *wie sich selbst.*

Bemerkenswert im Fortgang der Ausführungen: Ausgehend von »dem menschlichen Urphänomen Liebe«, werden mithilfe biblischer Texte Grundlinien eines davon inspirierten Gottes- und Menschenbildes entworfen. Zum einen das Bild eines Gottes, der sich nicht nur als schöpferischer Ursprung aller Dinge offenbart, sondern als ein Liebender, der »mit der ganzen Leidenschaft wirklicher Liebe« gewissermaßen um die Menschen buhlt. Zum anderen das Bild des Menschen, der von Gott auf partnerschaftliche Liebe hin angelegt und dazu berufen ist.

Ein Vorbehalt sei hier vermerkt: Auch wenn es naheliegt, die eheliche Liebe als Ort zu bezeichnen, wo die Liebe Gottes zu den Menschen besonders nah und dicht erfahrbar wird, darf nicht vergessen werden, dass die Rede von Gott als Liebe eine analoge Rede ist, die nicht einfach mit der Erfahrung menschlicher Liebe deckungsgleich ist. Zugleich besteht dabei die Gefahr, dass die Liebe unter den Menschen harmonischer gezeichnet wird, als sie in der alltäglichen Wirklichkeit ist. Auch in der Bibel – die Enzyklika deutet es an – wird die Liebe zwischen Gott und Mensch sowie der Menschen untereinander alles andere als konfliktfrei gezeichnet. Versagen und Scheitern sind darum ebenso mit zu bedenken wie Vergebung und Versöhnung. Weil das eher ausgeblendet wird, neigt die Enzyklika dazu, eine überhöhte Vorstellung von Liebe zu zeichnen.

Wo der Papst jedoch auf Jesus Christus zu sprechen kommt, und zwar als der »Fleisch gewordenen Liebe Gottes«, da wird er sehr konkret: »In seinem Tod am Kreuz vollzieht sich jene Wende Gottes gegen sich selbst, in der er sich verschenkt, um den Menschen wieder aufzuheben und zu retten – Liebe in ihrer radikalsten Form.« Mit Blick auf die Eucharistie als bleibende Gegenwart des Aktes der Hingabe Jesu betont Benedikt XVI. den sozialen Charakter dieses Sakraments: »Eucharistie, die nicht praktisches Liebeshandeln wird, ist in sich fragmentiert.« Gott hat die Zusage seiner unbedingten Liebe den Menschen gegenüber riskiert.

Die Gleichnisse vom reichen Prasser (Lk. 16, 19-31), vom barmherzigen Samariter (Lk. 10, 25-37) sowie vom Letzten Gericht (Mt. 25, 31-46) geben dem Papst Anlass, das Verhältnis von Gottes- und Nächstenliebe zu bedenken. Er bestimmt es in diesem sehr schönen Abschnitt so: »Wenn die Berührung mit Gott in meinem Leben ganz fehlt, dann kann ich im Anderen immer nur den Anderen sehen und kann das göttliche Bild in ihm nicht erkennen. Wenn ich aber die Zuwendung zum Nächsten aus meinem Leben ganz weglasse und nur ›fromm‹ sein möchte, nur meine ›religiösen Pflichten‹ tun, dann verdorrt auch die Gottesbeziehung.« Diese Bestimmung sprengt ein immer noch verbreitetes privates und rein innerliches Glaubensverständnis.

Die Liebe Gottes will nicht nur in Worten, sondern auch in Taten bezeugt werden. Deswegen wendet sich die Enzyklika in ihrem zweiten Teil folgerichtig der christlichen und kirchlichen Liebestätigkeit zu. Der Papst stellt heraus, dass die Caritas beziehungsweise Diakonie neben der Verkündigung und der Liturgie zu den kirchlichen Grundvollzügen gehört. Damit widerspricht er einer häufigen Meinung, Verkündigung und Liturgie seien das Eigentliche, und daraus erst resultiere die Caritas. Die Kirche habe um das ganzheitliche Wohl der Menschen besorgt zu sein und nicht nur im engeren Sinne um ihr Heil. Schön wird ausgeführt, wie die frühe Kirche gerade mit ihrer Diakonie eine missionarische Ausstrahlungskraft gewonnen habe. Davon inspiriert, mahnt der Papst an: »Innerhalb der Gemeinschaft der Gläubigen darf es keine Armut derart geben, dass jemandem die für ein menschenwürdiges Leben nötigen Güter versagt bleiben.« Zugleich betont er, dass dem Samaritergleichnis folgend die Sorge der Kirche für die Notleidenden nicht an ihren Grenzen aufhöre. Mit Blick auf die derzeitige Lage der Christenheit und der Menschheit insgesamt bedeutet das eine enorme Herausforderung, die bis jetzt erst ansatzweise in Angriff genommen worden ist.

Wie kann man Menschen, die in unwürdigen Lebensverhältnissen gehalten werden, die Botschaft übermitteln: Gott liebt euch? Diese Frage, die nach Gustavo Gutiérrez den Ausgangspunkt für die Befreiungstheologie und Befreiungspastoral bildet, bedrängt offensichtlich auch den Papst. Deswegen mahnt er eindringlich die soziale Verantwortung der Politik an und widerspricht damit den dominant gewordenen neoliberalen Tendenzen. Die Kirche habe die Aufgabe, der Politik ins Gewissen zu reden, aber nicht selbst die Politik zu gestalten. Einen integralistischen Anspruch der Kirche auf Staat und Gesellschaft lehnt der Papst entschieden ab. Mit ihrer Soziallehre gebe sie vielmehr Orientierungen für eine gerechte gesellschaftliche Ordnung an die Hand, die im Diskurs um die richtige Politik zu bewähren und weiterzuentwickeln seien. Obwohl der Papst ausdrücklich von der »sozialen Liebe« spricht, bleibt in seinen Ausführungen die strukturelle Dimension des Einsatzes für Gerechtigkeit und Liebe unterbelichtet. So notwendig das »sehende Herz« für den unter die Räuber Gefallenen ist, so gehört es unabdingbar dazu, alles zu tun, dass Menschen geschützt und die Ursachen für Räuberei abgeschafft werden. Die unmittelbar getätigte Nächstenliebe und das solidarische Engagement für eine bessere, gerechtere Welt gehören zusammen.

Beachtlich ist der Stellenwert, den der Papst der organisierten karitativen Tätigkeit innerhalb der Kirche zuweist. Dabei bringt er seine Wertschätzung für alle zum Ausdruck, die in diesem Bereich sich bemühen, kompetent ihren Dienst zu verrichten. Und er lädt sie ein, diesem Dienst auch seine spirituelle Verwurzelung zu geben. Das ist gut gesagt. Aber man muss wohl zu bedenken geben: Sosehr dieses den Mitarbeitern und Mitarbeiterinnen ans Herz zu legen ist, so hängt doch auch viel davon ab, wie das geistig-geistliche Klima einer karitativen Einrichtung insgesamt beschaffen ist.

Damit ist ein entscheidender Punkt für die Wirkung der Enzyklika insgesamt angesprochen: Sie setzt die Kirche dem Glaubwürdigkeitstest aus, ob sie in ihrem ganzen Tun auch wirklich das Prinzip einlöst, das sie proklamiert – Sakrament der Liebe Gottes zu sein. Als Regierungsprogramm für das neue Pontifikat klingt das zunächst einmal verheißungsvoll. Weltpolitisch wichtig ist darüber hinaus, dass der Papst in aller Klarheit jeglicher Verbindung von Religion und Gewalt eine Absage erteilt.

Ohne Gott und ohne Hoffnung

Die zweite Enzyklika von Benedikt XVI. – Wie der Papst die Welt sieht

Von Jürgen Moltmann

Vergleicht man die Hoffnungsenzyklika »Salvi spe« von Papst Benedikt XVI. mit der Pastoralerklärung »Gaudium et spes« (Freude und Hoffnung) des Zweiten Vatikanischen Konzils, dann fällt ihre Eigenart sofort ins Auge: Sie ist innerkirchlich gemeint und pastoral und seelsorgerlich auf die Bischöfe der römisch-katholischen Kirche und »alle Christgläubigen« ausgerichtet. Sie beschränkt die christliche Hoffnung auf die Gläubigen und trennt sie von denen in der Welt, »die keine Hoffnung haben«.

Der Konzilstext dagegen beginnt mit der »engsten Verbundenheit der Kirche mit der ganzen Menschheitsfamilie«. Es heißt dort: »Freude und Hoffnung, Trauer und Angst der Menschen von heute, besonders der Armen und Bedrängten aller Art, sind auch Freude und Hoffnung, Trauer und Angst der Jünger Christi. Es gibt nichts wahrhaft Menschliches, das nicht in ihren Herzen seinen Widerhall fände.« Die Konzilserklärung geht darum auf die Menschheitsprobleme der heutigen Welt wie Menschenwürde und Menschenrechte, Frieden und Aufbau einer Völkergemeinschaft ein. Nichts davon findet sich in der Enzyklika. Die »Welt« kommt nur in Sicht als »eine Welt ohne Gott«, die »eine Welt ohne Hoffnung ist«.

Die Enzyklika beginnt nicht mit der Solidarität der Christen mit allen Menschen und auch nicht mit dem universalen »Gott der Hoffnung«, sondern subjektiv und kirchlich mit »uns«: »Auf Hoffnung hin sind wir gerettet« – wir und nicht die anderen, die Kirche und nicht die Welt. Damit soll der Unterschied zwischen den Gläubigen und den Un- oder Andersgläubigen eingeschärft werden: Wir haben Hoffnung – die anderen haben keine Hoffnung.

»Glaube ist Hoffnung« ist der erste Abschnitt überschrieben und als gewisse Zuversicht hervorgehoben. Gemeint ist jedoch das Umgekehrte: »Hoffnung ist gleichbedeutend mit Glaube.« Damit fällt die unterscheidbare Eigenart der christlichen Hoffnung weg. Die Enzyklika hätte auch heißen können: Durch Glauben sind wir gerettet. Man fragt sich, warum Paulus und die ganze theologische Tradition Glauben und Hoffen unterschieden haben.

Die Enzyklika setzt sich apologetisch mit der modernen Anklage auseinander, die christliche Hoffnung sei »individualistisch«, und nennt sie demgegenüber »gemeinschaftlich«. Heil sei immer als »gemeinschaftliche Wirklichkeit« angesehen worden. »Diese Sicht des ›seligen Lebens‹ zielt zwar über die gegenwärtige Welt hinaus, hat es aber gerade so auch mit Weltgestaltung zu tun.« Der Abschnitt endet jedoch mit der Warnung: »Sehen wir nicht gerade angesichts der gegenwärtigen Geschichte wieder, dass da keine positive Weltgestaltung gedeihen kann, wo die Seelen verwildern?«

Was fehlt im Papstschreiben? Es fehlt das Evangelium vom Reich Gottes, das nach den Evangelien Jesus selbst verkündet hat; es fehlt die Botschaft von der Herrschaft des auferstandenen Christus über Lebende und Tote und den ganzen Kosmos, die wir bei Paulus finden; es fehlt die »Auferstehung des Fleisches« und »das Leben der zukünftigen Welt«, wie es in den Glaubensbekenntnissen heißt; es fehlen die Erlösung der seufzenden Kreatur und die Hoffnung auf die neue Erde, auf der Gerechtigkeit wohnt; kurzum, es fehlt die Hoffnung auf die große Verheißung des Gottes, der da kommt: »Siehe, ich mache alles neu.« Mit der Beschränkung der Hoffnung auf die Seligkeit der Seelen im ewigen Leben fallen auch die prophetischen Verheißungen des Alten Testamentes aus. Die christliche Hoffnung lässt sich nur noch schwer von der gnostischen Erlösungsreligion unterscheiden.

Die Enzyklika kritisiert den Fortschrittsglauben der modernen Welt und den menschlichen Größenwahn. Weil die europäische Urkatastrophe der beiden Weltkriege im 20. Jahrhundert diesen alten Fortschrittsglauben längst erledigt hat, gleicht diese päpstliche Kritik der Tötung einer Leiche. Dasselbe gilt für die Kritik am neuzeitlichen »Reich der Vernunft« und an den modernen Revolutionen der Freiheit, der bürgerlichen und der sozialistischen. Der Enthusiasmus des Philosophen Immanuel Kant für die Aufklärung wird verworfen, ohne dabei den Feudalismus und den rechtlosen Absolutismus seiner Zeit zu beachten.

Auch die Leiche des Marxismus wird nachträglich eines »grundlegenden Irrtums« überführt. »Sein eigentlicher Irrtum ist der Materialismus. Er hat vergessen, dass der Mensch immer Mensch bleibt. Er hat seine Freiheit vergessen. Er hat vergessen, dass die Freiheit immer auch Freiheit zum Bösen bleibt.« Schlichter geht der spätgeborene Antimarxismus nimmer!

Der Papst macht sich die »Selbstkritik« der Neuzeit zu eigen, wie sie in der Frankfurter Schule der Philosophen Adorno und Horkheimer zum Ausdruck kam, um an der »Dialektik der Aufklärung« zu zeigen: »Der Mensch braucht Gott, sonst ist er hoffnungslos.« Das wird neuzeitlich denkende Menschen jedoch nicht überzeugen, denn diese Selbstkritik haben sie schon geleistet und brauchen keine Theologie dafür.

Gestützt auf das Zweite Vatikanische Konzil sind in den 1960er-Jahren katholische und evangelische Theologen durch die katholische Paulus-Gesellschaft in christlich-marxistische Dialoge eingetreten. Wir haben den humanistischen Marxisten im Umgang mit dem Bösen die Gnade und im Blick auf den Tod die Auferstehungshoffnung nahegebracht. Milan Machovec und Roger Garaudy haben sehr gut die Defizite der immanenten Hoffnungen der Moderne verstanden, und wir haben unsererseits ihre Leidenschaft für die Befreiung der Unterdrückten und für das Recht der Erniedrigten begriffen. Die *Theologie der Hoffnung* und die *Theologie der Befreiung* sind aus dem kooperativ-kritischen Eingehen auf die Situation der Neuzeit hervorgegangen. Die »Politische Theologie« bildete den größeren Rahmen für die »engste Verbundenheit der Kirche mit der ganzen Menschheitsfamilie«.

Die Aussage, dass »eine Welt ohne Gott eine Welt ohne Hoffnung« sei, ist in dieser Schlichtheit empirisch missverständlich: Denn eine Welt mit Gott ist empirisch auch eine Welt mit Resignation und Terror im Namen Gottes. Es kommt auf den Gott Israels und Jesu Christi, auf den Gott der Auferstehung des kommenden Reiches auf Erden an. Nur er ist »der Gott der Hoffnung«. Nur von ihm wird erwartet, dass »er kommt«.

Es ist sehr gut, dass die Enzyklika »Lern- und Übungsorte der Hoffnung« benennt. Als Erstes wird »das Gebet als Schule der Hoffnung« genannt. Das ist gewiss richtig. Aber das Gebet ist ebenso die Schule des Glaubens. Was fügt die Hoffnung dem Gebet hinzu? Es ist das Wachen. In der Anfechtung von Gethsemane fragt Jesus die schlafenden Jünger nur: »Könnt ihr nicht eine Stunde mit mir wachen? Wachet und betet, dass ihr nicht in Anfechtung fallt.« Immer ist das Beten mit dem Erwachen für die Welt Gottes und mit der Erweckung aller Sinne verbunden. Im Beten hören und reden wir, im Wachen öffnen wir die Augen und alle Sinne für die Ankunft Gottes in unserem Leben und in der Welt. Das Gebet mit Christus gehört zur Spiritualität der wachen Sinne, damit wir Christus in den Armen, Kranken und Gefangenen »sehen«. Das Wachen ist der Lernort der Hoffnung.

Die Enzyklika nennt zuletzt auch noch »das Gericht als Lern- und Übungsort der Hoffnung«. Das ist auch nicht falsch. Ich möchte aber den Blick vom Ende auf den Anfang lenken. Der Ursprungsort der Hoffnung ist die Geburt, nicht der Tod. Wird neues Leben geboren, ist es Anlass zur Hoffnung. Wird gelebtes Leben wiedergeboren, ist es Anlass zu größerer Hoffnung. Und wenn die Toten auferweckt werden, treten sie in die erfüllte Hoffnung des Lebens ein. Der Lernort der Hoffnung im Leben ist darum das Anfangen-Können und der Neubeginn, die wahre Freiheit.

Benedikt XVI. schließt mit einem Hymnus auf Maria, die demütige und gehorsame Magd des Herrn, die zur Mutter aller Gläubigen wurde, und nennt sie die »Mutter der Hoffnung«. Da ist in der Bibel aber auch die andere Maria, die sich an Gott, ihrem Heiland, freut: »Er übt Gewalt mit seinem Arm und zerstreut die Hoffärtigen. Er stößt die Gewaltigen vom Stuhl und erhebt die Niedrigen, die Hungrigen füllt er mit Gütern und lässt die Reichen leer.« Sie nimmt das Lied der Hanna aus dem Buch Samuel auf und rühmt den revolutionären Gott der Propheten. Paulus sieht diesen Gott in der Gemeinde Christi am Werk: »Was schwach ist vor der Welt, hat Gott erwählt, dass er zuschanden mache, was stark ist, und was nichts ist, hat Gott erwählt, dass er zunichte mache, was etwas ist. Wer sich rühmt, der rühme sich des Herrn.«

Der Gott, der Recht schafft denen, die Gewalt leiden, der Gott, der den erniedrigten und gekreuzigten Jesus auferweckt hat, das ist der Gott der Hoffnung für Maria, die Propheten und Apostel.

Rückwärtsgewandt

Das nachsynodale päpstliche Schreiben zur Eucharistie

Von Norbert Sommer

»Was lange währt, wird endlich gut«, heißt es im Volksmund. Doch auf dieses römische Dokument traf es leider nicht zu. Papst Benedikt XVI. brauchte lange Zeit, genau von Oktober 2005 bis zum 22. Februar 2007, um das sogenannte Nachsynodale Schreiben zur Eucharistie als Ergebnis der Bischofssynode in Rom zu veröffentlichen. Bis auf offizielle bischöfliche Stellungnahmen überwogen Enttäuschung und Kritik von den unterschiedlichsten Seiten. Aus der Lefebvre-Ecke war – leider nicht unberechtigt – zu hören, das »langatmige Dokument« enthalte »jede Menge kuriale Schaumsprache«. Die Kirchenvolksbewegung Wir sind Kirche kritisierte, dass das Dokument nichts Neues bringe und viele kritische Diskussionen der Synode völlig außer Acht lasse. Von protestantischer Seite wurde das Fehlen jeglicher ökumenischer Akzente bemängelt.

Es ist ein Ärgernis, dass der Papst nirgendwo Reformen anbietet, sondern nur alte Positionen wiederholt und bestärkt. Zulassung wiederverheirateter geschiedener Katholiken zur Kommunion? – Nein! Stattdessen die mehr als fragwürdige Empfehlung, die kirchlichen Gerichte sollten großzügiger bei der Annullierung von Ehen vorgehen und die Pastoral solle eine bessere Ehevorbereitung anbieten. Zulassung von ökumenischer eucharistischer Gastfreundschaft zumindest bei besonderen Anlässen wie Ökumenischen Kirchentagen? – Nein! Stattdessen sollten die Protestanten das katholische Eucharistieverständnis akzeptieren. Zulassung konfessionsverschiedener Ehepaare zur Eucharistie? – Nein! Das Thema wird überhaupt nicht erwähnt.

Dafür aber nutzt der Papst das Dokument zur erneuten Absage an gleichgeschlechtliche Partnerschaften, an allzu weitgehende Einbeziehung von Laien in die Liturgie sowie an Politiker, die sich für Gesetze einsetzen, die der katholischen Moral widersprechen.

Gleichzeitig nutzt er das Dokument zur Stärkung der Position des Priesters, zur Bestätigung der Unauflöslichkeit der Ehe, da sie – so seine Formulierung – im Geheimnis der Eucharistie begründet sei. Der Zölibat wird von Benedikt XVI. zum »obligatorischen Charakter« erklärt und als »großer Segen« für die Kirche bezeichnet, obwohl er als Theologe Joseph Ratzinger ganz anders darüber urteilte und obwohl selbst im Vatikan auch ganz andere Stimmen zu hören waren.

Und dann die Liturgie selbst. Es gehe ihm um Qualität und Würde der Messe, um die Wiederentdeckung der Feierlichkeit, betont der Papst. Der »gute Geschmack für das Schöne« solle gepflegt werden. Die Feier der Eucharistie bestehe nicht in der Wiederholung des Letzten Abendmahls, sondern in der lebendigen Vergegenwärtigung dieses Ereignisses. Eucharistie baue Kirche auf und halte sie in Gemeinschaft mit Jesus Christus. Ist es da verwunderlich, dass von protestantischer Seite gesagt wurde, diejenigen, die von der Eucharistie ausgeschlossen werden, nähmen das römisch-katholische Kirchenverständnis zunehmend als anti-ökumenisch wahr?

Für die meisten Schlagzeilen sorgte aber nicht diese Problematik, sondern die päpstliche Empfehlung, dem Latein als Sprache der Einheit wieder mehr Platz in der Liturgie einzuräumen. Zwar wünscht er dies besonders für große internationale Feiern. Aber der Zusatz, die Priester müssten wieder verstärkt Latein lernen, macht deutlich, dass er insgesamt den Schritt zurück erhofft. Ist es nicht ein Widerspruch, einerseits auf die authentische Teilnahme der Gläubigen an der eucharistischen Liturgie besonderes Gewicht zu legen und andererseits wieder auf Latein zurückzugreifen, das für die meisten unverständlich bleibt? Gregorianischer Gesang und lateinische Gebete. War das ein erstes Zugeständnis an die Lefebvre- und Una-voce-Anhänger, die massiven Druck ausübten, die alte Messe wieder allgemein zuzulassen? In diesem Dokument allerdings betonte er noch ausdrücklich den segensreichen Einfluss der nachkonziliaren Liturgiereform – und das ist eben die neue Messe.

Was ist die Alternative?

Zur Ökumene fällt Rom schon lange nichts mehr ein

Von Hermann Häring

Der 29. Juni 2007, noch keine zwei Jahre her, ist einer der schwärzesten Tage für die Ökumene. Oder hat sich die Finsternis vom August 2000 (»Dominus Iesus«) nur wiederholt? Erinnern wir uns: Damals stellte Joseph Ratzinger in einem großen Rundumschlag fest, dass keine Religion an die christliche, keine christliche Kirche an die katholische, keine Hochachtung gegenüber Jesus an den altkirchlichen Glauben an dessen Gottheit herankommt. Nur bei uns gibt es Wahrheit, Heil, wirklichen Glauben. Draußen lauern die Gefahren: Relativismus, Subjektivismus, Scheinerlösung, objektiv und in jeder Hinsicht eine »schwer defizitäre Situation«. Nur die eigene Kirche besitzt »die Fülle der Heilsmittel«.

Die Reaktionären fanden das Dokument hervorragend. Endlich wagt Rom wieder, zu seinen alten Überzeugungen zu stehen. Die Piusbrüder wissen sich ihrem Ziel ein Stück näher, weil sich die katholische Kirche bekehrt. Dabei kommen die evangelischen Kirchen schlecht weg. Kurz gesagt, sie sind »nicht Kirchen im eigentlichen Sinn«, einfacher gesagt: Diesen Ehrentitel haben sie nicht verdient. Trotzdem fanden auch viele Protestanten für das Dokument freundliche Worte, weil es so überzeugend von Christus rede; so fangen sie sich in ihrem eigenen Netz. Aber ansonsten hagelte es Proteste, und Glaubenshüter Ratzinger selbst verstand die Welt nicht mehr. Es sei ihm doch nur darum gegangen, »ein großes öffentliches Bekenntnis zum Herrsein Jesu Christi abzulegen«, sagt er einen

Monat später. Und da die Kritik ausgerechnet mal wieder aus dem evangelisch verseuchten Deutschland kommt, gesteht er offenherzig und nicht ohne Überheblichkeit, dass ihn solche Kritik allmählich langweile. Er hätte sie selbst formulieren können, weil sie sich bei jeder Gelegenheit wiederholt. Macht aber Ratzinger nicht immer denselben Fehler?

Zurück zum Juni 2007: Zu weiterem Nachdenken hat der Papst keinen Anlass gefunden. Wieder lässt er erklären: »im eigentlichen Sinn« seien die evangelischen Glaubensgemeinschaften keine Kirchen. Wiederum katastrophales Echo. Reflexartig, aber erfolglos wirft Kardinal Lehmann einige Rettungsanker aus, doch von Roms Selbstverliebtheit können sie nicht mehr ablenken. Glaubte Benedikt XVI. wirklich, dass man jetzt gehorsam akzeptiert, was bei ihm vor einigen Jahren noch auf Widerstand stieß? Er sollte sich täuschen, denn der Wind hat sich gedreht, und zur Langeweile bleibt dem Papst jetzt keine Zeit mehr. Regelmäßig wird Rom von Wellen der Entrüstung überrollt, und sie kommen nicht nur von innen. Die Regensburger Rede (September 2006), die deplatzierten Bemerkungen zur »Entdeckung« Amerikas (Mai 2007), die Demütigung der evangelischen Kirchen (Juni 2007), die Rehabilitation der lateinischen Liturgie (Juli 2007), der Vorwurf der Selbstzerstörung an Homosexuelle (»Die Regenwälder verdienen unseren Schutz. Aber der Mensch als Geschöpf verdient nicht weniger«, Dezember 2008), die Fürbitte zur Erleuchtung der Juden (März 2008) und die bedingungslose Wiederaufnahme der vier Piusbischöfe in den Schoß der katholischen Kirche (Januar 2009). Homosexuelle, Juden, Muslime, die Indios in Lateinamerika, die Protestanten, reformorientierte Christen, insbesondere Katholiken, die Frauen in jedem Fall, sie alle werden vor den Kopf gestoßen. Was ist der Grund für diese Katastrophen? Geht es um unglückliche Zufälle oder ein einheitliches Konzept? In jedem Fall gibt der Papst seine vorkonziliaren Überzeugungen um keinen Fingerbreit auf. Ich versuche, diesen harten Vorwurf zu begründen. Die aktuelle Gesamtmisere lässt sich in der ökumenischen Situation wie in einem Brennglas bündeln. Sehen wir zuerst, wie sich die ökumenischen Zielsetzungen bei Joseph Ratzinger entwickelt haben. Danach fügen wir diese Entwicklung in Ratzingers Gesamtsicht von Welt und Kirche ein.

Verhärtung seit 1970

In den Studien- und frühen Professorenjahren beschäftigt sich Joseph Ratzinger nur wenig mit der Ökumene. Ihn interessiert die Alte Kirche mit ihren Visionen von einer weltumfassenden, allein selig machenden Gemeinschaft. Dazu gehören das Bischofsamt, die Eucharistie, die Fülle allen Heils in Christus, aber auch die »unheilige Heiligkeit« der Kirche. Diese Unheiligkeit bedeutet für ihn etwas Tröstliches, und offen steht für ihn ein Weg der Ökumene, der auf andere Kirchen zugeht. In einem komplex argumentierenden Artikel von 1962 fordert er einen Freimut, wie ihn schon Paulus gegenüber Petrus ausübte. Die Kirche sei sündig und kritisierbar, prinzipiell offen, denn ihre Subsistenz sei nicht mehr das Größte. Noch größer sei ihr »Nicht-Stehen-Bleiben-Können und -Wollen bei sich selber, das Hinausgehen über sich, das Mitteilen, Sich-Eröffnen und Sich-Verschenken«. Vielleicht habe die Kirche zu viel verlautbart, zu viel normiert, zu wenig Vertrauen in die sieghafte Kraft der Wahrheit gesetzt. Wo aber der Geist des Herrn ist, da sei Freiheit. Kirche beruhe nicht auf der Moralität der Menschen, sondern auf der Gnade, die uns trotz menschlicher Amoralität geschenkt wird. So bleibt für die Kirche ein offener Raum.

Er bleibt auch nach dem Konzil. Wer hätte vor zehn Jahren anzunehmen gewagt, sagt Ratzinger 1966 auf dem Katholikentag in Bamberg, dass die reformatorischen Gemeinschaften offiziell Kirchen genannt werden. In unbefangener Selbstkritik spricht er von den kirchlichen Skandalen, die sich unter ehrenwerten Vorwänden ereignen. Die Vorwände lauten: Unabänderlichkeit des Glaubens, die ganze Wahrheit und vorbehaltloser Einsatz für sie.

»Selbstgemachter und so schuldhafter Skandal ist es, wenn unter dem Vorwand, die Unabänderlichkeit des Glaubens zu schützen, nur die eigene Gestrigkeit verteidigt wird ... Selbstgemachter und so schuldhafter Skandal ist es auch, wenn unter dem Vorwand, die Ganzheit der Wahrheit zu sichern, Schulmeinungen verewigt werden, die sich einer Zeit als selbstverständlich aufgedrängt haben, aber längst der Revision und der neuen Rückfrage auf die eigentliche Forderung des Ursprünglichen bedürfen. Wer die Geschichte der Kirche durchgeht, wird viele solcher sekundären Skandale finden – nicht jedes tapfer festgehaltene Non possumus (›Wir können nicht‹) war ein Leiden für die unabänderlichen Grenzen der Wahrheit, so manches davon war nur Verranntheit in den Eigenwillen, der sich gerade dem Anruf Gottes widersetzte, der aus den Händen schlug, was man ohne seinen Willen in die Hand genommen hatte.«

Was aber ist die Kirche und was schafft ihre Einheit? Nach Ratzingers schöner Formulierung ist die Kirche noch 1968 »eins durch das eine Wort und das eine Brot«. Im Übrigen sei die Kirche nicht von ihrer Organisation, sondern die Organisation von der Kirche her zu denken. Mit diesen Prinzipien konnte ein jeder Ökumeniker glücklich und zufrieden sein. War das wirklich der Ratzinger von heute?

Ratzinger selbst behauptet, nicht er habe sich geändert, sondern die andern. Aber schon 1970 hat sich der Ton massiv geändert. Die Bewegung der 1968er-Jahre hat ihn traumatisiert. Dreißig Jahre später bleiben ihm noch die »Revolutionseucharistie« der Pariser Barrikaden und die »blasphemische Art, in der das Kreuz als Sadomasochismus verhöhnt wurde«. Noch immer bezeugt er uns: »Ich habe das grausame Antlitz dieser atheistischen Frömmigkeit unverhüllt gesehen.« Mit oder ohne Marxismus laufen die Erneuerungen aus dem Ruder; die Grenzen werden schon mit der »Demokratisierung der Kirche« überschritten. Jetzt zeigt sich ein Konservatismus, den man hinter dieser sanften Gestalt nicht erwartet hätte. Die damals geforderte »totale Demokratie« gerät ihm völlig undifferenziert zur absoluten Unbeschränktheit des Einzelnen und zur Anarchie – ein Begriff, den er noch als Papst zur Gefahrenanzeige schlimmster Verfehlungen einführt. Solche Simplifizierungen mag man vor vierzig Jahren dem verstörten Theologen Ratzinger noch nachsehen. Fatal werden nur die Folgen, die er daraus für die Kirchenstruktur zieht. Ratzinger geht schrittweise vor: Brüderlichkeit (bzw. Geschwisterlichkeit) taugt für ihn nicht als institutionelles Modell, und ein funktionales Amtsverständnis höhlt das Ideal ständiger Dienstbereitschaft aus. Eine charismatische Kirchenordnung hat mit Demokratie schon gar nichts zu tun, weil in ihr der Geist regiert. Noch heute erstaunt es, wie konsequent der empörte Professor den Gedanken vom »Volk Gottes« konsequent als alttestamentlich relativiert. Man würde gut daran tun, schreibt er, »den missverstandenen Volk-Gottes-Begriff so schnell wie möglich wieder aus der Debatte verschwinden zu lassen«. Hat er auf dem Konzil denn nicht die ganze Kirchendebatte bestimmt? Im Zentrum sieht Ratzinger jetzt die *Kirche*, verstanden als die versammelte *ecclesia*, die des Todes und der Auferstehung Christi gedenkt. Erst jetzt wird klar, worauf Ratzinger hinaus will: Es geht ihm um den ersten Vorsteher der eucharistischen Feier, die Bischöfe also, deren Gesamtheit auf den späteren Konzilien alle Entscheidungen trägt. Mit der Geste des kundigen Historikers bügelt Ratzinger all jene nieder, die auf die Mitwirkung von Laien auf Konzilien verweisen.

Man kann die Folgen dieser Standortbestimmung nicht hoch genug einschätzen, denn Schritt um Schritt enthüllen sich die Folgen für die ökumenische Diskussion. 1973 veröffentlichen sechs ökumenische Universitätsinstitute ein Memorandum zur Reform und Anerkennung kirchlicher Ämter. Nach ihrem Urteil steht – bestimmte Reformen vorausgesetzt – einer gegenseitigen Anerkennung der Ämter theologisch nichts Entscheidendes mehr im Wege. Wo ein gemeinsamer Glaube an die Gegenwart Jesu Christi im Abendmahl vorhanden ist, ist eine gegenseitige Zulassung zum Abendmahl möglich. Ratzinger lehnt diese Folgerung ab. Den eigentlich neuralgischen Punkt habe das Memorandum mit einem kühnen Schnitt wegoperieren wollen.

Es habe die »kirchliche« Lehre (er meinte natürlich die katholische) nicht einmal erwähnt. Der Stil der Gesprächsverweigerung bahnt sich damals schon an, denn zum einen ist Ratzingers Behauptung schlicht falsch, zum andern geht er auf die intensive Schriftargumentation des Memorandums nicht ein. Wie ein vergleichbares Memorandum dreißig Jahre später zeigt, haben sich Argumentationslage und Gesprächsunfähigkeit nicht verändert: »Die Gewährung eucharistischer Gastfreundschaft findet eine ausreichende theologische Basis in den bereits vorliegenden Ergebnissen der ökumenischen Dialogkommissionen. Wir rufen die Kirchen auf, die Ergebnisse endlich zu rezipieren und in die Praxis umzusetzen.« Der Glaubenspräfekt hat auch diesen Aufruf mit Schweigen übergangen. Solcherart Theologie interessiert ihn schon lange nicht mehr.

Kontinuierliche Kritik

Doch hat er die Entwicklungen mit Aufmerksamkeit verfolgt. 1982, zu Beginn seiner Amtszeit als Glaubenspräfekt, weist er darauf hin: Die Theologie ist durchgehend auf die ökumenische Dimension verwiesen, und dies beinhaltet Fragen für das eigene Denken. »Strukturfragen« und die »Konstruktionsprinzipien des Ganzen« drängen sich in den Vordergrund. Doch der Glaubenspräfekt arbeitet im Hintergrund. Kritisch, oft erschwerend, begleitet er ökumenische Kommissionen. Zu abgerundeten Übereinstimmungen zu Papsttum, Lehr- oder Amtsfragen und kirchlicher Autorität wird es nie kommen; der Hinweis auf zu vertiefende Studien gerät zum Standardargument. Den erzielten Konsens zur Rechtfertigungsfrage vom Oktober 1999 konterkariert der Glaubenspräfekt durch eine »Erneuerung« der Ablasspraxis, eine geradezu antireformatorische Geste. In drei Dokumenten legt er zu Beginn der 1980er-Jahre seine Position mit ihren unversöhnlichen Widerhaken fest.

Im ersten Dokument (1983) setzt er sich sehr kritisch vom anglikanisch-katholischen Dialog über Fragen um Eucharistie, Amt, Autorität und Ordination in der Kirche ab. Lösungen seien nicht in Sicht, und es reiche nicht, einander zu respektieren, denn die Wahrheit sei nicht auszuklammern. Auch die Bibel gebe keine Sicherheit. So setzt Ratzinger die katholische Autoritätspraxis, das Verbot der Frauenordination eingeschlossen, einfach voraus und konstruiert einen Zirkel, in den von außen niemand hineinkommt. Die Nähe der Standpunkte führt zur Schroffheit seiner Abgrenzung. Das zweite Dokument (1983) stellt Luthers Erbe zur Diskussion. Erstaunliche Gegensätze werden auch hier herausgearbeitet. Es geht um den Gottesschrecken, dem Luther ausgesetzt war, um eine Rechtfertigungslehre, die die Liebe aus der Heilsfrage ausschließe, sowie um eine unzulässige Individualisierung des Glaubensaktes. Diese Kritik ist in den 1960er-Jahren schon vorbereitet und wird in der Regensburger Rede wiederholt. Auch hier lässt Ratzinger keinen Spielraum der Interpretationen zu. Das dritte Dokument (1986) bearbeitet die Frage, was wir Katholiken anstreben und erwarten sollen. Der Kardinal sieht einen Stillstand erreicht, nachdem die gefährliche Basisökumene mit ihren Spaltungstendenzen gebannt ist. Aber eine Einheit könne nur Gott stiften, auch die »Obrigkeit« könne sie nicht beschließen.

Man reibt sich verwundert die Augen, denn auch hier wird der letzte Vorbehalt nicht offen genannt. Ratzinger strebt nur eine entgiftete Verschiedenheit an, die »Zeichenhandlungen der Gemeinschaft« wachhalten können. Offensichtlich meint er eine Freundlichkeit, die alle Partner in ihrem Irrtum fixiert, solange sie sich nicht zur katholischen Kirche bekehren. Hier zeigt sich ein Grundzug päpstlichen Verhaltens, das auch sein Verhältnis zu anderen Religionen durchzieht. Er pflegt Begegnungen und einen freundlichen Umgang, besteht aber hart auf der eigenen Position. Dies gilt auch für die Ordination von Frauen, wozu Ratzinger die Kirche nicht ermächtigt und sich von einem Geschichtsspruch gehalten sieht, der faktisch unfehlbar ist. Spaltungen, so der Glaubenspräfekt, *müssen* eben sein (1 Kor. 11, 19).

Die päpstliche Freundlichkeit hat also einen doppelten Boden, denn sie benennt keine Hoffnung auf eine verbindliche Annäherung oder Versöhnung. Seit den 1980er-Jahren kreisen alle Auseinandersetzungen um das traditionell katholische Kirchenbild, das Ratzinger seit den 1970er-Jahren auf Bischofsamt und Sakramente fixiert. Ausgerechnet am Sitz des Patriarchen von Konstantinopel, dessen Kirche ihm doch näherstehen muss als alle anderen, kann er es nicht lassen, während der gemeinsamen Eucharistiefeier (in der Benedikt XVI. nicht kommuniziert) auf seine besondere Funktion als Nachfolger des Petrus hinzuweisen, da ihm die Schlüssel des Himmelreiches anvertraut sind. Ausgerechnet dort spricht er entgegen aller altkirchlichen Theologie vom »universalen Dienst Petri«. Zwar soll der Dialog darüber von Barmherzigkeit getragen sein, aber er ist »unter Wahrung seiner Natur und seines Wesens« auszuüben. Ob sich der Patriarch von Konstantinopel je dem Ersten Vatikanum beugen kann?

Ist die Schrift nicht die entscheidende, die einzige ökumenisch unbeschädigte Basis für weitere Gespräche? Der Schrift billigt Ratzinger eben – unbeschadet allen Respekts vor späteren Entwicklungen – keinen eigenständigen Stellenwert zu. Bis hinein in sein Jesus-Buch (2007) steht sie unter der Kuratel lehramtlicher, altkirchlich legitimierter Schriftauslegung. So sind zwar ökumenische Freundschaften, aber keine prinzipiellen Fortschritte mehr möglich. Die Grundgestalt der katholischen Kirche ist und bleibt für alle Kirchen normativ. Sie gründet, wenn man so will, in einer überzeitlich ruhiggestellten Überwelt, die der unsrigen gegenübersteht und als Weltkirche alle anderen überragt. Wie Ratzinger ausdrücklich betont, lautet die wahre Rangordnung der Wahrheitsfindung: (1) Glaube des Gottesvolkes, (2) Lehramt, (3) Bekenntnis/Dogma, (4) Schrift, nicht umgekehrt. Denn die Bibel gelte *nur* als Buch der Kirche. So betreibt Ratzinger eine defensive Ökumene mit dem Ziel, die eigene kirchliche Identität unbeschädigt zu bewahren. Spätestens seit 1985 konnte man dies alles wissen: »Für das katholische Bekenntnis gibt es ohne apostolische Sukzession kein authentisches Priestertum, folglich kann es keine im eigentlichen Sinn sakramentale Eucharistie geben. Wir glauben, dass es vom Begründer des Christentums selbst so gewollt ist.«

Niederschmetterndes Ergebnis

Vor diesem Hintergrund konnte der Schritt zu »Dominus Iesus« nicht mehr überraschen. Wie der frisch gewählte Papst bald eine Synagoge besucht, ohne sein Überlegenheitsbewusstsein gegenüber dem Judentum aufzugeben, so sucht er am 12. September 2006 während seines Bayernbesuchs den Kontakt mit Vertretern der evangelischen Kirchen. Ein doppeldeutiges Schauspiel wird uns dargeboten. Es sind jene Minuten in Regensburg, in denen der Papst in einer Prozession von St. Ulrich zum Dom schreitet. Er geht diesen Weg zusammen mit seinen Glaubensbrüdern. Zwar tröstet das Symbol des gemeinsamen Weges über manches Versäumnis, auch über die ärgerliche Hintanstellung des evangelischen Bischofs hinter die orthodoxen Würdenträger hinweg. Aber der Papst beschreitet diesen Weg im vollen Ornat, mit Stola, Mitra und päpstlichem Hirtenstab, den Zeichen seiner priesterlichen, bischöflichen und päpstlichen Würde. Wie bescheiden und wirklich brüderlich wirkt daneben Bischof Friedrichs in seinem schlicht schwarzen Talar. Es ist also völlig klar, welchen Glanz der Papst hier vorexerziert, wie er sich als Papst allen anderen, den Protestanten gleich mehrfach überlegen erweist.

> *»Zu den wesentlichen Folgen des II. Vatikanischen Konzils für die Theologie zählt es, dass ihr Denken und Sprechen nun durchgehend auf die ökumenische Dimension verwiesen ist: Sosehr es zunächst aus dem Inneren der kirchlichen Überlieferung schöpfen muss, so wenig kann es daran vorbeigehen, dass andere Weisen der Entfaltung des christlichen Erbes bestehen, die ihm als Frage aufgegeben sind. Die Situation der Theologie bringt es mit sich, dass bei aller sich immer noch ausweitenden Vielfalt ihrer Themen die Strukturfragen, die Fragen nach den Konstruktionsprinzipien des Ganzen, unabweislich in den Vordergrund drängen.«*

Gewiss, niemand kann ihm dieses Verhalten zum Vorwurf machen, denn niemand spricht ihm seine Zeugenschaft des Petrusdienstes ab. Aber die römisch-katholische Kirche ist inzwischen von vielen anderen Kirchen umringt, die sich mit gutem Recht auf Schrift und Traditionen berufen. Seit einem Jahrtausend und in wachsendem Maße steht die römische Kirche im Widerstreit von Meinungen. Ihr Vorrang bedarf also einer gründlichen Neudefinition. Warum kann Rom mit dieser Tatsache immer noch nicht umgehen? Zur Würde einer ökumenischen Begegnung würde es gehören, dass der Papst diesen Vorrang eben nicht demonstrativ ausspielt, sondern ihn – zur neuen Bestätigung vielleicht – zur Verfügung stellt. Das wegweisende Wort Johannes' XXIII: »Ich bin Joseph, Euer Bruder«, hätte eine andere Inszenierung erfordert. Schließlich findet der Papst selbst das Wort vom Bruder Joseph »ganz schön«. Die Probe aufs Exempel wagt er aber nicht. So bleibt die Frage, was diesen Papst in seinem ökumenischen Denken letztlich bewegt.

Das Ergebnis dieser Betrachtung ist niederschmetternd. Der gegenwärtige ökumenische Disput der katholischen mit den evangelischen und anglikanischen Kirchen zu Identitäts- und Anerkennungsfragen ist aussichtslos, zumal der Papst diese Grundsatzfragen mit eurozentrischen Positionen verkoppelt; viele Äußerungen zu Europa sowie die Regensburger Rede zeigen das deutlich. Wenig Hoffnung auf Annäherung besteht gegenüber den orthodoxen Kirchen, weil dort die Vorrangsfrage von eminenter Bedeutung ist; immerhin hat der Papst den Titel eines Patriarchen abgelegt und sich damit in bislang unbekannter Weise über Konstantinopel, Moskau und die anderen Führungsämter gestellt. Kardinal Kaspers ominöse Rede vom Vorrang einer »Osterweiterung« nützt da wenig. Die deutschen Bischöfe sind zu schwach, um diese Barrieren zu durchbrechen. Und was bleibt den evangelischen Kirchen anderes übrig, als mit einer »Ökumene der Profile« zu reagieren? Allerdings überlagern sich die Ökumenefragen inzwischen mit anderen innerkirchlichen Problemen. Allein schon die päpstliche Zölibats- und Frauenpolitik führt zur Selbstzerstörung des überkommenen Seelsorgesystems; aus eigenem Handeln werden die Gemeinden wohl andere Lösungen finden. Vielleicht ist dies die Ökumene, deren Verwirklichung Gott selbst vorbehalten ist. Sie wird in eine umfassende Ökumene von unten, in eine fundamentale Umformung christlicher Gemeinden münden.

Unter den Zwängen erstickt

Wenn Theologie und Kirche heute durchgehend auf die ökumenische Dimension verwiesen sind, dann gilt auch das Gegenteil: Die Ökumene ist kein spezialistisches Sonderprogramm, sondern lebt aus umfassenden Zusammenhängen. Sehen wir also, was die Ökumene wirklich blockiert. Vier Aspekte sind zu nennen.

Gesellschaftspolitik: Auf alle Entscheidungen Ratzingers und Benedikts XVI. wirkt sich eine gesellschaftspolitische Komponente direkt und unmittelbar aus. Wie bekannt, fühlt sich Ratzinger zunächst im katholischen Milieu der Nachkriegsjahre aufgehoben. Deutschlands faschistisches Erbe scheint ihn nicht zu beschäftigen, ebenso wenig der Antisemitismusvorwurf gegen seinen Großonkel Georg (1844-1899). Die katholische Kirche in Zeiten des Faschismus sieht er ausschließlich als moralische Instanz und die Deutschen als ein von Hitler verführtes Volk (Rede in Auschwitz). Er hat diese Zeitzeichen nicht erkannt. Deshalb begegnet er auch der 1968er-Bewegung ohne jedes Verständnis und mit einem theologischen Kurzschlussverfahren. Es ist der marxistische Unglaube, der alle Ordnung zerstört. Deshalb führt er bis heute einen Kreuzzug gegen die Befreiungstheologie, da sie an das Kirchenregime kritische Fragen stellt. Spätestens 1970 fällt der gesellschaftspolitisch zuvor Naive (das ist kein Vorwurf; wir alle waren naiv) eine Grundentscheidung, die sich lebenslang hält. Wie wir sahen, ordnet sich Ratzinger kirchen- und gesellschaftspolitisch rechts ein. Das bedeutet eine Grundentscheidung für Ordnung und Stabilität, Tradition und Autorität, für eine Kirchenstruktur, die sich jeder Kritik verweigert. Seitdem nimmt er Begriffe wie Liberalismus, Freiheit und Befreiung,

Toleranz und persönliche Entscheidung, Subjektivität und Gefühl konsequent kritisch und mit Ablehnung wahr. Zwar kann man ihm keine Gesprächsverweigerung vorwerfen, denn immer wieder setzt er sich mit diesen Begriffen diskursiv auseinander; von vielen wird er dafür bejubelt. Aber er analysiert sie nie konkret. Zunehmend setzt er sie als verselbstständigte Schlagworte ein. Befreiung *an sich* ist gefährlich, Liberalismus *an sich* fördert die Anarchie, marxistische Kategorien *an sich* sind menschenverachtend, Protestantismus *an sich* lebt aus einem einseitigen Subjektivismus. So gesehen hat seine Haltung reaktionäre Züge. Dies gilt etwa für die Rede von der »Diktatur des Relativismus« oder der Selbstzerstörung durch Homosexualität. Unter solchen Umständen müssen ökumenische Impulse ersticken.

Europakritik: Seit der Mitte der 1980er-Jahre macht der Präfekt der Glaubenskongregation diese Grundhaltung zum Werbeträger für seine Ansichten über Europa und dessen geistige Situation. Er schmiedet eine Koalition mit konservativen Kräften aus Kirche und Gesellschaft. Ratzinger hält öffentliche Vorträge in Paris, Hamburg oder Berlin. Er spricht über Sinn und Notwendigkeit der Aufklärung, einen neuen Wertekanon der europäischen Kultur, präsentiert großräumige Diagnosen und Prognosen zum gegenwärtigen Europa, wirbt für eine neue Hochschätzung von Vernunft und einer vernunftgereinigten Religion. Dass er Begriffen wie Aufklärung und Vernunft einen neuen Sinn unterschiebt, sei hier nicht näher besprochen. Seine Ausführungen bestechen, obwohl sie oft pessimistisch mit einem vermeintlichen Selbsthass des Abendlandes, mit dessen Todessehnsucht und der Forderung nach einer Neuorientierung enden. Damit schafft er für die Ökumene einen Kanon der Erwartungen, unter denen sie alle Zukunftsorientierung verliert.

»Hier gibt es einen merkwürdigen und nur als pathologisch zu bezeichnenden Selbsthass des Abendlandes, das sich zwar lobenswerterweise fremden Werten verstehend zu öffnen versucht, aber sich selbst nicht mehr mag, von seiner eigenen Geschich-

te nur noch das Grausame und Zerstörerische sieht, das Große und Reine aber nicht mehr wahrzunehmen vermag.«

Dieser Konsens der Konservativen übersieht, wie abstrakt, konstruiert und analytisch unhaltbar Ratzingers Visionen sind. Er stellt etwa fest: »Die missgestalteten Drillinge: Abtreibung, Euthanasie, Selbstmord sind die natürlichen Abkömmlinge dieses Grundentscheids – der Leugnung der ewigen Verantwortung und der ewigen Hoffnung.« Man erliegt schnell Ratzingers Sprachkunst, dessen Begriffe über das Gemeinte oft hinwegtäuschen. Er sagt »Ortskirche« und meint bischöfliche Autorität, »Aufklärung« und meint Sokrates, »Vernunft« und meint Jesus Christus als ewigen Logos. Er spricht von »Israel« und lässt die Bedeutungsbreite zwischen theologischen und politischen, vergangenen und aktuellen Inhalten offen. Er spricht vom »wirklichen Jesus« und meint den Christus späterer Jahrhunderte. Er versichert, anders als die Exegeten traue er wieder den Evangelien, legt diese aber nach späteren Maßstäben aus. Er nennt sich einen »einfachen Arbeiter im Weinberg des Herrn« und denkt wie Bonaventura an den »einfachen Gläubigen« (*simplex et idiota*), dem in kritischen Zeiten Philosophie und Theologie nichts mehr zu sagen haben. Gegenüber Habermas lässt er seine Sprachinhalte so offen, dass kaum jemand die Asymmetrie der beiden Gesprächspartner entdeckt, reden sie doch schlicht aneinander vorbei. Übrigens muss auffallen, dass ausgerechnet engagierte Katholiken diese Arbeit des Papstes mit Misstrauen begleiten. Unter solchen Verfremdungen verliert die ökumenische Arbeit einen jeden Anhalt. Insbesondere verschwindet die Schrift unter einem Schleier von Beliebigkeit.

Theologie in politischer Absicht: Natürlich hat Ratzinger diese Positionen schon immer theologisch unterfüttert. Das kann ihm niemand verdenken, denn Theologinnen und Theologen haben konsistente Konzepte vorzulegen. Wie aber sehen sie aus? Die Pfeiler der Alten Kirche bilden für ihn den Ausgangspunkt. Dazu gehören ein starkes Bischofsamt, die hohe Rangordnung der Sakramente, insbesondere der Eucharistie, ferner die Kontinuität der kirchlichen Lehre, wie sie sich in den Konzilien der erstem Jahrhunderte bildete, also auch die klassische Christologie, an deren Geltung er noch heute festhält. Umso fester werden sie in den Boden gerammt, als das Gesamtgebäude (wie wir sahen) zu wanken beginnt. Ja, die Ökumene selbst wird zur Gefahr, weil sie Beben verursacht. Übrig bleibt eine Ökumene der Unbeweglichkeit. Merkwürdig ist, dass er das moderne Papstverständnis (mit Unfehlbarkeit, Rechtsprimat und einem rigorosen Zentralismus) mit einbezieht, das mit der Alten Kirche aber auch gar nichts zu tun hat. Diese Inkonsequenz zeigt zugleich die ideologische Treibkraft dieses theologischen Denkens. Es bestätigt den Wahrheits-, Ordnungs- und Vorrangsanspruch, die Benedikts real existierende katholische Kirche faktisch beherrschen. In der Tat, unter solchen Voraussetzungen kann nur noch Gott selbst Ökumene bewirken.

Die Bedürfnisse von katholischer Kirche und umfassender Christenheit werden deshalb identisch. Für Ratzinger sind alle Verfallserscheinungen im Niedergang des christlichen Glaubens begründet. Mehr noch, speziell die *katholische* Kirche ist der wichtigste und unverzichtbare Garant für zukunftsfähige Werte, zumindest für eine neue europäische Identität. Deshalb kann Europa nur genesen, wenn es zu den christlichen Werten in ihrer katholischen Form zurückkehrt. Diese Position führt schließlich zu einem rigiden inneren Ordnungsprinzip. Gelegentlich spricht Ratzinger von den Pathologien nicht nur der Vernunft, sondern auch der Religion. Er meint damit neben nichtchristlichen Religionen (von deren Irrtum er überzeugt ist) und nichtkatholischen Kirchen (deren Defizienz für ihn unbestreitbar ist) auch kritikwürdige Gruppierungen in der eigenen Kirche. Genannt wurden schon die Verfechter von demokratischen Modellen und der Befreiungstheologie. Der Papst denkt ferner an kontextuelle Theologien und an die Zerstörer der Liturgie. Ständig bedarf es also der inneren »Reinigung«, konkret: der konsequenten Kontrolle innerhalb der katholischen Kirche selbst. Dies ist Aufgabe des Lehramts, konkret: der Bischöfe in Einheit mit dem Papst. Damit kulminiert die aktuelle päpstliche Theologie in einem päpstlich-autoritären System, wie es dem Ersten Vatikanischen Konzil schon vorschwebte und erst jetzt mithilfe der modernen Kommunikationsmittel durchgeführt werden kann. Eine demokratische oder synodale Struktur wäre für den Papst, wie wir sahen, ebenso undenkbar wie die entscheidende Mitwirkung von Laien bei der Suche nach der christlichen Wahrheit. Aus Ratzingers gesellschaftskonservativer Position folgt ein Kirchenmodell, das streng hierarchisch geordnet ist. Ökumene erfordert die Rückkehr der andern ins Vaterhaus.

Unerträglicher Widerspruch: Kann man einem Papst eine solche Position verbieten? Natürlich nicht, solange seine Argumentation eine allgemein akzeptable Bandbreite nicht überschreitet. Aber dies ist nicht der Fall. In Argumentation und Handeln präsentiert er uns einen offenen, geradezu *unerträglichen Widerspruch*. Seit den 1960er-Jahren wehrt sich Ratzinger vehement dagegen, dass sachfremde Gesichtspunkte die reine Glaubenstheorie beeinflussen. Dazu zählt er Praxis und politische Erwägungen, ideologiekritische Methoden und den Blick auf Kontexte (seien sie kulturell, sozial oder von sexueller Art), den Blick auf Notsituationen oder die Wirkung eines Handelns. Über dreißig Jahre lang ist ihm der Antisemitismus der Piusbrüder entgangen, weil er ausschließlich auf deren innerkirchlich konservative Forderungen fixiert ist. Er fordert eine nichtpolitische Theologie, die eine rein überzeitliche Wahrheit im Visier hat. Doch den Beweis für diese Verbote hat er nie erbracht. Zugleich springt die starke gesellschaftspolitische Motivation ausgerechnet seines Denkens in die Augen. Nicht der Blick auf Jesus von Nazareth, sondern auf ein hellenistisches Denken, nicht die Sorge um ein biblisches Gottesbild, sondern um geschichtlich gewordene Menschenbilder, nicht die Angst vor dem Gottesverlust, sondern vor zu viel Freiheit treiben ihn an. An Ratzingers Denken lässt sich der hochpolitische Charakter einer Kirchenleitung studieren, die vorgibt, sich von Politik nicht verderben zu lassen. Im Namen christlicher Freiheit wird die innerkirchliche Freiheit der Rede und des Handelns unterbunden.

Auswege von unten

Der gravierendste Gesichtspunkt aber ist noch nicht genannt. Zwar behauptet der Papst, sich auf die Schriften des Tenach und des Neuen Testaments zu beziehen. Aber Norm ihrer Auslegung sind für ihn Theologie und Gestalt der Alten Kirche, die Konzilien und der antike Anspruch auf bischöfliche Leitungsgewalt. Ich weiß es: Diese Behauptung ist schwerwiegend und erfordert eine komplexe Erläuterung, denn die Textauslegung vollzieht sich immer in einem komplizierten Geflecht. Dazu gehören die ursprüngliche Bedeutung, die spätere Auslegung und die aktuellen Erwartungen. Aber bis in die jüngste Gegenwart hinein hat Ratzinger/Benedikt XVI. so viele Verdikte gegen sorgfältigste Schriftauslegung ausgesprochen, dass sein eigener Anspruch nicht mehr glaubwürdig ist.

Angesichts dieser massiven Klammern mit ihrem Totalitätsanspruch konnte beim Glaubenspräfekten und späteren Papst ökumenisches Denken nie seine eigenen Regeln entfalten. Für Selbstkritik und Selbstkorrektur ist kein Platz. Wie soll ein Dialog zustande kommen, wenn die eigene Wahrheit schon in solch krisenhafter Verkrampfung festgelegt ist? Wie sollen zwei Kirchen miteinander auf gleicher Augenhöhe sprechen können, wenn der einen schon *a priori* ihre kirchliche Würde abgesprochen wird? Wie sollen die Kirchen der Reformation ihr Grundanliegen zur Sprache bringen können, wenn die katholische Kirche ihr Wesen geradezu kämpferisch auf die Frage bischöflich vermittelter Sakramente reduziert? Wie will man die Idee des Petrusdienstes fruchtbar besprechen, wenn der Inhaber dieses Dienstes das Versagen seiner Vorgänger in Sachen Einheit auch nicht im Mindesten einsieht?

Ich ziehe mich hier nicht auf Fragen der Rechthaberei und Unbelehrbarkeit zurück. Ich wollte vielmehr zeigen, wie massiv die beschriebene Dynamik von Ratzingers Theologie auf verschiedensten Ebenen alle ökumenischen Versuche in die Zange und ihnen alle Luft zum Atmen nimmt. Die Ökumene kann nur wieder vorankommen, wenn wir uns zuvor von streng konservativen und autoritären Gesellschaftsmodellen lösen, sie als theologische Unterfütterung von den Zielvorstellungen unseres gemeinsamen Glaubens abstreifen, die Egozentrik der katholischen Kirche aufgeben, so als hätte sie ihren Anspruch auf ökumenische Führerschaft nicht schon längst verspielt. Wenn wir das von Rom erzwungene autoritäre Kirchenmodell nicht aufgeben und nicht endlich die Schrift wieder zum entscheidenden Maßstab unserer Glaubensfragen (auch zum Maßstab konziliarer Texte) machen, kommen wir keinen Schritt voran. Auch ein Papst muss mit der Möglichkeit rechnen, dass er die wahre Ökumene blockiert, statt sie zu befördern. In diesem Fall wäre er für die Gesamtkirche untragbar.

Alles, was rechts ist ...

Politisch-theologische Optionen Joseph Ratzingers

Von Christian Modehn

1. Regensburg

»Joseph Ratzingers Bruder ist der Chef der Regensburger Domspatzen. Aber das allein könnte eigentlich kein Grund sein, von Tübingen wegzugehen«, bemerkte der katholische Theologe Karl Rahner in der ihm eigenen Ironie.[1] Tatsächlich war es nicht die Liebe zur Musik, die Professor Ratzinger dazu führte, schon nach drei Jahren, 1969, seinen Dogmatik-Lehrstuhl an der Universität Tübingen aufzugeben. Es war eher die Frustration darüber, dass zum Beispiel sein Kollege Hans Küng sehr wohl mit den rebellierenden Studenten 1968 diskutieren konnte. Dem eher schüchternen Ratzinger aber war das »rebellische Aufbegehren« zuwider.[2] Der Wechsel nach Regensburg wurde für die weitere Zukunft zur entscheidenden Neuorientierung. Karl Rahner betont: »Ratzinger hat eingestandenermaßen eine Wendung gemacht, als er von Tübingen nach Regensburg ging.«[3] An die theologische Fakultät in Regensburg wurde er nur deswegen berufen, weil ein ursprünglich für Judaistik bestimmter Lehrstuhl dort nicht besetzt werden konnte und der freie Platz nun in ka-

1 Karl Rahner, Bekenntnisse, Wien/München 1984, S. 40.

2 So berichtet Professor Hermann Häring, 1968 Theologiestudent in Tübingen, in einem Interview mit dem Autor im Jahr 2007.

3 Karl Rahner, a. a. O. (wie Anm. 1). Die gleiche Meinung vertritt der Theologe Wolfgang Beinert, in: Der Theologe Joseph Ratzinger, Kösel Verlag, 1977, S. 4.

tholische Dogmatik umgewidmet wurde! Den Start in Regensburg empfand er als glücklich, wie er gesteht: »So war bald wieder das rechte universitäre Fluidum gegeben, das mir für meine Arbeit so wichtig war.«[4] Sein Dogmatik-Kollege war nun der konservative Johann Auer, ein Verteidiger mittelalterlicher Theologie und Liebhaber eines von der Tradition her geprägten römischen Lehrsystems. Hans Küng bezeichnete den Umgang des Dogmatikers Auer mit der Bibel als eine »neuscholastische Steinbruchexegese«.[5] Aber Ratzinger war mit Auer »in inniger Freundschaft verbunden«,[6] vor allem weil beide die Kirchenväter vom 1. bis 5. Jahrhundert über alles schätzten. Ratzinger beteiligte sich sogar an Auers Lehrbuch (!) »Kleine Katholische Dogmatik«.

Mit dem Umzug nach Regensburg begann für Ratzinger die intensive Mitarbeit an der »Internationalen Katholischen Zeitschrift Communio«, an deren Gründung er im Herbst 1969 beteiligt war.[7] »Communio« erschien 1972 als Gegenprogramm zur internationalen progressiven Zeitschrift »Concilium«, die an einer Fortschreibung des Zweiten Vatikanischen Reformkonzils arbeitet. Zahlreiche renommierte Konzilstheologen wie Rahner, Küng, Schillebeeckx gehören zu den Gründern. Bei »Communio« sammelten sich von Anfang an konservative Denker, etwa der erklärte Rahner-Gegner und konservative Ex-Jesuit Hans Urs von Balthasar, der CSU-Kultusminister Hans Maier oder der CDU-Publizist Otto B. Roegele. Er war Herausgeber des bischöflichen, »linientreuen« »Rheinischen Merkurs«. Auch Karl Lehmann gehört von Anfang an zum »Communio«-Kreis! War er und ist er das etwas liberale »Alibi« dieser Zeitschrift? Wichtig ist: Von Anfang an

4 So zitiert die Internetzeitung »tagespunkt« vom 1. September 2006, http://www.tagespunkt.de/

5 Hans Küng, Theologie im Aufbruch, 1987.

6 Ulrich Lehner, Artikel Johann Auer, siehe http://www.bautz.de/bbkl/a/auer_j.shtml

7 Joseph Ratzinger, Symposium vom 28. Mai 1992 anlässlich des 20-jährigen Bestehens von »Communio« an der Gregoriana, Rom.

gehörte zum engen »Communio«-Kreis auch Jorge Medina Estevez, ein Theologe aus Santiago de Chile. 1987 wurde er Bischof von Rancagua, später von Valparaiso. Dort war er als ein enger Freund des Diktators Pinochet bekannt, den er bis zu dessen Tod öffentlich verteidigte! Als Kardinal kümmerte sich Medina in Rom später sehr wohlwollend um die Versöhnung mit den Piusbrüdern. Und ihm kam die schöne Aufgabe zu, am 19. April 2005 sozusagen »urbi et orbi« mitzuteilen, dass »Josephus Ratzinger«, sein bewährter »Communio-Freund«, zum Papst gewählt wurde.

So wirken Regensburger Verbindungen bis zur Papstwahl und zur Versöhnung mit den Piusbrüdern weiter. Wichtig ist, dass schon von Regensburg aus Joseph Ratzinger über Jorge Medina Kontakte vor allem zum Jesuitenpater Roger Vekemans in Chile bekam: Dieser schrieb schon 1973 gegen die Befreiungstheologie in »Communio«. Vekemans, auch er ein erklärter Feind von Staatspräsident Allende und allen Linken, gehörte zudem seit 1976 mit dem Adveniat-Chef und Opus-Dei-Freund Bischof Franz Hengsbach zu dem Studienkreis Kirche und Befreiung, der gegen diese lateinamerikanische Theologie der Armen polemisierte. Die Wurzeln von Ratzingers Feindschaft gegen die Befreiungstheologie liegen in Regensburg! Der damalige, für Ratzinger »zuständige« Regensburger Bischof Rudolf Graber war ein unumstrittener Marienverehrer (sein Motto: »Durch Maria zu Jesus«), er bewunderte vor allem die Wunder von Fatima. Überdies war er ein Verehrer der stigmatisierten Theresa Neumann von Konnersreuth. Als »leidenschaftlicher Mahner« vor den Übertreibungen des Zweiten Vatikanischen Konzils gehörte er auch zu den Autoren der von Ratzinger geprägten »Communio«. Bischof Graber imponierte wohl dem Theologen Ratzinger, weil sein Bischof ein Gegner alles »Modernistischen« war und durchaus Sympathien hatte für die neu gegründete, explizit papsttreue Zeitschrift »Der Fels«. In einem Interview mit KNA vom 28. Juli 1989 legte Ratzinger noch einmal dar, »dass es auch viel Treue und Liebe zu Rom in der Katholischen Kirche in Deutschland gibt«. Treue und Liebe zu Rom: Das heißt Liebe zum Papst, zum

Vatikan, zum »Römischen«, das wurde in Regensburg schon gepflegt! Unter einem Bischof wie Rudolf Graber muss sich Professor Ratzinger recht behütet gefühlt haben. Weitere Autoren von »Communio«, die ein internationales Netz konservativer Denker knüpften, waren die späteren Opus-Dei-Freunde Professor Nikolaus Lobkowicz und der Philosoph Robert Spaemann.

In Regensburg trat eine andere Gestalt in Ratzingers Freundeskreis: 1975 wurde Kurt Krenn, ein bislang völlig unbekannter Theologe mit extrem wenigen Publikationen, in Regensburg Ratzingers Kollege im Fach Systematische Theologie. Diese verstand Krenn vor allem als scholastische neothomistische Doktrin. Ratzinger hat mit Krenn, wie er als Papst jetzt sagt, eine »alte Verbundenheit«. (Auf die Liaison Krenn/Ratzinger wird später noch hingewiesen.)

2. München

Als Professor Ratzinger am 28. Mai 1977 zum Erzbischof von München und Freising geweiht wurde, setzte sich die Regensburg-Connection fort: Zu den Bischöfen, die Ratzinger »weihten«, gehörte der bereits erwähnte Bischof Graber aus Regensburg und auch Bischof Stangl aus Würzburg. Dass Bischof Stangl von Ratzinger zur Weihe in den Liebfrauendom in München eingeladen wurde, verwundert insofern nicht, als auch Stangl und Ratzinger befreundet waren. Und daran ist erstaunlich: In Stangls Diözese Würzburg war ein Jahr zuvor, am 1. Juli 1976 in Klingenberg am Main, die Studentin Anneliese Michel infolge zahlreicher Exorzismus-Sitzungen an Entkräftung gestorben. Die beiden Exorzisten, die Priester Arnold Renz und Ernst Alt, wurden wegen fahrlässiger Tötung zu Haftstrafen auf Bewährung verurteilt. Bischof Stangl als der verantwortliche Oberhirte muss ja von Amts wegen jeden Exorzismus genehmigen, er aber betonte, von »allem nichts gewusst zu haben«. »Die beiden Exorzisten deckten letztendlich Joseph Stangl und seine Berater, zu denen auch der damalige Theologie-Professor Joseph Ratzinger gehört haben könnte. Denn Stangl und Ratzinger hatten eine ›tiefe Beziehung‹« (»Main-Post«, 6. September 2006) zueinander. Und es wäre unwahrscheinlich, wenn der heutige Papst von dem Exorzismus ebenfalls nichts gewusst hätte.[8] Es ist bekannt, dass Benedikt XVI. bis heute den Exorzismus ausdrücklich verteidigt. Bei seiner ersten Generalaudienz 2005 ermunterte er die versammelten Exorzisten »weiterzumachen« ...

Als Erzbischof von München hatte sich Ratzinger das für ihn so typische Motto »Cooperatores Veritatis« gewählt. Als »Mitarbeiter der Wahrheit« fühlte er sich seitdem nun auch von seinem bischöflichen Amt her. Er hatte nichts Eiligeres zu tun, als die schon damals weltweit umstrittene missionarisch offensiv werbende, theologisch äußerst konservative und papstergebene Gemeinschaft der »Neokatechumenalen« in seinem Erzbistum zu etablieren. Das berichtet der neokatechumenale Führer Giuseppe Gennarini aus den USA, und er fährt fort: »Als Präfekt der Kongregation für die Glaubenslehre hat er uns später stets geholfen und in mehreren seiner Bücher den Neokatechumenalen Weg wirklich positiv bewertet.«[9]

Als »Mitarbeiter der Wahrheit« betonte er schon 1979 in seiner Münchner Silvesterpredigt, dass Gehorsam die Antwort auf die Wahrheit sei, weil der christliche Glaube eindeutig sei. Das sagte er in einer allgemein erregten Situation, weil sein Tübinger Kollege Hans Küng wenige Tage zuvor durch Maßnahmen der römischen Glaubensbehörde seine Lehrbefugnis als katholischer Theologe verloren hatte. Ratzinger sagte in München: »Im hochmütigen Verzicht auf die verbindliche Wahrheit stellt sich der Mensch Christus entgegen.«[10] Schon damals zeigte sich der »so bedeutende Intellektuelle« als ein heftiger Kritiker der kritischen Vernunft: »Dem kirchlichen Lehramt ist es aufgetragen, den Glauben der Einfachen gegen die Macht der Intellektu-

8 Siehe: www.theologe.de/bischof_josef_stangl.htm
9 »Zenit, Informationsdienst der Legionäre Christi«, 9. Januar 2006.
10 »Süddeutsche Zeitung« vom 2. Januar 1980, ein Beitrag von Rosel Termolen.

ellen zu verteidigen.«[11] Hier klingen spätere Vorlieben Benedikts XVI. für populäre Volksheilige an, etwa für den angeblich stigmatisierten, von vielen Beobachtern aber als Scharlatan bezeichneten Kapuziner Pater Pio in Süditalien und auch für den völlig antiintellektuellen Heiligen Pfarrer von Ars in Frankreich; dieser Johannes Vianney, der sich selbst »schlicht im Denken« nannte, wird nun im Jahre 2009 von Benedikt XVI. offiziell als Vorbild aller Priester gepriesen.

Als Mitarbeiter »der« rechten Wahrheit zeigte sich Ratzinger beim Durchgreifen gegen aufmüpfige Pfarrer: Ungehorsam und eigenes Denken haben in einem autoritären Denken keinen Platz. Deswegen wollte er im Sommer 1980 den Pfarrvikar Willibald Glas aus Arget aus seinem Amt entfernen. Dieser hatte dem Aufruf des Erzbischofs widersprochen, die Gemeinden sollten großzügig für den Peterspfennig spenden: Dadurch sollten die vatikanischen Finanzen saniert werden. Pfarrer Glas widersprach: Johannes Paul II., der so unmenschlich mit den wiederverheirateten Geschiedenen umgehe, verdiene keine Geldspende. Der Kardinal war empört. Wegen deutlicher Solidarisierung der Laien mit ihrem Pfarrer durfte dann Glas doch im Amt bleiben.[12]

Auch seine theologischen Abneigungen gegen progressive, angeblich linke Theologen setzte Ratzinger in München durch. Als Nachfolger des Theologieprofessors Heinrich Fries wurde von der Münchner Theologischen Fakultät der kritische und »politische Theologe« Johann Baptist Metz aus Münster, ein Freund des Konzilstheologen Karl Rahner, vorgeschlagen. »Der Kardinal Ratzinger hat in Zusammenarbeit mit dem Kulturminister (und »Communio«-Mitarbeiter) Hans Maier, der Metz auch nicht mochte, bewirkt, dass 1979 das Ministerium Metz bei der Berufung überging«,[13] schreibt Karl Rahner. Metz hatte schon

11 Ebd. Ein Argument, das immer wiederkehrt: »Die sehende Sicherheit des Glaubens ist oft weit mehr zu Hause als da, wo Reflexion großgeschrieben wie. Umgekehrt macht der Intellekt nicht immer sehend.« So Ratzinger in: Die Situation der Kirche heute, Köln 1977, S. 24 f.

12 Hartmut Meesmann, in »Die Zeit« vom 23. Januar 1981.

13 Karl Rahner, a. a. O. (wie Anm. 1), S 42.

damals seine Sympathien für die Befreiungstheologie bekundet. Hans Maier hat als Präsident des Zentralkomitees der deutschen Katholiken lange Jahre die Entwicklung der katholischen Kirche in seinem konservativen Sinne (im Einverständnis mit Kardinal Ratzinger) geprägt. Nur vier Jahre konnte Joseph Ratzinger als Erzbischof gewisse Erfahrungen an der kirchlichen Basis machen.

3. Rom

Als Leiter der obersten Glaubensbehörde im Vatikan seit November 1981 hat er linke, kritische Theologen und Bewegungen bekämpft und ausgegrenzt. Das ist bekannt. Weniger bekannt sind seine gleichzeitigen expliziten Vorlieben für eher rechtslastige Strömungen und Theologen in Kirche und Gesellschaft. Diese »rechte Vorliebe« kann hier nur an exemplarischen Beispielen verdeutlicht werden. Sie zeigen aber einmal mehr, wo die Interessen des Kardinals Ratzinger bzw. des Papstes liegen. Wer von der »rechten Seite« her die Kirche schützen will, kann der Moderne angemessene demokratische Formen der Mitentscheidung von Laien in der Kirche, etwa im Rahmen von Nationalsynoden, nur als »Hirngespinst« bezeichnen, wie der kanadische Jesuit Michael Fahey (im Januar-Heft von »Concilium«, 1989, S. 84) schreibt: »Für Ratzinger ist diese Idee einer gemischten Synode als einer permanenten Form höherer Autorität in der Kirche ein ausgewachsenes Hirngespinst. Auch kann er es sich nicht denken, dass je ein Laie Autorität über eine Diözese ausüben könnte.« Aufgrund dieser tiefen Abneigung gegen das Demokratische in der Kirche kann Ratzinger nur Gruppen anerkennen, die »Rom nicht nur lieben«, wie er gern sagt, sondern die auch die klerikale Machtstruktur und den Vatikan als ein absolutistisches System ohne jegliche Kontrolle durch das viel beschworene »Kirchenvolk« prinzipiell unterstützen und verteidigen. Die Psyche solcher Menschen, die sich für solche Verteidigung hergeben, ist ein eigenes, viel zu wenig bearbeitetes Thema ...

Als Chef der obersten Glaubensbehörde ging es ihm darum, sein eigenes Verständnis von Glauben und Theologie, von Freiheit und Autorität in der ganzen Kirche, ja möglicherweise in der westlichen Gesellschaft durchzusetzen. Karl Rahner hat diese Haltung von Anfang an kritisiert. Er schreibt im Jahr 1984: »Wichtig wäre für Ratzinger, eindeutig und klar zu unterscheiden zwischen Ratzinger als Theologen mit seinen berechtigten, vielleicht auch problematischen Eigenmeinungen und Ratzinger als Chef der Römischen Glaubenskongregation. Das sind zwei ganz verschiedene Sachen. Es ist selbstverständlich, dass ein römischer Prälat eine bestimmte theologische Meinung hat. Trotzdem darf er sie anderen nicht amtlich aufzwingen.«[14] Tatsächlich aber hat Ratzinger gemäß seinem bischöflichen Wahlspruch als »Mitarbeiter der Wahrheit« seine Interpretation der Wahrheit, die er als ein ewiges und festes »depositum fidei« (»fix und fertiges Glaubensgut«) versteht, auch mit Zwangsmaßnahmen und unter Druck durchgesetzt. Die Liste der von Ratzinger zum Beispiel ausgestoßenen, international hoch geschätzten Theologen ist sehr lang. Noch länger ist die Liste derer, die aufgrund dieses rigiden Systems sich von der römischen Kirche befreit haben. Ratzinger hat insofern als »Befreiungstheologe« ganz besonderer Art gewirkt.

Wie stark die Verbundenheit Ratzingers mit rechten Gruppen ist, zeigt auch die Auswahl seiner Haushälterinnen: Als Kardinal in Rom versorgten ihn nach dem Tod seiner Schwester Frauen der geistlichen Gemeinschaft »Das Werk«, eine Gründung von »Mutter Julia Verhaghe« aus Flandern. 1996 beschuldigten zwei Priester aus Limburg/Niederlande diese inzwischen internationale, auch in Deutschland arbeitende Bewegung, sie würde sich sektiererisch benehmen und ihre Mitglieder unter schweren moralischen Druck setzen bei einer mittelalterlichen Spiritualität. Der zuständige holländische Bischof Wiertz durfte die Vorwürfe nicht untersuchen, weil Das Werk direkt dem Papst unterstellt ist … (siehe »Volkskrant«, Amsterdam, 28. August 1996). Im päpst-

14 Karl Rahner, a. a. O. (wie Anm. 1), S. 40 f.

lichen Palast kümmern sich jetzt Frauen der ebenfalls konservativen Bewegung »Comunione e Liberazione« ums leibliche Wohl des Papstes. Diese internationale Bewegung war früher der Motor der italienischen Christdemokraten, heute steht sie Berlusconi sehr nahe.

Im Haushalt des Papstes geht ihm sein Privatsekretär zur Hand. Prälat Georg Gänswein hat Beziehungen zum Opus Dei: Er war als Kirchenjurist einige Jahre Dozent an der römischen Opus-Dei-Universität. Selbst wenn er nicht zum Opus gehören sollte: Diese Universität beschäftigt zweifelsfrei nur Leute, die der Opus-Dei-Richtung zumindest nicht kritisch gegenüberstehen!

Was Ratzingers theologische Vorlieben für Deutschland betrifft, so ist seine Unterstützung für das im sehr konservativen Bereich angesiedelte »Forum deutscher Katholiken« bemerkenswert. Das Forum versteht sich als Alternative zu den immerhin ökumenisch interessierten Deutschen Katholikentagen. Das Forum deutscher Katholiken organisiert seit 2001 Jahrestreffen, bei denen sich das ganze einschlägige Spektrum eines explizit römischen Katholizismus versammelt. Mit dabei sind die Legionäre Christi, die Gemeinschaft der Seligpreisungen, das Opus Dei, die Totus-Tuus-Bewegung, die sich der so von Rom propagierten »Gesamthingabe« befleißigen, sowie Vertreter des deutschen Hochadels, die im Regnum Christi mittun, der Laienorganisation der Legionäre Christi usw., usw. »Kardinal Ratzinger war bei unserem ersten Treffen natürlich dabei, und 2005 sollte er bei uns den Schlussgottesdienst halten, aber da war er schon Papst«, berichtet der Organisator Hubert Gindert. Er ist auch Chefredakteur der dem Papst noch aus Regensburger Zeiten bekannten Monatszeitschrift »Der Fels«. Gindert fährt fort: »Ich habe natürlich Kardinal Ratzinger damals auch aufgesucht in seiner Wohnung in Pentling bei Regensburg, dort hat er mir gesagt: Mir kommt es nicht auf die große Zahl an. Mir kommt es darauf an, ob es in der Kirche missionarische Zellen gibt.«[15]

15 Hubert Gindert in Kaufering in einem Interview mit dem Autor 2006.

Es ist kein Wunder, dass Kardinal Ratzinger von Anfang an auch die »missionarischen Zellen« der traditionalistischen Petrusbrüder unterstützte, jene Priester, die sich 1988 von Erzbischof Lefebvres Gruppen losgesagt haben, aber treu die alte lateinische Messe weiter feiern dürfen. In deren Priesterseminar Wigratzbad in Bayern war Kardinal Ratzinger neben den ebenfalls ultrakonservativen Kardinälen aus Österreich, Groer, Stickler und Mayer, gern gesehener Gast![16]

Die tiefe Verbundenheit mit diesen Kreisen ist bei Ratzinger sicher auch in der Sehnsucht nach der gehorsamen und uniformen, in sich geschlossenen, »schönen« Kirche der Kindheit und Jugend begründet. Aber auch harte Berechnung ist dabei: Denn die ultrakonservativen Priestergemeinschaften wie die Petrusbrüder oder die Legionäre Christi haben viele Priesteramtskandidaten, die mit Begeisterung ihre klerikale Identität im schwarzen Priestergewand bekennen und Gehorsam als oberste Tugend praktizieren. Diese Kreise sollen in der Sicht Ratzingers die Macht der alten klerikalen Kirche retten!

Auch in Österreich hat Kardinal Ratzinger stets auf die kleinen, absolut kirchentreuen und rechtslastigen Kreise gesetzt, etwa auf den »Linzer Priesterkreis«. Ende der 1980er-Jahre war Ratzinger Referent bei den jährlichen Sommerakademien in Aigen, wo er schon damals ausdrücklich die lateinische Messe verteidigte. Ständige Referenten waren die Kardinäle Scheffczyk vom Opus Dei oder der konservative Dogmatiker Professor Anton Ziegenaus.

Schon früh ist also Ratzinger bestens mit Oberösterreich vertraut. Auch der 2009 nach heftigen Protesten zurückgetretene Linzer Weihbischof Gerhard Maria Wagner gehört diesem Priesterkreis an.[17] Der Linzer Priesterkreis wurde entscheidend geprägt von Ratzingers Freund und ehemaligem Regensburger Kollegen Kurt Krenn. 1987 wurde dieser zur Überraschung aller Insider zum Weihbischof in

16 Siehe die Internetseite der Petrusbrüder http://fssp.eu
17 Josef Bruckmoser, »Salzburger Nachrichten« vom 3. Februar 2009.

Wien ernannt, offenbar hatte sein Freund Ratzinger daran mitgewirkt: »Die Wiener wunderten sich noch mehr darüber, dass dem neu ernannten Weihbischof Krenn besondere Verantwortung für die Welt der Kunst, Literatur und Wissenschaft übertragen wurde. In einem Fernsehinterview konnte er keinen einzigen zeitgenössischen Österreichischen Künstler, Maler, Dichter, Bildhauer, Schriftsteller, Musiker oder Wissenschaftler nennen. Das war beunruhigend. Der wahre Grund, warum Krenn ernannt wurde, war der, ein Wachhund über die österreichische Bischofskonferenz zu sein, wo er, trotz seines Status als Dienstjüngster, dadurch Gewicht bekam, dass er als einer galt, der »das Ohr des Heiligen Vaters hatte«.[18]

1991 wurde Krenn zum Bischof von Sankt Pölten ernannt. Dort konnten sich ohne römischen Widerspruch etliche spirituell extrem konservative Gruppen etablieren, die wegen ihrer reaktionären Haltung selbst aus bayerischen Diözesen vertrieben wurden, wie der Orden »Servi Jesu et Mariae«, wörtlich übersetzt »Sklaven Jesu und Mariens«. Im Ort Blindenmarkt hat dieser Orden seine Zentrale. Gründer war der als Initiator der konservativen »Pfadfinder Europas« bekannte ehemalige Jesuit Pater Andreas Hönisch. Über Krenns autoritäres und für die meisten Laien und Priester unerträgliches Regieren wurde vielfach berichtet, so zum Beispiel von dem früheren Abt von Geras, Joachim Angerer.[19] Nach einer Pornografie-Affäre und offensichtlichen homosexuellen Kontakten zwischen Seminarleitung und Studenten in seinem Priesterseminar gab Krenn 2004 sein Bischofsamt auf. Seit der Zeit ging es ihm gesundheitlich nicht gut. Am 18. Juni 2005, wenige Wochen nach seiner Papstwahl, hatte sein alter Freund und Gönner Joseph Ratzinger nichts Eiligeres zu tun, als ihm einen salbungsvollen Brief zu schreiben. Dieses Dokument muss al-

18 »The Tablet«, Katholische Wochenzeitung in London, 21. Februar 1991.

19 Joachim Angerer, als progressiver Abt eines Prämonstratenser Klosters selbst ein Krenn-Geschädigter, schrieb u. a. das Buch »Österreich nach Krenn und Co«, Wien 2000.

len, die unter dem Regime von Bischof Kurt Krenn gelitten haben, wie eine Ohrfeige erscheinen. Der handschriftlich unterzeichnete Brief[20] offenbart auch die (wahre?) spirituelle Dimension des gegenwärtigen Papstes:

Lieber Mitbruder!
Wie ich höre, leidest Du an Leib und Seele. So liegt es mir am Herzen, Dir ein Zeichen meiner Nähe zukommen zu lassen. Seit langem bete ich jeden Tag für Dich, und ich werde nun diese meine betende Nähe zu Dir noch verstärken. Ich will den Herrn bitten, dass er Deine Gesundheit wieder aufrichtet und dass er Dich den Trost seiner Nähe spüren lässt. Ich will ihn bitten, dass Du inne wirst, wie er Dir gerade in den Leiden des Leibes und der Seele nahe ist.

Unser Herr hat uns letztlich nicht durch seine Worte und Taten, sondern durch seine Leiden erlöst. In der Nacht des Ölbergs hat er alles Böse dieser Welt, den ganzen Abgrund der Sünde und Not des Menschen vor sich gesehen, dies alles in seiner Seele durchlitten und so überwunden. Wenn der Herr Dich nun gleichsam mit auf den Ölberg nimmt, dann sollst Du wissen, dass Du gerade so ganz tief von seiner Liebe umfangen bist und im Annehmen Deiner Leiden ergänzen helfen darfst, was an den Leiden Christi noch fehlt (Kol 1, 24). Ich bete sehr darum, dass Dir in allen Mühsalen diese wunderbare Gewissheit aufgeht und Du – wie St. Paulus – mitten im Schmerz Dich freuen kannst ob der besonderen Art der Nähe des Herrn. Von Herzen sende ich Dir meinen Apostolischen Segen. In alter Verbundenheit
Dein Papst Benedikt XVI.

Die Formulierungen dieses Briefes sind von einer traditionalistisch anmutenden Frömmigkeit geprägt, die ein Lefebvre-treuer Piusbruder wohl nicht anders formulieren könnte, einmal abgesehen davon,

20 Dieser bemerkenswerte Brief ist (noch) nachzulesen unter: http://stjosef.at/bischof.k.krenn, unter der Rubrik News.

dass jeglicher kritische Hinweis auf Krenns unsägliches Verhalten fehlt, etwa seine viel besprochene Nähe zu dem rechtskonservativen Populisten Jörg Haider von der FPÖ. Kurt Krenn zierte sich auch nicht, ins offizielle Kondolenzbuch für diesen tödlich verunglückten Politiker zu schreiben: »Hochgeschätzte Trauerfamilie, darf ich Ihnen mein tiefstes Mitgefühl zum so plötzlichen und unerwarteten Tod des Herrn Landeshauptmannes Dr. Jörg Haider aussprechen. Ich durfte mit ihm einige Male zusammentreffen und lernte ihn als integren Menschen und interessanten Gesprächspartner kennen ... Im Gebet Ihrer gedenkend, Ihr + Kurt Krenn«.[21] Diese Worte des Ratzinger-Freundes sind eine Schande, wenn man bedenkt, welche Hetzreden Haider zum Beispiel gegen Ausländer führte ...

Bei seinem Besuch in Österreich ließ es sich Benedikt XVI. nicht nehmen, die ebenfalls als Hort der Tradition bekannte Klosterhochschule Heiligenkreuz bei Wien zu besuchen, die er noch im Januar 2007, kurz vor seinem Besuch im September, zur »Päpstlichen Hochschule« erhoben hatte. Weihbischof Andreas Laun, extrem konservativer Theologe aus Salzburg, gehört dort zum Lehrkörper ... Die Liebe Benedikts XVI. zu Heiligenkreuz hat zwei Gründe: viel »klassischer Priesternachwuchs« und die »ewige«, die klassische Theologie!

Manche theologischen Vorschläge Ratzingers finden dann auch Interesse im politisch explizit rechtsextremen Milieu. Das »Dokumentationsarchiv des Österreichischen Widerstandes (DÖW)« hat den Aula Verlag in Graz als rechtsextrem eingestuft. Dort wurde 1998 in der von Otto Scrinzi herausgegebenen Festschrift »1848. Erbe und Auftrag« Ratzingers »Communio«-Beitrag von 1995 mit dem Titel: »Freiheit und Wahrheit« nachgedruckt. Auch wenn dieser Beitrag nicht explizit rechtsextrem ist: Erstaunlich ist es schon, wenn Herausgeber überhaupt auf den Gedanken kommen, Ratzinger in ihrem eigenen Um-

21 Siehe das Kondolenzbuch für Jörg Haider unter: http://kondolenz.ktn.gv.at/default.aspx?SIid=95&page=12

feld zu präsentieren. Dem »Spiegel« liegt der Schriftverkehr des Vatikans mit dem Aula Verlag vor, aus dem hervorgeht, dass der damalige Sekretär des Kardinals, Josef Clemens, der Publikation des Aufsatzes ausdrücklich zustimmte. Der Aula Verlag hatte Arbeiten des Holocaust-Leugners Walter Lüftl gelobt, woraufhin sich sogar die FPÖ vom Verlag distanzierte.[22] Der Aula Verlag wirbt in seinem Internetauftritt für das umstrittene Buch über 1848 sogar noch bis Ende April weiter mit dem ausdrücklichen Hinweis »Mit einem Beitrag von Kardinal Ratzinger«. Dem Papst scheint dieser Hinweis nicht unangenehm zu sein, oder er liest nicht die internationale Presse, die seit dem 14. März 2009 über diese Zusammenhänge berichtet.

Auch in Frankreich hat Joseph Ratzinger immer wieder bewiesen, dass er zu rechtslastigen und ultrakonservativen Gruppierungen eine besondere Nähe, wenn nicht Fürsorglichkeit ihnen gegenüber hat. Typisch ist sein Bemühen um Versöhnung mit dem ursprünglich schismatischen Lefebvre-hörigen Kloster Sainte Madelaine in Le Barroux bei Avignon. 1989 kehrte das Kloster mit Abt Calvet wieder in den »römischen Mutterschoß« zurück, weil die Mönche den Papst formal anerkannten; die alte neuthomistische Theologie des 19. Jahrhunderts wird dort weiter verbreitet und die Messe natürlich im Ritus des 16. Jahrhunderts nach den Weisungen Pius' V. weiterhin zelebriert. Zahlreiche Zeitungen hatten seit den 1980er-Jahren die engen Verbindungen von Abt Calvet mit rechtsextremen Politikern aus der Partei Front National (FN, Führer: Jean Marie Le Pen) nachgewiesen. Bernard Antony, der »national-katholische« Europa-Abgeordnete dieser Partei, ist genauso eng mit dem Kloster verbunden wie der ebenfalls der FN nahestehende Publizist Jean Madiran. Er hat mit Abt Calvet Interviews in dem mit der FN sympathisierenden Sender »Radio Courtoisie« geführt. Der nationale Katholik Jean Madiran hatte 1995 eine Gedenkfeier für den bekannten französischen Nazi-Propagandisten Robert Brasillach (hingerichtet 1945) gehalten …

22 http://aula.buchdienst.at/buecher/?id=445

Diese Zusammenhänge waren dem »Mitarbeiter« der offenbar nur göttlichen, nicht aber politischen »Wahrheit« Joseph Ratzinger egal! Als die Mönche von Sainte Madelaine 1990 ihr Messbuch nach dem Ritus des 16. Jahrhunderts herausgaben mit der Weisung, am Karfreitag für die abtrünnigen Juden zu beten, schrieb Kardinal Ratzinger das Vorwort. [23] Das Messbuch ist noch heute im Klosterladen zu haben. Im September 1995 besuchte Ratzinger als der oberste Glaubenschef das Kloster und feierte dort die Messe. Offenbar ist er von dort sehr angetan, weil die vielen jungen Mönche noch die radikale Tonsur tragen und die alten Mönchsgewänder lieben.[24]

Benedikt XVI. hat am 6. September 2006 das ebenfalls im Rechtsaußen angesiedelte »Institut du Bon Pasteur« (Institut vom Guten Hirten) in Bordeaux zugelassen. Ein eigenes Priesterseminar »Sankt Vinzenz von Paul« wurde auf dem Besitz des Marquis de Gontaud-Biron in der Diözese Chartres errichtet. Der oberste »gute Hirte« ist der ehemalige Lefebvre-Priester Philippe Laguérie. Er hatte 1987 den rechtsextremen Politiker Le Pen offen verteidigt, als dieser behauptete, es hätte keine Gaskammern gegeben. »Die Thesen der negationistischen Professoren Roques und Faurisson, auf die sich Le Pen bezieht, sind perfekt wissenschaftlich«, meinte er damals. Pater Laguérie war Pfarrer der Kirche Saint Nicolas du Chardonnet in Paris, die seit 1977 von Traditionalisten besetzt wird. 1994 wollte Laguérie in Paris erneut eine Kirche dem Bistum Paris durch Besetzung entwenden, aber diesmal griff die Polizei ein. Er hat ein Requiem gehalten für Paul Touvier, den antisemitischen Chef der Miliz aus der Pétain-Zeit.[25] Sein Mitbruder in Bordeaux ist Père de Tanoüarn. Er war Mitarbeiter der rechtsextremen Zeitung »Choc du mois« und des Le-Pen-Senders »Radio Courtoisie«. Jetzt sind diese Priester mit Zu-

23 »La Vié«. L'Hebdomadaire Chrétien d'Actualité, Paris, Num. 3309, 29. Januar 2009, S. 28.

24 Henri Tincq, »Le Monde«, Paris, 14. Juni 1998.

25 Siehe im Internet: http://intransigeants.wordpress.com/2008/08/10/vive-labbe-laguerie/ auch http://fr.wikipedia.org/wiki/Philippe_Lagu%C3%A9rie

stimmung Benedikts XVI. wieder mit Rom vereint. Sie können nun offiziell katholisch inmitten der Kirche ihre rechtsextremen Gedanken verbreiten.

Internationale Verbindungen gibt es längst. Nur ein Beispiel: Propst Gerald Gösche von der ebenfalls mit Rom versöhnten Traditionalisten-Gemeinschaft des Oratoriums Philipp Neri in Berlin (von Berlins Kardinal Sterzinsky wurde die Gründung genehmigt) gratulierte Pater Laguérie zu seiner neuen Rolle als guter Hirte in Bordeaux. Gösche hatte übrigens auch gute Beziehungen zum Kloster La Madelaine mit Abt Calvet.[26]

Auch an der Absetzung des linken, progressiven und von vielen Menschen außerhalb der Kirche hoch geschätzten Bischofs von Evreux, Jacques Gaillot, im Jahr 1995 war das mit Rom versöhnte und von Ratzinger geschätzte Kloster in Le Barroux beteiligt: »Gruppen wie das Opus Dei und der Abt des Klosters in Le Barroux wurden in Rom zu meiner Sache gehört. Sie hatten sich geschworen, meine Haut zu bekommen. Jetzt haben sie sie, diese Leute haben gewonnen.«[27] Seit der Zeit seiner Degradierung und Bestrafung lebt der so beliebte Bischof Gaillot als Oberhirte des virtuellen Wüstenbistums Partenia in einem Zimmerchen im Kloster der »Väter vom Heiligen Geist« in Paris. Und als der in die Wüste geschickte Bischof Gaillot im Oktober 2004 einen Vortrag in Bonn halten wollte, wurde ihm von Kardinal Meisner (Köln) Redeverbot erteilt. Der »Kölner Stadt-Anzeiger« stellte Gaillot aus diesem Anlass die Frage : »Haben Sie den Eindruck, dass Meisner versucht, Kardinal Ratzinger und vielleicht auch den Papst persönlich gegen Sie zu mobilisieren?« Da antwortete Bischof Gaillot: »Ja, das befürchte ich. Ich gehe davon aus, dass es da enge

26 Propst Gösche in einem Interview mit dem Autor in der Kirche St. Afra, Berlin, im Jahr 2003. Auf seine »freundlichen Kontakte« mit den Benediktinern von Le Barroux wird im Internet http://www.institut-philipp-neri.de/institut immer noch verwiesen!

27 In: Elie Maréchal, L'Affaire Gaillot, Paris 1995, S. 189; das Interview fand am 5. Februar 1995 im Ersten Französischen Fernsehen TF 1 statt.

Kontakte gibt, die meine Person betreffen ... meine Liberalität macht Angst.«[28]

Die Beispiele für die konservativen Vorlieben Joseph Ratzingers und für seinen entschiedenen Kampf gegen alle Liberalen, Linken, freiheitlich gesinnten Katholiken könnten für viele Länder fortgesetzt werden. Interessant ist, dass er in Deutschland bislang völlig unbekannte, aber bereits machtvolle rechtslastige Orden fördert. Dazu gehört das »Instituto del Verbo Incarnato« aus Argentinien, das inzwischen über 500 vor allem junge Mitglieder zählt. Dieser offizielle, römisch-katholische Orden ist ausdrücklich dem argentinischen Nationalismus eng verbunden. Er will »die reinen und natürlichen Werte Argentiniens« gegen die Atheisten verteidigen. »Dieser Orden will die Gesellschaft bestimmen in Fragen der Politik, der Moral, der Erziehung«, berichtet die argentinische Soziologin Professor Veronica Gimenez Beliveau in einem Artikel für »Courrier International«. Zahlreiche Bischöfe Argentiniens haben diesem Institut verboten, ein Priesterseminar zu eröffnen. Im Jahr 2001 fand sich Kardinal Ratzinger bereit, diesen bischöflich umstrittenen Orden in seinem eigenen Bistum Velletri-Segni in Italien anzusiedeln. Dazu muss man wissen: Kurienkardinäle sind immer auch dem Titel nach »Bischöfe« eines bestimmten Ortsbistums. So ist eben Kardinal Ratzinger Bischof von Velletri-Segni, Italien. Das »Institut des Inkarnierten Wortes« hat deshalb gejubelt und – so wörtlich – der »Vorsehung gedankt«, als »sein Titularbischof« auch noch Papst wurde.[29] Die internationale Kulturzeitschrift »Courrier International« gab ihrem Beitrag über den Orden den Titel: »Die Soldaten des

28 Harald Biskup interviewt Jacques Gaillot, »Kölner Stadt-Anzeiger«, 26. Oktober 2004.

29 »Courrier International«. Hors Serie: »Au nom de Dieu. Pourquoi les religions se font la guerre«, März 2007, S. 62. Zur Verehrung des »Instituts des Inkarnierten Wortes« für ihren Gönner Joseph Ratzinger: siehe auch deren Internetseite: http://www.ive.org. Die hier genannte Information findet sich unter »Noticias« vom 4/20/2005 mit dem Titel: »El Papa Benedicto XVI era nuesto obispo titular«.

Inkarnierten Wortes: wie im Mittelalter«. Inzwischen arbeiten diese jungen »dynamischen Missionare« in vielen Ländern der Erde, darunter in Holland, Island und Grönland.

Zum Schluss muss noch auf Spanien hingewiesen werden, weil dort der Kampf zwischen fundamentalistischen Papst-Fans und einer modernen Demokratie am heftigsten tobt. Am 28. Oktober 2007 hatte Benedikt XVI. fast 500 Opfer aus dem Spanischen Bürgerkrieg selig gesprochen. Sie alle kämpften auf der »rechten Seite«, also aufseiten des »Erzkatholiken« und Diktators Franco. Dass es auch Priester und katholische Laien gab, die ihr Leben im Rahmen der Volksfront gegen den Faschismus einsetzten, wurde vom Papst gern übersehen. So wurde die Seligsprechung zur späten Verklärung des Kreuzritters Franco und zur deutlichen politischen Kritik am sozialistischen Spanien von heute, wo so »gottwidrige Dinge« passieren wie die völlige Gleichberechtigung homosexueller Paare. Die oppositionelle »Volkspartei PP« jubelte natürlich über diese politische Massenseligsprechung. Zwar hat Benedikt XVI. diese Zeremonie nicht selbst vorgenommen, aber sie geschah in bestem Einvernehmen mit ihm als dem Verantwortlichen für alle Selig- und Heiligsprechungen. Benedikt XVI. hat jetzt einen der heftigsten PP-Anhänger und Verteidiger der »alten spanischen Ordnung«, Kardinal Canizares von Toledo, nach Rom berufen. Er soll sich als oberster Chef um die »rechte Gestalt der Gottesdienste« kümmern … Die vatikanische Bürokratie wird immer mehr zur Ansammlung sehr konservativer Kirchenfürsten und untergeordneter Prälaten. Diese Entwicklung hatte bereits unter Papst Johannes Paul II. begonnen.

So schließt sich der Zirkel einer in sich abschottenden, antimodernen Kirche, die wesentlich von Joseph Ratzinger bestimmt wird. »Können sogenannte Sekten auch viele Millionen Mitglieder zählen?«, fragen sich kritische Intellektuelle im Blick auf den Zustand der römischen Kirche heute. Sie wissen natürlich, dass allein schon die Frage vom »Hof«, also vom Vatikan, bestraft werden könnte …

Diese kurzen Beobachtungen zeigen: Die Liebe Joseph Ratzingers zu allem Rechtslastigen zieht sich wie ein »roter« (?) Faden durch sein Leben »seit Regensburg«. Darum ist die Aufhebung der Exkommunikation der vier traditionalistischen Bischöfe der Piusbruderschaft keine »Ausnahme« und kein »Versehen«. Joseph Ratzinger wähnt sich als »Mitarbeiter *der* Wahrheit« wohl als die »rechte Hand Gottes«.

PS: Wenn in dieser kleinen und unvollständigen Übersicht häufig das etwas plakative Wort »konservativ« verwendet wird, so steht es in diesem Zusammenhang als Symbol für antifeministisch, antiemanzipatorisch, für schwulenfeindlich, für eher antiökumenisch und »mit Vorbehalt demokratisch« usw. Um den Leserinnen und Lesern die ständige Aufzählungen dieser Prädikate zu ersparen, verwende ich das zusammenfassende und keineswegs, wie man sah, »abgegriffene« Adjektiv »konservativ«.

Griechisch-römisch

Joseph Ratzingers Kampf gegen das Gespenst Befreiungstheologie

Von Ludger Weckel

Wenige Jahre, nachdem Kardinal Joseph Ratzinger sein Amt als Präfekt der Glaubenskongregation, damit als oberster katholischer Glaubenswächter, übernommen hatte, sagte er in einem Interview programmatisch, dass er die Umsetzung der Beschlüsse des Zweiten Vatikanischen Konzils für falsch halte, da sie die Menschen verunsichert, deren Hoffnungen zerstört und die Entwicklung der Kirche negativ beeinflusst hätten. Als Ursache machte er »versteckte, aggressive, zentrifugale, unverantwortliche oder lediglich naive Kräfte« innerhalb der Kirche aus, und er betonte, dass eine »wirkliche Kirchenreform die entschiedene Abkehr von diesem Weg verlangt«.

In diesem Sinne hat er mehr als zwanzig Jahre lang Lehre und (Kirchen-)Politik im Pontifikat von Johannes Paul II. beeinflusst und gesteuert, bevor er selbst als Benedikt XVI. die päpstliche Macht übernahm. Es war und ist eine Politik der offenen Restauration, eine Politik zugunsten derjenigen, die mit ihren kirchenpolitischen und theologischen Positionen während des Zweiten Vatikanischen Konzils in der Minderheit waren, die aber anschließend, nach dem Konzil, in Rom die Machtpositionen »besetzen« konnten und damit die Weiterentwicklung der Grundanliegen des Konzils, wie sie in Deutschland in der Würzburger Synode oder in Lateinamerika in den Beschlüssen der Bischofsversammlung von Medellín formuliert wurden, blockierten bzw. zurückdrängten.

Die lateinamerikanische Theologie der Befreiung sieht sich seit ihren Anfängen ganz auf der Grundlage der Beschlüsse und Grundintentionen des Konzils.[1] Als »Geburtsstunde« der Befreiungstheologie wird allgemein die Zweite Generalversammlung der Bischöfe Lateinamerikas in Medellín 1968 gesehen, die mit dem Ziel und der Absicht einberufen wurde, die Beschlüsse des Konzils, das wenige Jahre vorher stattgefunden hatte, für den lateinamerikanischen Kontinent anzunehmen und auf dessen Realität hin kontextuell auszuformulieren. Zwar werden in den Beschlüssen von Medellín die Begriffe »Theologie der Befreiung« und »Option für die Armen« noch nicht verwendet, aber die Inhalte sind vorhanden: »Christus, unser Erlöser, liebt nicht nur die Armen, sondern ›er, der reich war, machte sich arm‹, lebte in Armut, konzentrierte seine Sendung darauf, dass er den Armen ihre Befreiung verkündete und gründete seine Kirche als Zeichen dieser Armut unter den Menschen« (Medellín, Armut der Kirche 4). Damit knüpfte man direkt an Formulierungen des II. Vatikanums an, wo es unter anderem heißt, dass Christus sein Werk der Erlösung »in Armut und Verfolgung vollbrachte« und so auch die Kirche berufen ist, den gleichen Weg einzuschlagen, um den Menschen das Leben in Fülle zu verkünden (Lumen gentium Nr. 8).

Der jahrzehntelange Kampf des Joseph Kardinal Ratzinger/Benedikt XVI. gegen die Befreiungstheologie ist zugleich sein Kampf für eine Uminterpretation des Zweiten Vatikanischen Konzils. Nimmt man dies ernst, dann fügen sich auch scheinbare Widersprüche sehr gut zusammen: Die unnachgiebige, erbarmungslose Verfolgung von Befreiungstheologinnen und -theologen und die ungleich wohlwollende Behandlung von Konzilsgegnern wie der Piusbruderschaft (z. B. Aufhebung der Exkommunikation der Lefebvre-Anhänger) sind kein Widerspruch.

1 In diesem Punkt sind sich alle Beiträge zu einem deutsch-brasilianischen Symposion anlässlich des 40. Jahrestages des Endes des Konzils 2005 in São Paulo einig: A. da Silva Moreira u. a. (Hg.), Der unterbrochene Frühling. Das Projekt des II. Vatikanums in der Sackgasse, Münster (edition itp-kompass) 2006.

Die 1980er-Jahre

Im Kampf gegen die lateinamerikanische Befreiungstheologie und vor allen Dingen die Befreiungstheologinnen und -theologen waren die vatikanischen Verantwortlichen, insbesondere Kardinal Ratzinger, nie zimperlich. Ein deutlicher und offizieller Schlag war die »Instruktion der Kongregation für die Glaubenslehre über einige Aspekte der Theologie der Befreiung« von 1984, die maßgeblich von Ratzinger verantwortet wurde. Zeitlich und inhaltlich spielte sie jenen Strategiepapieren amerikanischer Militärs in die Hände, die die Befreiungsbestrebungen und die Befreiungstheologie in Lateinamerika als »kommunistische Strategien« gegen Privateigentum und produktiven Kapitalismus verstanden und militärisch mit der Ideologie der nationalen Sicherheit, das heißt mit Verfolgung, Verschwindenlassen, Folter und Mord bekämpften. Die vatikanische Instruktion warf der Befreiungstheologie unter anderem vor, in ihrer Gesellschaftsanalyse auf marxistisches Instrumentarium zurückzugreifen, was die Militärs in ihrem Kampf gegen den »Terrorismus« als Bestätigung für ihre Verfolgung »kommunistischer Priester« und deren Anhänger verstanden haben. Die vatikanischen Instruktionen gegen die Befreiungstheologie haben vielen engagierten Christen in Lateinamerika das Leben gekostet.

2007 wurde der salvadorianische Theologe Jon Sobrino in einer Notifikation der Glaubenskongregation wegen seiner Christologie kritisiert und verurteilt. In einem Brief an seinen Ordensoberen ordnete er diese Maßnahme in die jahrzehntelange Verfolgung von Christen in Lateinamerika ein: »In diesen Jahren wurden viele Theologinnen und Theologen, gute Leute, gewiss mit ihren Grenzen, aber voller Liebe zu Jesus Christus und seiner Kirche, voller Liebe zu den Armen, erbarmungslos verfolgt. Und nicht nur sie. Auch Bischöfe, wie Sie selbst wissen, der lebende Romero (immer noch gibt es solche im Vatikan, die ihn nicht wollen, zumindest wollen sie nicht den realen, sondern den entschärften Bischof Romero), Dom Helder Camara

(Recife/Brasilien) nach seinem Tode, Leonidas Proaño (Riobamba/ Ecuador), Samuel Ruiz (Chiapas/Mexico) und noch viele usw. Der Vatikan hat manchmal mit üblen Machenschaften die Lateinamerikanische Ordenskonferenz (CLAR) sowie Tausende von großherzigen Ordensangehörigen so durcheinanderzubringen versucht, dass sie nicht mehr wussten, wo ihnen der Kopf stand. Das ist deshalb besonders bitter, weil viele von ihnen ganz einfache Menschen sind. Vor allem aber hat der Vatikan alles Mögliche dafür getan, die Basisgemeinden der kleinen Leute, der Privilegierten Gottes, zum Verschwinden zu bringen.«[2] Seine Aufzählung könnte man noch um viele Seiten verlängern.

Wenige Monate vor der Veröffentlichung der »Instruktion über einige Aspekte der Theologie der Befreiung« im Jahr 1983 (Kardinal Ratzinger war schon Vorsitzender der Glaubenskongregation) erschien ein Artikel von Ratzinger,[3] in dem die grundlegenden Argumentationslinien der späteren Instruktion bereits auftauchen, hier aber als Kritik gegen namentlich genannte Befreiungstheologen wie Hugo Assmann, Gustavo Gutiérrez, Ignacio Ellacuría und Jon Sobrino. Als dann die Instruktion veröffentlicht wurde, war sehr deutlich, wer mit der Kritik gemeint war. In besagtem Artikel greift Ratzinger eine enge Verknüpfung von Geschichte und Gottesglauben an, weil die Befreiungstheologie über diese Bedeutung der Gegenwart die marxistische Klassenanalyse in die Theologie einbringe. Er bescheinigt der Befreiungstheologie aber »eine fast unwiderlegliche Logik«: »Mit den Prämissen der biblischen Kritik und der in der Erfahrung verankerten

2 Der Brief findet sich zusammen mit anderen Dokumenten zum Konflikt auf den Seiten des ITP: www.itpol.de. Als Buch: K. Wenzel (Hg.), Die Freiheit der Theologie. Die Debatte um die Notifikation gegen Jon Sobrino, Ostfildern 2008.

3 Kardinal Joseph Ratzinger, Die Theologie der Befreiung, in: N. Greinacher (Hg.), Leidenschaft für die Armen, München 1990, S. 322-334, hier S. 331 f.; ders., Ich erkläre Euch die Theologie der Befreiung, in: Bedrohte Befreiung. Zur lateinamerikanischen und katholischen Kontroverse um politische Praxis im Christentum, Rheinfelden 1985, S. 65-76, hier: S. 75 f.

Hermeneutik auf der einen Seite und der marxistischen Geschichtsanalyse auf der anderen Seite ist es [der Theologie der Befreiung] gelungen, ein Verständnis der Gesamtheit des Christentums zu schaffen, das scheinbar sowohl die Forderungen der Wissenschaft als auch die moralischen Herausforderungen unserer Zeit durchaus beantwortet.« Daraus schließt er aber nicht auf deren Richtigkeit, sondern auf die Notwendigkeit ihrer Bekämpfung: »Wenn man andererseits bedenkt, wie radikal die Interpretation des Christentums, die daraus hergeleitet wird, ist, wird das Problem, was man ihr gegenüber tun könnte und müsste, umso dringlicher.«

Kirche als Heilsinstrument

In den ersten Jahren des Pontifikats von Benedikt XVI. hat er in der Wahrnehmung der Öffentlichkeit kaum ein »Fettnäpfchen« ausgelassen: die Formulierungen der sogenannten Regensburger Rede, die vom Islam als direkter Angriff und als Beleidigung aufgefasst wurden; die Rede zur Eröffnung der Fünften Generalversammlung der lateinamerikanischen Bischöfe im Mai 2007 in Aparecida/Brasilien, in der er den Indigena-Bewegungen Lateinamerikas zurief: »Die Verkündigung Jesu und des Evangeliums brachte in keinster Weise eine Entfremdung der vorkolumbianischen Kultur mit sich, auch nicht die Besetzung oder Auferlegung durch eine fremde Kultur.« Das kann man nur sagen, wenn man das millionenfache Leid und die Ausrottung ganzer Völker ausblendet und allein die »günstige göttliche Fügung« sieht, die Lateinamerika zu einem katholischen Kontinent gemacht und damit den Einflussbereich Roms vergrößert hat; das *Motu proprio* über wesentliche Aspekte der Kirche, das den ökumenischen Dialog mit den Kirchen der Reformation torpedierte; die Wiedereinführung des tridentinischen Ritus – nicht zu verwechseln mit der lateinischen Messe – als reguläre Form der liturgischen Feier; die Neuformulierung der Karfreitagsfürbitte als Bitte um die Erleuchtung der Juden, die dem jüdisch-christlichen Dialog schweren Schaden zugefügt hat; die im Oktober 2007 vollzogene Seligsprechung von 498 »Märtyrern« des Spanischen Bürgerkrieges als Konzession an die reaktionären Bischöfe Spaniens, die sich gegen eine Politik der Rehabilitierung von Opfern des Franco-Faschismus stemmen; die Notifikatio gegen die Christologie des Befreiungstheologen Jon Sobrino im Vorfeld der lateinamerikanischen Bischofsversammlung in Aparecida, auch um auf die dortigen Beratungen Einfluss zu nehmen; die Veröffentlichung eines theologischen Jesus-Buches unter dem »Doppelnamen« Ratzinger/Benedikt, wobei er sich sehr wohl der Tatsache bewusst gewesen sein muss, dass dieses Buch trotz aller gestelzten Beteuerungen als »lehramtlicher Text« aufgenommen werden würde. Dazu kommt die »Selbstinszenierung«, die einige Kommentatoren angesichts der neuen Kleiderordnung Benedikts (verzierte Pontifikal-Schuhe, pelzumrandetes Käppchen aus Renaissancezeiten ...) als postmoderne Ästhetisierung der Alltagswelt diagnostizieren.

Als »Anhäufung von Indizien« spricht dies zusammengenommen eine deutliche Sprache. Es geht zurück, nicht zu Jesus, wie wohlwollende Interpreten des Jesus-Buches in der Öffentlichkeit meinen, um zu retten, was zu retten ist, sondern zur vorkonziliaren, von der Welt abgeschotteten Kirche. Die Kirche steht der Welt gegenüber, und in ihr allein ist Heil: außerhalb der Kirche kein Heil (»extra ecclesiam nulla salus«), hieß es vor dem Konzil. Das Grundanliegen des Konzils hieß, wie Edward Schillebeeckx einmal anmerkte: Außerhalb der Welt kein Heil – keine Jenseitsvertröstung oder Spiritualisierung des Heils. Und die Befreiungstheologie nimmt dies auf und konkretisiert es nochmals: Es gibt kein Heil an den Armen vorbei, kein Heil ohne sie (»extra pauperes nulla salus«). Es geht also um den Ort, wo »Heil« für die im desolaten Zustand befindliche Schöpfung Gottes zu finden ist.

Das Denkmodell von Ratzinger ist (neu)platonisch, es hat »das Ganze« der Geschichte im Blick und denkt Geschichte/Welt nur als das »Abbild« eines sich vollziehenden metaphysischen (Heils-)Plans, nicht aber als Ort der Erlösung, als die eine Offenbarungsgeschichte Gottes. Entsprechend ist die Christologie Ratzingers, sein Jesus-Buch, auch metaphysisch – im Sohn Gottes – verankert. Anders die Befreiungstheologie, die zu Jesus aus Nazareth zurückgeht, sein Menschsein als Selbstmitteilung Gottes versteht. Hier setzt die christologische Auseinandersetzung an, die mit der Notifikation aus Rom im März 2007 ihren vorläufigen Höhepunkt gefunden hat. Im Hintergrund aber steht ein Konflikt um die Ekklesiologie, um das Kirchenverständnis: Was bleibt von der Kirche, so die Angst in Rom, wenn nicht mehr sie, sondern die Armen Heilsort sind?[4]

Der »Exterminator der Ökumene«

Der 1980 ermordete Erzbischof von San Salvador, Oscar A. Romero, hat zu verschiedenen Anlässen immer wieder betont, dass die Menschen, insbesondere die Armen und Ausgeschlossenen, es als »Kinder Gottes« wert seien, dass sich die Kirche eindeutig an ihre Seite stellt, sich die Kirche nicht nur ins Spiel bringt, sondern auch ihre eigene Existenz um des Lebens der Armen willen aufs Spiel setzt. Romero hat dies nicht nur gesagt, sondern getan: Er ist am 24. März 1980 ermordet worden, weil er – wie Jesus – die Mächtigen gestört hat.

In diesem Punkt liegt eine entscheidende Differenz zum traditionellen, zum römischen Kirchenverständnis der Hierarchie, die sich im entscheidenden Augenblick letztlich mehrheitlich immer an der Seite der Mächtigen dieser Welt befunden hat, um darüber – wenn man es wohlwollend interpretieren will – auf das Weltgeschehen einen wohltuenden Einfluss zu nehmen.

Zum Abschluss des Jahres 2000, zur Jahrtausendwende, wurde die vatikanische Erklärung »Dominus Iesus« veröffentlicht, für deren Inhalt vor allen Dingen Kardinal Ratzinger verantwortlich zeichnete. Der brasilianische Befreiungstheologe Leonardo Boff hat die (ekklesiologische) Kernaussage dieser Erklärung mit folgenden Bil-

4 Vgl. L. Weckel (Hg.), Die Armen und ihr Ort in der Theologie, Münster (ITP) 2008 (www.itpol.de/?p=267).

dern charakterisiert: »Christus ist die einzige Straße zur Erlösung, und allein die Kirche verfügt über das Zulassungsrecht. Niemand kann die Straße befahren, ohne die Mautstelle passiert zu haben. Noch einmal anders: Christus ist das Telefon, aber nur die Kirche ist die Telefongesellschaft. Alle Telefonate im Nah- und Fernbereich kann nur sie vermitteln [...] Mit solchen Thesen hat sich der schüchterne Kardinal Ratzinger als Exterminator jeder zukünftigen Ökumene erwiesen.«[5]

Ratzinger geht es um die »Einheit« von Kirche, die nach seiner Konzeption vor allen Dingen durch Kontrolle, durch Zentralismus und Macht gesichert werden kann. In diesem Sinne vertritt er ein vorkonziliares Kirchenverständnis. Papst Benedikt XVI. wird weiter versuchen, der Kirche ihren Platz im weltgesellschaftlichen Machtgefüge zu sichern. Wenn man es positiv zu formulieren versucht, könnte man sagen: Indem die Kirche als Teil der Machtstrukturen agiert, wird es weiterhin immer auch wenigstens kleine Nischen geben, in denen sich Engagement für Gerechtigkeit – manchmal nur als subversive Strömung – entwickeln kann. Oder anders gesagt: Der Heilige Geist wird es auch in Zukunft nicht leicht haben, die Kirche in der Wahrheit zu halten, aber er wird seine Lücken und Möglichkeiten finden, notfalls durch die Nutzung menschlicher Schwächen wie Eitelkeit oder Machtstreben.

Es deutet aber einiges darauf hin, dass wir gegenwärtig ein letztes Aufbäumen, die letzten Widerstände vor dem Zusammenbrechen dieser anachronistischen Kirchenstruktur erleben. Damit stellt sich aber gleichzeitig die entscheidende Frage, welche neuen Modelle notwendiger Institutionalisierung wir entwickeln können. Und hier scheinen nicht nur die Konservativen in der Kirche keine überzeugenden Konzepte zu haben, auch der Befreiungstheologie und den Christen in Bewegungen fehlt der Konvergenzpunkt, die Orientierung gebende Utopie. So bleibt zunächst nichts anderes, als die ge-

5 L. Boff, Die römische Ideologie ist totalitär, in: »Imprimatur« Nr. 8/2000.

genwärtige Verteidigung des Konzils gegen die Restauration (Petition Vaticanum II) um das Anliegen sozialer, politischer, wirtschaftlicher und theologischer Befreiung in allen (!) Kontinenten zu erweitern.[6]

6 Die Petition »Für eine uneingeschränkte Anerkennung der Beschlüsse des II. Vatikanischen Konzils« ist richtig und sinnvoll, aber nicht ausreichend. Vielmehr muss es darum gehen, das Grundanliegen des Konzils aufzunehmen und in Richtung auf eine befreiungstheologische Erneuerung der Kirche weiterzutreiben (vgl. dazu www.pro-konzil.de).

Schlimmer Rückfall

Benedikt XVI. und das neue Karfreitagsgebet für die Juden

Von Johannes Brosseder

Die Karwoche und insbesondere der Karfreitag sind für Juden durch die Jahrhunderte hindurch mit den schlimmsten Erinnerungen verbunden, die sich tief in ihr Gedächtnis eingegraben haben. Gerade in der Karwoche tobte sich der christliche Antijudaismus an den Juden aus, um auch handgreiflich zu demonstrieren, dass Israel von Gott verworfen worden sei. Auf dem Hintergrund der grauenhaften Erfahrungen mit dem christlichen Antijudaismus, dem neuzeitlichen Antisemitismus und der Shoah kann es nicht verwundern, wenn Juden heute besonders aufmerksam beobachten, wie Christen ihre Karwoche gestalten und was sie am Karfreitag beten.

Nun hat für die römisch-katholische Kirche das Zweite Vatikanische Konzil mit seiner Erklärung »Nostra aetate« ein völlig neues Kapitel in den christlich-jüdischen Beziehungen aufgeschlagen, indem es christliche Schuld an den Juden eingestand, Antijudaismus und Antisemitismus verurteilte und mit der Feststellung, Gottes Bund mit Israel sei ungekündigt, eine theologische Kehrtwende vollzog. Diese Einstellung führte erstmals in der Geschichte ihrer Beziehungen zu einem seriösen Dialog zwischen der römisch-katholischen Kirche und dem Judentum.

Ein Ergebnis dieses Dialogs ist ein gänzlich neues Karfreitagsgebet für die Juden in der Gottesdienstreform von 1970. Es lautet folgendermaßen: »Lasst uns auch beten für die Juden, zu denen Gott, unser

Herr, zuerst gesprochen hat: Er bewahre sie in der Treue zu seinem Bund und in der Liebe zu seinem Namen, damit sie das Ziel erreichen, zu dem sein Ratschluss sie führen will (...). Allmächtiger, ewiger Gott, du hast Abraham und seinen Kindern deine Verheißung gegeben. Erhöre das Gebet deiner Kirche für das Volk, das du als Erstes zu deinem Eigentum erwählt hast: Gib, dass es zur Fülle der Erlösung gelangt. Darum bitten wir, durch Christus, unseren Herrn.«

Dieses Gebet hält dem Niveau gegenwärtiger jüdisch-christlicher Beziehungen stand und spiegelt grundlegende exegetische Einsichten. Jüdische Einwände gibt es nicht.

Am 7. Juli 2007 hat Benedikt XVI. das tridentinische Missale Romanum von 1570 in der geänderten Fassung von 1962 als *außerordentliche Form des Römischen Ritus* wieder zugelassen. Hier findet sich die entsetzliche antijüdische Karfreitagsfürbitte, aus der Johannes XXIII. im Jahre 1962 lediglich das Wort von der Gottlosigkeit beziehungsweise Treulosigkeit der Juden ersatzlos gestrichen hatte. Dieses Gebet hatte folgenden Wortlaut: »Lasst uns auch beten für die (1570: treulosen) Juden: Gott, unser Herr, möge den Schleier von ihren Herzen wegnehmen, auf dass auch sie unseren Herrn Jesus Christus erkennen (...). Allmächtiger, ewiger Gott, der du auch die Juden (1570 anstatt ›die Juden‹: die jüdische Untreue) nicht von deiner Erbarmung ausschließt, erhöre unsere Gebete, die wir ob der Verblendung jenes Volkes vor dich bringen. Mögen sie das Licht deiner Wahrheit, das Christus ist, erkennen und ihrer Finsternis entrissen werden, durch ihn, unseren Herrn ...« Die Gottesdienstreform von 1970 hat dieses Gebet zu Recht aus dem Verkehr gezogen.

Anfang 2008 gab das Vatikanische Staatssekretariat bekannt, Benedikt XVI. habe angeordnet, diese tridentinische Karfreitagsfürbitte durch eine neue zu ersetzen. Diese lautet: »Lasst uns auch beten für die Juden, auf dass Gott unser Herr ihre Herzen erleuchte, damit sie Jesus Christus als den Retter aller Menschen erkennen (...). Allmächtiger, ewiger Gott, der du willst, dass alle Menschen gerettet werden und zur Erkenntnis der Wahrheit gelangen, gewähre gnädig, dass beim Eintritt der Fülle der Völker in deine Kirche ganz Israel gerettet wird.«

Verglichen mit dem Gebet der Gottesdienstreform von 1970 stellt diese neue Fürbitte einen Rückfall in antijüdisches Denken dar. Der Antijudaismus ist hier zwar milder als in den Texten von 1570 und 1962; er weicht aber weder von der dort gegebenen Beurteilung des Judentums ab, noch ändert er die christliche Zielsetzung ihm gegenüber. Mit dem alten unterstellt auch der neue Text, die Herzen der Juden seien nicht erleuchtet und die Juden seien noch nicht zur Erkenntnis der Wahrheit gelangt; nach wie vor wird ihre Bekehrung zu Jesus Christus erwartet.

Der Hintergrund jahrhundertelanger leidvoller Karfreitagserfahrungen macht den jüdischen Sturm der Entrüstung über dieses Gebet nur zu verständlich. Welcher Teufel hat wohl den Papst geritten, dass er es in der außerordentlichen Form des Römischen Ritus einer Minderheit von Katholiken erlaubt, jenen Antijudaismen liturgisch weiter zu huldigen, die im Gefolge von »Nostra aetate« im Gebetstext von 1970 endgültig überwunden schienen? Ist denn die von Benedikt XVI. erstrebte Versöhnung mit den Erzkonservativen, die das ganze Zweite Vatikanische Konzil ablehnen, nur um den Preis der Wiedereinführung theologischer Antijudaismen zu haben, von anderen Preisen ganz zu schweigen?

Kurienkardinal Walter Kasper sagte beschwichtigend, Judenmission sei nicht geplant und der Papst habe nur den Römerbrief des Apostels Paulus zitiert (Röm. 11, 25-27); doch Letzteres ist so nicht zutreffend. Das neue Gebet bleibt ein Ausdruck christlicher Überheblichkeit gegenüber dem Judentum; diese vor Augen, hatte schon Paulus den Christen ins Stammbuch geschrieben: »Nicht du trägst die Wurzel, sondern die Wurzel trägt dich.« Dieser Mahnung hält die Karfreitagsfürbitte der ordentlichen Form des Römischen Ritus von 1970 stand, diejenige der außerordentlichen aus dem Jahr 2008 nicht.

Orientiert sich die katholische Kirche noch am Konzil?

Kirche in der Spannung zwischen Vergangenheit und Zukunft

Von Stefan Knobloch

Wir durchleben seit Ende Januar 2009 in der katholischen Kirche eine aufrüttelnd bewegende Zeit, eine Bewegung, die weite Teile des Kirchenvolkes erfasst hat. Eine Bewegung im Übrigen, um dies gleich zu Anfang deutlich zu markieren, in der nach meiner Meinung das warnende und besorgte Wehen des Heiligen Geistes aus dem Volk Gottes heraus vernehmbar wird.

Die Ereignisse seit dem 21. Januar

Ein Dekret der römischen Bischofskongregation, unterzeichnet am 21. Januar vom Präfekten der Kongregation, Kardinal Giovanni Battista Re, und am 24. Januar vom Vatikan veröffentlicht, hob die Exkommunikation der vier Bischöfe der Piusbruderschaft Bernard Fellay, Bernard Tissier de Mallerais, Richard Williamson und Alfonso de Galaretta auf. Zugezogen hatten sie sich die Exkommunikation im Juni 1988 als »Tatstrafe«, das heißt als Strafe, die mit der Tat eintrat, als sie sich vom 1976 seines Amtes enthobenen Erzbischof Lefebvre in Econe in der Schweiz zu Bischöfen weihen ließen. Die Entscheidung des Papstes, die Exkommunikation der vier Bischöfe aufzuheben, kam für die Öffentlichkeit überraschend.

Nicht nur überraschend, sondern befremdend und schwer nachvollziehbar ist der Inhalt des Dekrets der Aufhebung der Exkommunikation. Das Dekret verwies auf einen Brief Bischof Fellays, den dieser am 15. Dezember 2008 an Kardinal Castrillon Hoyos, den Präsidenten der päpstlichen Kommission »Ecclesia Dei«, im Namen aller vier Bischöfe gerichtet hatte mit der Bitte, die Exkommunikation aufzuheben. Der Brief enthielt nicht das geringste Anzeichen von Reue der vier Bischöfe über ihren Verstoß gegen das Kirchenrecht aus dem Jahr 1988, wohl aber enthielt er ihre Zusage, die Lehren der Kirche mit kindlichem Gehorsam anzunehmen. Bei dieser im Grunde äußerst ungeklärten Sachlage bezüglich der Motive und Interessen der Bittsteller hob Benedikt XVI., wie es im Dekret vom 21. Januar heißt, »mit väterlichem Empfinden« die Exkommunikation auf im Vertrauen auf die von ihnen geäußerte Verpflichtung, »keine Mühe zu scheuen, um in den notwendigen Gesprächen mit dem Heiligen Stuhl die noch offenen Fragen eingehend zu prüfen und dadurch bald zu einer vollständigen und befriedigenden Lösung des ursprünglichen Problems gelangen zu können«.

In dem, was hier mit »ursprünglichem Problem« umschrieben ist, liegt das Problem. Am Dekret vom 21. bzw. 24. Januar stößt bitter auf, dass darin mit keinem Wort auf das Zweite Vatikanische Konzil Bezug genommen wird und seine Beschlüsse unerwähnt bleiben. Ein Umstand, der umso mehr Verwunderung und Befremden hervorruft, als die Piusbruderschaft im Gefolge ihres Gründers, Erzbischof Lefebvre, wesentliche Positionsbestimmungen des Zweiten Vatikanischen Konzils bis heute entschieden ablehnt.[1] Insbesondere werden abgelehnt die Erklärung über die Religionsfreiheit »Dignitatis humanae«, das Dekret über den Ökumenismus »Unitatis redintegratio«, die Erklärung über das Verhältnis der Kirche zu den nichtchristlichen

1 Vgl. hierzu und im Folgenden P. Hünermann, Excommunicatio – Communicatio. Versuch einer Schichtenanalyse der aktuellen Krise; Vorabdruck aus: »Herder Korrespondenz« 63 (2009), Heft 3, S. 119-125.

Religionen »Nostra aetate« und die Lehre über das gemeinsame Priestertum aller Gläubigen. Mit anderen Worten: Benedikt XVI. nahm die vier Bischöfe in die Kirche auf, ohne dass diese vorher die verbindliche Versicherung abgeben mussten, zu den Beschlüssen des Konzils zu stehen. Er hoffte lediglich auf eine noch ausstehende zufriedenstellende Lösung des »ursprünglichen Problems«, wie er es nannte.

Es springt in die Augen, dass darin das Kernproblem der Aufhebung der Exkommunikation liegt. Um es deutlich zu sagen: Der Papst selbst stellt gewissermaßen die Verbindlichkeit des Zweiten Vatikanischen Konzils gegenüber den vier Bischöfen zur Disposition. Das mag subjektiv nicht seine Absicht gewesen sein, subjektiv mag ihn die Geste der Barmherzigkeit und Versöhnung geleitet haben, aber objektiv trägt seine Entscheidung diesen Makel.

Um hier von der Causa Richard Williamson einmal abzusehen, der eben skizzierte Tatbestand, dass das Zweite Vatikanische Konzil gewissermaßen zur Disposition gestellt und zum Gegenstand ausstehender Verhandlungen gemacht wurde, veranlasste eine Initiatorengruppe drei bis vier Tage nach Bekanntwerden des Aufhebungsdekrets, mit der Petition »Uneingeschränkte Anerkennung des II. Vatikanischen Konzils gefordert« zu starten. Gewiss wurde in den folgenden Tagen die Diskussion maßgeblich bestimmt von der Causa Richard Williamson, der die Shoah leugnet. Am Freitag, den 27. Februar, ging die Meldung durch die Presse, Williamson habe sich für die Leugnung des Holocausts entschuldigt. Er hätte seine Bemerkungen nicht gemacht, so äußerte er, wenn er gewusst hätte, welchen Schaden sie verursachten. Was für eine windelweiche Erklärung, durch die er in der Sache nichts zurücknimmt!

Zurück zum Kernproblem, zum Schaden, den Benedikt XVI. durch die Art und Weise der Aufhebung der Exkommunikation anrichtete. Auf ebendiesen Schaden wies die »Petition Vaticanum II« hin, die von der Bewegung Wir sind Kirche ins Internet eingestellt wurde und Tausende von Unterzeichnern fand. Die Petition sprach von einer

Rückwärtswendung, durch die zugelassen werde, »dass Teile der römisch-katholischen Kirche ... offen Geist und Buchstaben bedeutender Dokumente des II. Vatikanischen Konzils ablehnen dürfen«. Dies wiederum rief die bayerischen Bischöfe auf den Plan. In einer Verlautbarung vom 26. Februar wiesen sie es als Unterstellung zurück, dass der Papst es erlaube und zulasse, »dass Geist und Buchstaben des II. Vatikanischen Konzils von Teilen der katholischen Kirche geleugnet werden dürfen«. Von der Piusbruderschaft werde, so die bayerischen Bischöfe, die volle Anerkennung des ganzes Lehramtes der Kirche und insbesondere des Zweiten Vatikanischen Konzils gefordert. Dies sei die unabdingbare Voraussetzung für die volle Gemeinschaft mit der katholischen Kirche.

Peinlich nur, dass man nach dieser »unabdingbaren Voraussetzung«, von der die bayerischen Bischöfe sprechen, im römischen Dekret vom 21. bzw. 24. Januar vergeblich sucht. Ob die Erklärung der Freisinger Bischofskonferenz dem Papst gelegen kam, ist durchaus eine ernstgemeinte Frage. Denn wenn dem Papst dezidiert an dieser unabdingbaren Voraussetzung gelegen hätte, dann hätte er sie in das Dekret aufgenommen. Es ist kein Ausdruck einer »lectio pessima«, einer böswilligen Auslegung, unsererseits, zu vermuten, dass diese Unterlassung mit Bedacht geschah. Das leitet uns über zum zweiten Punkt.

Anwege und Hintergründe der Aufhebung der Exkommunikation

Wir bleiben bei der Piusbruderschaft und kommen auf wohl weniger bekannte Details zu sprechen. So auf das Jahr 1984. Lefebvre war bereits seines Amtes enthoben, die Piusbruderschaft aber hatte die Verbindung zur Kirche noch nicht abgebrochen. Dazu kam es, wie bereits erwähnt, vier Jahre später durch die unerlaubte Weihe der vier Bischöfe. Im Jahr 1984 gestattete ein Indult der römischen Ritenkongregation der Piusbruderschaft, die heilige Messe nach dem tridentinischen Ritus zu feiern. Man hoffte, dass die Piusbruderschaft so die Verbindung zu Rom aufrechterhalte. Die Hoffnung allerdings trog.

1988 wollte eine Gruppe von Lefebvre-Anhängern den Schritt in ein Schisma nicht mitmachen. Sie handelte mit Kardinal Ratzinger als damaligem Präfekten der Glaubenskongregation Bedingungen aus, unter denen sie mit Rom verbunden bleiben könnten. Die Verhandlungen führten zur Gründung der sogenannten Petrusbruderschaft und räumten ihr den Status einer »Gemeinschaft päpstlichen Rechtes« ein. In Deutschland wurde diese Bruderschaft über Wigratzbad im Allgäu bekannt, wo sie ein Priesterseminar unterhält. Auch dieser Petrusbruderschaft scheint keine ausdrückliche Anerkennung des Zweiten Vatikanischen Konzils abverlangt worden zu sein.

2005 kam es – nun sind wir wieder bei der Piusbruderschaft selbst – zu einem Gespräch zwischen dem neugewählten Papst und Bernard Fellay. In einem Ergebnisprotokoll hielt Fellay fest, dass sich die Piusbruderschaft keine Gemeinschaft mit der katholischen Kirche vorstellen könne, solange in ihr die tridentinische Messe lediglich den Charakter eines Sonderstatus habe. Die tridentinische Messe müsse vielmehr in der Kirche ein voll anerkanntes Bürgerrecht erhalten.

Schließlich gewährte der Vatikan 2006 einer Gruppe, die mit der Piusbruderschaft gebrochen hatte und sich mit Rom versöhnte, den Status eines »Instituts vom guten Hirten«, dem der Vatikan die tridentinische Messe als eigenen Ritus zuerkannte.

Vor dem Hintergrund dieser wenig bekannten Details rückt die Wiedereinführung der tridentinischen Messe durch Benedikt XVI. im Juli 2007 in ein neues Licht.[2] Sie sollte als außerordentliche Form, als »extraordinaria expressio«, neben der durch die Liturgiereform eingeführten ordentlichen Form, der »ordinaria expressio«, allgemeine Geltung haben. Heute sieht man deutlicher, dass dieser

2 Vgl. H. Wahl, Die Angst der Steuerleute, die zurückrudern – und die Trauer derer, die im Boot sitzen (bleiben), in: »Trierer Theologische Zeitschrift« 117 (2008), Heft 4, S. 338-348.

Schritt Benedikts XVI. ein offensives Zugeständnis an die Traditionalisten war. Dabei wird man dem Vorgang in seiner Wertung nicht gerecht, solange man darin im Ergebnis lediglich zwei nebeneinandergestellte und nicht ganz gleichrangige Formen der Messfeier erblickt. Denn die Liturgiereform hatte bewusst versucht, der Liturgie einen unserer Zeit gemäßen Ausdruck zu geben. Wenn dieser Ausdruck nun aber nicht mehr für alle verbindlich ist, wenn die Liturgie also auch in einer weniger zeitgemäßen Form gefeiert werden darf, dann legt das den weitreichenden Schluss nahe, dass es für den Glauben generell nicht darauf ankommt, zeitgemäß zu sein und im heutigen Kontext gelebt zu werden, sondern dass es möglich sei, ihn auch in einem zeitabstrakten Raum zu leben. Wo bleibt da aber das Verständnis der Kirche und des Glaubens als einer *Kirche in der Welt von heute*, wie es sich die Pastoralkonstitution »Gaudium et spes« programmatisch zum Ziel setzte?

Mit der Wiedereinführung der tridentinischen Messe als »extraordinaria expressio« verbinden sich, so muss man vermuten, weitere Interessen. Nach Kardinal Hoyos will der Papst die vorkonziliare Messe wieder »zum regulären Bestandteil des liturgischen Lebens der Kirche«[3] machen. Es ist hier offenbar wie mit den »Kreuzberger Nächten«: Erst fang'n se ganz langsam an, aber dann, aber dann! Erst also nur eine außerordentliche, dann eine reguläre Form der Messe, die womöglich mit der Zeit die von der Liturgiereform geschaffene Messe verdrängen soll? Diesbezüglich sind in diesen Tagen aus Rom recht eindeutige Wortmeldungen zu vernehmen. Eine Reform der Liturgiereform sei nötig. Man spricht davon, die Reform müsse weitergehen. Es fragt sich nur, in welche Richtung? Erzbischof Malcolm Ranjith, der Sekretär der römischen Gottesdienstkongregation, beklagt, dass sich in die Liturgie Praktiken eingeschlichen hätten, die von der Liturgiekonstitution nicht vorgesehen gewesen seien, so die Messe *versus populum*, die Handkommunion, der Verzicht auf das Latein. Zugegeben, der Satz gilt:

3 H. Wahl, Die Angst der Steuerleute, S. 339.

»ecclesia semper reformanda«. In der Kirche besteht immer Anlass zu Reformen. Nur kann es nicht unwidersprochen bleiben, wenn das gewissermaßen unter der Hand tendenziell zu einer Abkehr vom Zweiten Vatikanischen Konzil führt. Und das dann womöglich unter der Vorgabe der »authentischen Interpretation« des Konzils!

Mit der Wiedereinführung der tridentinischen Messe war folgerichtig auch die vorkonziliare Karfreitagsliturgie mit der alten Karfreitagsbitte »pro Judaeis«, für die Juden, wieder in Kraft gesetzt worden. Dort war von den »verblendeten Juden« und davon die Rede, dass Gott die Verblendung von ihnen nehme und sie der Finsternis entreiße. Benedikt XVI. versuchte das mittlerweile in eine abgemilderte Textfassung zu bringen, aber da war das Kind schon längst in den Brunnen gefallen. Man kann auch das lesen als eine Distanzierung von der Erklärung über das Verhältnis der Kirche zu den nichtchristlichen Religionen. Denn in dieser Erklärung hatte sich das Konzil ausdrücklich darauf besonnen, dass die Kirche von der Wurzel des guten Ölbaums des Altes Bundes genährt wird und Christen und Juden ein gemeinsames geistliches Erbe haben.[4]

Diese kaleidoskopartig zusammengetragenen Elemente, die man noch ergänzen könnte, machen deutlich, dass es Anzeichen gibt und dass es keine bösartige Unterstellung ist, solche Anzeichen zu erkennen, dass Benedikt XVI. – um es ungeschützt zu sagen – mit manchen Positionen des Zweiten Vatikanischen Konzils Schwierigkeiten zu haben scheint und er den Eindruck macht, ihm liege in manchen Punkten an einer Reform der Reform. Exakt da fragt man sich, ob es – es ist schwer, hier richtig zu formulieren – bei ihm nicht mit traditionalistischen Positionen gemeinsame Schnittmengen gibt, die auch bei der Aufhebung der Exkommunikation der vier Bischöfe mit eine Rolle gespielt haben. Aufseiten der Piusbruderschaft jedenfalls werden solche Fantasien genährt. Um es ganz platt zu sagen: Die Piusbruderschaft träumt davon, in der katholischen Kirche mit allen Rechten

4 Vgl. Nostra aetate, Art. 4.

und Pflichten wieder Fuß zu fassen, um die Kirche wieder auf den rechten Weg der vorkonziliaren Zeit zurückzuführen.

Vor diesem Hintergrund erscheint es notwendig, dass wir uns in wenigen Sätzen der wesentlichen Positionen des Zweiten Vatikanischen Konzils vergewissern.

Eine Vergewisserung des Konzils

Der Grundimpuls, den Johannes XXIII. dem Konzil geben wollte, war, dass die Kirche ins Heute eintrete, dass die Botschaft des Evangeliums wirklich mit dem Leben der Menschen und den Fragen von heute zu tun bekomme. Das bedeutete für das Konzil einen Lernprozess, den es selbst durchmachen musste. So war zum Beispiel die eigene Vergewisserung, wie man sich als Kirche verstehe und sehe, allein mit der Kirchenkonstitution »Lumen gentium« noch nicht abgeschlossen. Und wer das meinte, hat die Dynamik des Konzils nicht verstanden. Das konziliare Kirchenverständnis nahm die eigentlichen Konturen erst an, indem es in der Pastoralkonstitution »Gaudium et spes« klarmachte, dass die Kirche *Kirche in der Welt von heute* sei. Dass sie gewissermaßen inkarnatorisch hineingebunden ist in die jeweilige Zeit. Mit allen Folgen, die das hat.

Damit berühren wir den Untertitel unseres Themas: Kirche in der Spannung zwischen Vergangenheit und Zukunft. Dieser Untertitel impliziert ein ganz bestimmtes Verständnis dessen, was Tradition meint. Tradition bedeutet nicht die unveränderte Weitergabe eines Glaubensbestandes, unbeeinflusst von dem, was sich um den Traditionsbestand herum tut. Tradition ist ein lebendiger Prozess, in dem gewissermaßen zwei Horizonte miteinander verschmelzen, der Horizont der Botschaft Jesu und der Horizont der jeweiligen Lebenserfahrungen und Lebensverhältnisse der Menschen. Das mag für manche beunruhigend klingen und nach Verrat der Tradition aussehen. Tatsächlich aber begeht, umgekehrt, ein versteinertes, nur nach rückwärts gewandtes Traditionsverständnis Verrat an ihr.

Erhellend ist hier Artikel 8 der Offenbarungskonstitution »Dei Verbum«, in dem es heißt: »Die(se) apostolische Überlieferung kennt in der Kirche unter dem Beistand des Heiligen Geistes einen Fortschritt: es wächst das Verständnis der überlieferten Dinge und Worte ..., die Kirche strebt im Gang der Jahrhunderte ständig der Fülle der göttlichen Wahrheit entgegen« (Dei Verbum, Art. 8). Sie, die Kirche, das heißt, das ganze Volk Gottes, strebt unter dem Beistand des Heiligen Geistes der ganzen Wahrheit entgegen. Wer ihr entgegenstrebt, befindet sich in einem Prozess, er hat nicht alles schon in der Hand. Wer hingegen meint, ein bestimmter Punkt in der Geschichte der Kirche, etwa das in der Etappe des Konzils von Trient im 16. Jahrhundert Erreichte, sei unveränderbar für alle Zeiten zu perpetuieren und nur so sei mit der Tradition richtig umgegangen, der irrt.

Von daher wundert es nicht, dass der Begriff der »Zeichen der Zeit« ein für das Konzil zentraler Begriff wurde.[5] Johannes XXIII. hatte ihn ins Spiel gebracht. Er verstand unter den »Zeichen der Zeit« Hauptfaktoren einer Epoche und die sich daraus ergebenden Handlungsnotwendigkeiten. So sah er es zum Beispiel als »Zeichen der Zeit« an, wie er in seiner Konzilseröffnungsrede darlegte, »die Substanz der alten Lehre des Glaubenssatzes von der Formulierung ihrer sprachlichen Einkleidung (zu) unterscheiden«.

In den Dokumenten des Zweiten Vatikanischen Konzils begegnet der Begriff der »Zeichen der Zeit« an verschiedenen Stellen und in verschiedenen Zusammenhängen. Die Pastoralkonstitution »Gaudium et spes« betont die grundsätzliche Pflicht, »nach den Zeichen der Zeit zu forschen und sie im Licht des Evangeliums zu deuten« (GS, Art. 4). Das Dekret über Dienst und Leben der Priester, »Presbyterorum ordinis«, hebt hervor, dass die Zeichen der Zeit zu deuten eine von Priestern und Laien gemeinsam zu übernehmende Aufgabe ist (PO, Art. 9). Das Dekret über das Apostolat der Laien, »Apostolicam

5 Vgl. P. Hünermann (Hg.), Das Zweite Vatikanische Konzil und die Zeichen der Zeit heute, Freiburg, Basel, Wien 2006, mit Beiträgen u. a. von P. Hünermann, K. Lehmann, G. Ruggieri und Ch. Theobald.

actuositatem«, stellt die Solidarität unter den Völkern als Zeichen der Zeit heraus (AA, Art. 14), und das Dekret über den Ökumenismus, »Unitatis redintegratio«, sieht in der Aufgabe der Ökumene ein Zeichen der Zeit (UR, Art. 4). Dabei hat man den Eindruck, dass sich das Konzil erst allmählich der Sprengkraft des Begriffs der »Zeichen der Zeit« bewusst wurde, der im Übrigen erst in der nachkonziliaren Diskussion klarere Konturen annahm.

Die Pastoralkonstitution hatte, wie eben erwähnt, zunächst nur davon gesprochen, die Zeichen der Zeit im Licht des Evangeliums zu deuten. Das stellte ein erstes Herantasten dar. In Artikel 44 wird die Pastoralkonstitution gewissermaßen mutiger, indem sie, ohne den Begriff der »Zeichen der Zeit« ausdrücklich zu nennen, sagt: »Es ist (jedoch) Aufgabe des ganzen Gottesvolkes, vor allem auch der Seelsorger und Theologen, unter dem Beistand des Heiligen Geistes auf die verschiedenen Sprachen unserer Zeit zu hören, sie zu unterscheiden, zu deuten und im Licht des Gotteswortes zu beurteilen, damit die geoffenbarte Wahrheit immer tiefer erfasst, besser verstanden und passender verkündet werden kann« (GS, Art. 44). Man beachte, hier ist die Rede von den »Sprachen unserer Zeit«. Darunter dürfen wir in einem weiteren Sinn den Wahrnehmungshorizont oder, im Plural, die Wahrnehmungshorizonte der Menschen unserer Zeit verstehen. Über den Wortlaut dieser Stelle hinaus, der sich ja immer noch »vor allem« an die Seelsorger und Theologen richtet, wird in der nachkonziliaren Diskussion noch deutlicher, dass die »Zeichen der Zeit« wahrzunehmen, sie gewissermaßen in die Nase zu bekommen, ohne dabei schon zu einer abschließenden Deutung zu kommen, vor allem in die Kompetenz der einfachen Leute, der Menschen an der Basis, an der kirchlichen Basis, falle. Man bezeichnete diese Basiskompetenz als die »theologale Erfahrung« der Menschen.[6] Deshalb hatte ja schon »Gaudium et spes« von dieser Aufga-

6 Vgl. G. Ruggieri, Zeichen der Zeit. Herkunft und Bedeutung einer christlich-hermeneutischen Chiffre der Geschichte, in: P. Hünermann (Hg.), Das Zweite Vatikanische Konzil, S. 61-70, hier S. 67.

be als der Aufgabe des *ganzen* Gottesvolkes gesprochen und das ganze Gottesvolk betont an den Satzanfang gestellt, bevor dann eine Differenzierung erfolgte.

Vor diesem Hintergrund wird meiner Meinung nach exakt die Bedeutung erkennbar, die der augenblickliche vielstimmige Protest aus dem Gottesvolk gegenüber den Vorgängen in Rom hat. Wer meint, ein solcher Protest gehöre sich nicht, er lasse es an Ehrfurcht gegenüber dem Papst mangeln, der verkennt die vom Heiligen Geist geleitete Aufgabe des Volkes Gottes, die Zeichen der Zeit wahrzunehmen, im Licht des Evangeliums zu deuten und dies auch gegenüber der Kirchenleitung einzubringen. Solchen Protest, wie in diesen Tagen geschehen, zu sanktionieren, etwa indem ein Bischof Theologen Sanktionen androht, ist das Letzte, was in einer Situation wie heute gefragt ist.

Ein paar Sätze zur Vergewisserung des Konzils waren es, in aller Kürze, die immerhin erkennen lassen, wie viel heute auf dem Spiel steht.

Ein Praxisbeispiel: Die pastorale Strukturreformen

Zur Orientierung am Konzil gehört es – und zwar ganz im Sinn der Logik des Konzils –, die im Konzil unerledigt gebliebenen Aufgaben aufzugreifen und weiter voranzutreiben. Das schrieb übrigens Kardinal Lehmann in einem Beitrag der Theologenschaft ins Stammbuch. Sie hätte die im Konzil unerledigt gebliebenen Aufgaben »auf ihre eigene Verantwortung hin mutig auf(zu)nehmen und weiter(zu)führen«.[7] Ähnlich äußerte sich vor einiger Zeit auch Bischof Wanke von Erfurt, der vor dem Katholisch-Theologischen Fakultätentag sagte, die Bischöfe bräuchten die Theologinnen und Theologen als theologische Lehrer, und nun wörtlich: »die nicht einfach das Alte nur wiederholen, als ob es dadurch richtiger würde«.

7 K. Lehmann, Das II. Vatikanum – ein Wegweiser. Verständnis – Rezeption – Bedeutung, in: P. Hünermann (Hg.), Das Zweite Vatikanische Konzil, S. 11-26, hier S. 16.

Es gehört also zur Orientierung am Konzil, die Dinge in der vom Konzil angestoßenen Richtung weiterzuentwickeln. Darauf verweist ja schon der Begriff der »Zeichen der Zeit«. Wobei es gerade das Spezifikum der »Zeichen der Zeit« ist, dass sie in ihrer vollen Bedeutung erst dann erfasst und realisiert werden, wenn sie tatsächlich zu wirkmächtigen, die Praxis der Kirche verändernden Zeichen werden. Vorher nicht.

Um das in einem letzten Punkt aufzuzeigen, möchte ich auf ein Paradebeispiel der Spannung der Kirche zwischen Vergangenheit und Zukunft zu sprechen kommen, nämlich auf die in allen Bistümern in den letzten Jahren durchgeführten pastoralen Strukturreformen.[8] Ich weiß, man darf hier nicht alles über einen Kamm scheren, aber es drängt sich der generelle Eindruck auf, dass aufgrund personeller und finanzieller Nöte großräumige Gemeinden aus dem Boden gestampft werden, die die bisherigen Gemeinden aushöhlen und ihre Potenziale missachten. Natürlich gibt es nicht mehr lebensfähige Gemeinden, etwa in Diasporagebieten oder in weiten Teilen der neuen Bundesländer, in denen Ortsgemeinden nach dem Zweiten Weltkrieg entstanden waren, die heute geschrumpft und ausgedünnt sind. Aber das ist nicht das generelle Problem. Dieses liegt meiner Meinung nach in der Geringschätzung der ekklesialen Würde konkreter Ortsgemeinden durch Bistumsleitungen und Generalvikariate.

Die »Zeichen der Zeit« verstehen die Bischöfe bezüglich unserer Frage nach meiner Meinung erst dann, wenn sie mutig neue Handlungsstrukturen schaffen, die den Gemeinden gerecht werden. Erzbischof Zollitsch hat recht, wenn er davon spricht, dass die Seelsorge die Sache möglichst vieler in den Pastoralverbünden und Seelsorgeeinheiten sein müsse, über den Kreis der Hauptamtlichen hinaus. Nur: warum erst in den neuen Seelsorgeeinheiten und nicht schon in den

8 Vgl. S. Knobloch, Potenzial Ortsgemeinde, in: »Orientierung« 72 (2008), S. 204-209; S. 218-223; ders., Seelsorge: Mehr als Strukturreformen. Die Zeichen der Zeit verstehen, in: »Anzeige für die Seelsorge« 2009, Heft 1, S. 5-7.

bisherigen Gemeinden? Es bedarf mühsamer Prozesse in den Ortsgemeinden, in denen die Menschen lernen, sich als Subjekte der Gemeinden zu erfahren. Es bedarf der Prozesse, in denen die Diversität ihres Lebens, die Vielschichtigkeit und die Vielstufigkeit ihrer Gemeindezugehörigkeit als »Gemeindeschatz« da sein dürfen. Um solche Prozesse voranzutreiben, braucht es die behutsame Hand pastoral Hauptamtlicher, deren Zahl nicht reduziert und nicht in die größere Fläche abgezogen werden darf. Das läuft darauf hinaus, dass die bisherigen Amtsformen nicht mehr ausreichen, dass es neuer Formen des Amtes bedarf.

Da ist an Gedanken eines namhaften deutschen Theologen aus dem Jahr 1970 zu erinnern, der auf die Frage, wie die Kirche im Jahr 2000 aussehen werde, damals schrieb: Die Kirche der Zukunft »wird als kleine Gemeinschaft sehr viel stärker die Initiative ihrer einzelnen Glieder beanspruchen. Sie wird auch gewiß neue Formen des Amtes kennen und bewährte *Christen, die im Beruf stehen, zu Priestern weihen.* In vielen kleineren Gemeinden bzw. in zusammengehörigen sozialen Gruppen wird die normale Seelsorge *auf diese Weise* erfüllt werden. Daneben wird der hauptamtliche Priester wie bisher unentbehrlich sein«.[9] Der diese Sätze 1970 schrieb, war kein anderer als unser heutiger Papst Benedikt XVI. Er hatte dabei das Jahr 2000 im Auge. Und heute schreiben wir das Jahr 2009!

Fazit

Orientiert sich die Kirche noch am Konzil? Ich denke, an unseren unterschiedlichen Lebensorten und in unseren unterschiedlichen Funktionen haben wir dafür mitzusorgen, dass diese Orientierung wieder klarer zur Geltung kommt. Und dabei leitet uns alle der Geist Gottes.

9 J. Ratzinger, Glaube und Zukunft, München 1970, S. 123.

Nachschlag

Wenn ich nach der Heimkehr von der ersten Konzilsperiode noch von dem Gefühl des freudigen Aufbruchs ganz getragen wurde, das überall herrschte, so wurde ich von der Veränderung des kirchlichen Klimas, die immer offenkundiger wurde, tief beunruhigt. In einem Vortrag über wahre und falsche Erneuerung der Kirche, den ich an der Münsteraner Universität hielt, habe ich ein erstes Warnsignal zu setzen versucht, das aber kaum beachtet wurde. Nachdrücklicher wurde ich dann in meiner Rede auf dem Bamberger Katholikentag 1966, sodass Kardinal Döpfner sich über die »konservativen Streifen« wunderte, die er darin wahrgenommen zu haben glaubte.

(Joseph Ratzinger: Aus meinem Leben – Erinnerungen, Stuttgart 1998, S. 136)

Das Zweite Vatikanische Konzil gegen Mgr. Lefebvre als Wertvolles und Verbindendes der Kirche zu verteidigen ist und bleibt eine Notwendigkeit. Aber es gibt eine einengende Haltung, die das Zweite Vatikanum isoliert und die Opposition hervorgerufen hat. Viele Ausführungen vermitteln den Eindruck, dass nach dem Vatikanum II jetzt alles anders ist und das Frühere alles keine Gültigkeit mehr haben kann oder, in den meisten Fällen, diese nur noch im Lichte des Vatikanum II hat. Das Zweite Vatikanische Konzil behandelt man nicht als Teil der lebendigen Tradition der Kirche, sondern direkt als Ende der Tradition und so, als fange man ganz bei null an. Die Wahrheit ist, dass das Konzil selbst kein Dogma definiert hat und sich bewusst in einem niedrigeren Rang als reines Pastoralkonzil ausdrücken wollte; trotzdem interpretieren es viele, als wäre es fast das Superdogma, das allen anderen die Bedeutung nimmt.

(Kardinal Joseph Ratzinger am 13. Juli 1988 vor den Bischöfen Chiles)

Schon 1988 hatte Kardinal Lehmann Schwierigkeiten mit einer Aussage, die ihm der damalige Kardinal Ratzinger als Präfekt der Glaubenskongregation vorlegte. Kardinal Lehmann kann nur noch die Richtung beschreiben: »Das Konzil hatte eigentlich doch mehr pastorale Absichten, man wollte keine dogmatischen Verbindlichkeiten.«

(kreuz.net, 15. Februar 2009, zu einem Interview von Kardinal Lehmann im Deutschlandfunk)

Die Priesterbruderschaft St. Pius X. zitierte in ihrem Internetauftritt fsspx.info/news am 4. März 2009 den Ausschnitt über das Superdogma aus der Ratzinger-Rede von 1988.

Nur die Verletzung der Dogmen, also der unfehlbaren Lehrsätze, zerstört den Glauben. Das Zweite Vatikanische Konzil hat selbst erklärt, keine neuen Dogmen zu verkünden. Heute tun die liberalen Bischöfe so, als sei es eine Art allumfassendes Superdogma, und begründen damit eine Diktatur des Relativismus. Das widerspricht den Texten des Konzils.

(Bischof Richard Williamson in einem »Spiegel«-Interview, 9. Februar 2009)

Das Zweite Vatikanische Konzil hat keine Dogmen verkündet. Deshalb gilt für es, was Martin Luther gesagt hat: Ehrwürdiger Vater, auch Konzilien können irren und haben geirrt ... Ich bin nun alt genug, um zu sehen, dass die meisten Urteile über die sogenannte vorkonziliare Kirche wirklich auf Unwissenheit beruhen.

(Der Philosoph Robert Spaemann in einem Interview mit der »Tagespost«, 13. Februar 2009)

Mit welchem Recht verweigert man uns in einer Kirche, in der alles hinterfragt wird, die Möglichkeit, über nichtdogmatische Aussagen zu diskutieren? Jeder darf heute in der Kirche seine

Meinung frei äußern, selbst gegen unverrückbare Dogmen. Nur der Bruderschaft will man von vornherein Grenzen setzen.

(Ein Sprecher der Piusbruderschaft am 18. Februar 2009 zum »Angebot« an die deutschen Bischöfe, in einen »theologischen Dialog« einzutreten)

Wir weisen den Versuch, Papst und Konzil gegeneinander auszuspielen, sowie den Vorwurf, der Papst verrate das Konzil, entschieden zurück. Das Konzil hat den katholischen Glauben verbindlich und auf anschauliche und überzeugende Weise dargestellt und ist für die Katholische Kirche in seiner Gesamtheit verpflichtend.

(Die Bischöfe der bayerischen »Freisinger Bischofskonferenz« in einer Solidaritätserklärung für Benedikt XVI.)

Ja, ich war und bin von Beruf Berichterstatter und Chronist mit der Funktion, solche Geschehnisse für die Gegenwart und die Nachwelt festzuhalten. Und so kann ich es nicht ertragen, dass man plötzlich so tut, als seien sie nicht geschehen. Nehmen wir das Konzil. Kürzlich bekamen wir einige Probenummern unserer Zeitschrift zurück. In Aufschriften und Begleitbriefen hieß es: »Mit dem Konzil fing alles Übel an.« So etwas macht mich nicht zornig. Ich bedaure die Leute, die so etwas schreiben. Wer mich aber zornig macht, sind solche, die eine Zeit lang auf der Welle des Konzils mitgeritten sind, die sich also von diesem Geschehen tragen ließen und die nun, da der Wind gedreht hat, mir nichts, dir nichts der restaurativen Strömung folgen, die alten Ladenhüter aus der Mottenkiste holen, längst überwundene Argumente wieder ins Feld führen und, mit einem Wort, so tun, als sei nichts geschehen, als habe es kein kollektives Umdenken und Neudenken gegeben, keine Umkehr, keine Läuterung, keinen Aufbruch … Zorn erfasst mich, wenn ich sehe, wie ein ganzes Kapital von Vertrauen und Goodwill vertan wird … Papst Johannes und das Konzil. Marksteine, Meilensteine einer Entwicklung, hinter die es, so waren wir überzeugt, kein Zurück mehr geben dürf-

te, weil diese Entwicklung eben nicht nur in den letzten hundert Jahren, seit dem Ersten Vatikanischen Konzil, oder in den letzten 400 Jahren, seit dem Konzil von Trient, gründete, sondern auf die ganze große Tradition des Christentums zurückgriff. Die Geschichte, so sagte Johannes, müsste unser Lehrmeister sein. Wenn man aber aus der Geschichte nichts lernen will? Mag sein, dass wir auf dem Konzil einer gewissen Euphorie der Veränderung erlegen sind und die Zähigkeit der Verhältnisse zu wenig in Rechnung stellten. Aber es gab da doch einige Pfähle, die eingerammt wurden und von denen man meinte, sie müssten halten.

(Ludwig Kaufmann SJ, Chefredakteur der Schweizer Jesuitenzeitschrift »Orientierung«, in einem Beitrag für das Buch »Zorn aus Liebe – die zornigen alten Männer der Kirche«, herausgegeben von Norbert Sommer, Stuttgart 1983)

Tradition, Tradition ...

Versöhnung mit der Piusbruderschaft um jeden Preis?

Von Norbert Sommer

Der deutsche Papst sorgt immer wieder für irritierende Schlagzeilen. Zunächst hieß es in Agenturmeldungen aus Rom, es habe ein zweitägiges Symposium »über den Embryo im Vatikan« stattgefunden. Und am 10. Januar 2007 meldete Radio Vatikan: »Papst Benedikt XVI. geht mit einer Gottesdienstreform schwanger.« Sah man genauer hin, dann dauerte dieser Zustand schon länger als ein Jahr an, wenn damit wirklich die allgemeine Wiederzulassung der »Alten Messe« (der sogenannten tridentinischen) gemeint war. Seit Monaten wurde die »Niederkunft« eines *Motu proprio*, einer päpstlichen Anweisung dazu, von vatikanischen Insidern vorausgesagt. Bestimmt zu Ostern, sicher im Oktober, unmittelbar nach Weihnachten 2006 sollte das Dokument veröffentlicht werden. Doch es ließ auf sich warten. Während die einen auf einen »liturgischen Schwangerschaftsabbruch« hofften, mobilisierten die anderen ihre Anhänger und sorgten mit Manifesten und Beschwerden in Rom für Publizität.

Die »Priesterbruderschaft St. Pius X.« stand an vorderster Front der Gegner der 1970 von Papst Paul VI. verordneten »Neuen Messe«. Diese brachte unter anderem den Wegfall der lateinischen Sprache, eine stärkere Einbeziehung der Gläubigen und die Hinwendung des Priesters am Altar zu ihnen. Aber auch Organisationen wie Pro Missa Tridentina, Una Voce, Pro Sancta Ecclesia oder die französische Laienorganisation CIEL arbeiteten seit Jahren an der Renaissance der »Alten Messe«, weil sie der »Neuen Messe« neomodernistische und neoprotestantische Tendenzen mit Abwertung der priesterlichen Identität und der »sakramentalen Macht« vorwerfen. Sie prangern den Traditionsbruch und Kulturverlust an. Immer wieder überschütteten sie deshalb Rom mit Klagen über angeblichen Missbrauch der Liturgie. Die Messe sei zum Experimentierfeld gemacht worden mit »Klamaukmusik« statt Gregorianik. Ein Verlust vieler Formen des Heiligen sei unübersehbar.

Mit ihrer Kampagne »Neue Sehnsucht nach dem Alten Ritus« preschten die Lefebvre-Gefolgsleute in der Piusbruderschaft vor, schließlich beanspruchten sie für sich die Vorreiterrolle beim angestrebten Rückwärtsgang. Sie wussten, dass die Mehrzahl der heutigen Priester keine Erfahrung mit der lateinischen Messe mehr hat. Deshalb boten sie zunächst 7000 Priestern in Deutschland eine DVD zur kostenlosen Bestellung an. Dieser Film erklärt – ähnlich einem Tanzkurs – minutiös und Schritt für Schritt, wie der Alte Ritus zu zelebrieren ist, »den wir« – so die umwerfende historische Erkenntnis dieser Kreise – »durch Gottes Güte aus apostolischer Tradition empfangen haben«.

Als Begleitmusik für diesen Vorstoß erschienen plötzlich in England, Polen, Italien, Deutschland und der Schweiz »Manifeste zur Wiederzulassung der überlieferten lateinischen Messe«. Die Unterzeichner wurden dabei immer als Intellektuelle, Kunstschaffende oder Prominente herausgestellt, obwohl dies nur auf einen Teil zutraf. Die deutsche Version startete mit einem Eklat, weil die angeblichen Unterstützer der Aktion, Botho Strauß und Ulla Hahn, überhaupt nicht unterschrieben hatten.

Die von der Priesterbruderschaft St. Pius X. angeregte Initiative (»Den Himmel bestürmen«), eine Million Rosenkränze zur Umstimmung des Papstes zu beten, schien zumindest bei einigen von dessen wichtigsten Mitarbeitern schon bald auf fruchtbaren Boden gefallen zu sein. So sprach der Präfekt der Kongregation für den Gottesdienst, Kardinal Francis Arinze, von Banalisierung und Säkularisierung der Liturgie sowie von zu viel Spontaneität, Kreativität und Freiheit. Außerdem tadelte er die Priester, die »in falscher Demut ihre Rolle mit den Laien teilen«. Einen nicht unerheblichen Einfluss hatte auch Kardinal Dario Castillon Hoyos, der Präsident der 1988 von Johannes Paul II. gegründeten Kommission »Ecclesia Dei«, die die Rückkehr der Traditionalisten fördern soll. Er wurde nicht müde, die Zulassung der Alten Messe als ersten Schritt für eine Versöhnung zu propagieren. Dabei betonte er immer, dass Benedikt XVI. den Alten Ritus liebe, weil er »ein enormes Feingefühl für liturgische Spiritualität« habe. Frühere kritische Äußerungen des Kardinals Joseph Ratzinger zur Liturgiereform von 1970 wurden genüsslich von den Gegnern der »Neuen Messe« zitiert. Das römische Konzept, mit neuen Gemeinschaften wie der »Priesterbruderschaft St. Petrus« oder dem »Institut vom Guten Hirten« bei den Lefebvre-Leuten Abwerbung zu betreiben, war nur teilweise ein Erfolg, weil nur die überliefen, denen es in erster Linie um die lateinische Messe ging, die man ihnen zugestand. Das aber war seit 1984 auch anderen möglich. Sie mussten lediglich beim Ortsbischof einen begründeten Antrag stellen.

Dass sich die Pius-X.-Gruppierung aber nicht mit der Freigabe der Alten Messe zufriedengeben würde, befürchteten die Bischöfe Frankreichs von Anfang an. Und deshalb haben sie beim Papst damals gegen die drohenden Zugeständnisse protestiert. Angeblich hat Benedikt XVI. daraufhin mehrere Bischöfe telefonisch unter Druck gesetzt. Die deutschen Bischöfe sind nicht in Rom vorstellig geworden. Sie sahen keinen unmittelbaren Handlungsbedarf und sprachen von wenig Nachfrage unter den deutschen Katholiken nach der Alten Messe. Die meisten von ihnen stimmten wohl dem belgischen Kardinal Godfried Daneels zu, der erklärte: »Ich wäre nicht glücklich, wenn die Priester künftig wählen könnten, nach welchem Ritus sie zelebrieren wollen.« Schließlich gehe es um das grundlegende Verständnis von der Messe als »Heilshandeln Gottes an uns« oder als einem »Gott geschuldeten Kult«.

Der päpstliche Erlass, wonach künftig wieder in allen Bistümern Messen nach dem traditionellen tridentinischen Ritus gefeiert werden dürfen, kam trotz aller Warnungen dann im Juli 2007. Die Piusbrüder feierten sofort jede Umsetzung dieses Erlasses in irgendeiner Pfarrgemeinde auf der Welt wie einen großen Sieg in einer entscheidenden Schlacht.

Die Erfüllung der zweiten Forderung

Doch Ende Januar 2009 konnten sie einen noch viel größeren Sieg für sich verbuchen. So teilte der Generalobere der Piusbruderschaft den »viel geliebten Gläubigen« mit, die Exkommunikation der vier von Erzbischof Marcel Lefebvre am 30. Juni 1988 illegal, aber gültig geweihten Bischöfe sei nun durch ein neues Dekret aus Rom widerrufen worden. Das stimmte allerdings nicht, denn ein Widerruf würde bedeuten, die 1988 ausgesprochene Exkommunikation, eine sogenannte Tatstrafe, sei nicht rechtmäßig gewesen. Es handelt sich also lediglich um die Aufhebung der Exkommunikation und ist quasi ein Straferlass nach zwanzig Jahren.

Wie weit jedoch auch im Vatikan der Realitätsverlust gediehen ist, zeigte der Pressesprecher des Papstes, Frederico Lombardi, als er anlässlich der offiziellen Mitteilung über das Aufhebungsdekret von einer »schönen Nachricht« sprach, von der er hoffe, dass sie eine «Quelle der Freude in der ganzen Kirche« sei. Freude war aber eigentlich nur bei den Ewiggestrigen zu spüren, während sonst in der Kirche bis hinauf zu Bischöfen – ein bisher einmaliger Vorgang – die päpstliche Entscheidung »mit brennender Sorge« wahrgenommen und kritisiert wurde.

Deshalb fielen die Rechtsaußen in der Kirche auch wütend über sie her: »In diesen Reigen haben sich in den letzten Tagen zahlreiche Judasse, Bischöfe, Erzbischöfe und – Schande über Schande – Kardinäle eingeschlichen … Es sind die bischöflichen Kameradenschweine, die dem Papst, der Kirche und dem Glauben in den Rücken fallen, um sich im beißenden Rauch einer teuflischen Meute zähnefletschender Kirchenverfolger zu profilieren« (kreuz.net, 5. Februar 2009). Kirchlicherseits begegnete man der Welle der Kritik mit Ausflüchten wie Missverständnis, Fehler im Management, mangelnde Professionalität, Organisationsdebakel oder Betriebsunfall. Dadurch sei die Glaubwürdigkeit der Kirche beschädigt worden. Fast immer ging es dabei nur um die unglaublichen und unverzeihlichen Äußerungen des jetzt von Rom rehabilitierten Bischofs Richard Williamson zur Schoah, das heißt der Leugnung von Gaskammern und der Ermordung von sechs Millionen Juden. Das aber ist nur ein Aspekt des römischen Sündenfalls.

Es geht um die haarsträubenden grundlegenden Positionen und Ziele der »Priesterbruderschaft St. Pius X.«, die von Papst Benedikt XVI. offensichtlich bei seinem einseitigen Versöhnungsakt nicht wahr- oder ernstgenommen wurden oder – und das wäre fatal – die ihn nicht störten. Er reichte den Reaktionären bedingungslos die Hand. Als einzige Entschuldigung oder zumindest Erklärung für das päpstliche Verhalten könnte man anführen, dass er den Kampagnen der Piusbrüder zum Opfer gefallen ist. Diese haben nämlich in Gestalt des plötzlich als gemäßigt hingestellten Generaloberen, Bischof Bernard Fellay, am 26. Oktober 2008 in Lourdes einen Rosenkranz-Kreuzzug proklamiert, um den Papst auf die Seite der Bruderschaft zu ziehen. Er sagte, seine Gemeinschaft habe Maria das Wunder zu verdanken, »dass wir nach zwanzig Jahren hier sind, ohne vom Kurs abgewichen zu sein, trotz größter Widrigkeiten«, und dass die vier Bischöfe nicht nur alle noch am Leben seien, sondern sich auch einig seien. Sie bildeten »eine geschlossene Gefechtslinie« trotz aller Spaltungsprophezeiungen. Dabei hat es seit 1988 bereits zahlreiche Abspaltungen von Gruppen oder Klöstern gegeben. Und von Einigkeit unter den vier damals geweihten Bischöfen Bernard Fellay, Alfonso de Galarreta, Bernard Tissier de Mallerais und Richard Williamson ist schon lange nichts mehr zu spüren.

Dennoch erklärte Bischof Fellay damals: so wie 2006 eine Gebetskampagne zur offiziellen Wiederaufnahme »der Messe aller Zeiten« geführt habe, rufe er jetzt dazu auf, den gleichen Kreuzzug noch einmal zu wagen, um von Maria die Erfüllung der zweiten »Vorbedingung« zu erreichen: die Rücknahme des Exkommunikationsdekrets. Als der Papst dieser Forderung dann entsprach und die Exkommunikation aufhob, dankte Bischof Fellay den Gläubigen, »denn über 1 703 000 Rosenkränze wurden gebetet, um durch die Fürsprache Unserer Lieben Frau das Ende dieser Schmach zu erreichen«. Jetzt sollte man Maria danken, »die dem Heiligen Vater diesen einseitigen wohlwollenden und mutigen Akt eingegeben hat«. In einem Dankesbrief der vier »Begnadigten« vom 29. Januar 2009 an den Papst schrieben sie zudem: »Die Unbefleckte Jungfrau Maria hat sichtlich die Schritte Ihrer Heiligkeit zu unserem Entgegenkommen gelenkt. Sie wird Ihnen auch weiterhin ihre liebevolle Fürsprache gewähren. Mit dieser Versicherung bitten wir den Obersten Hirten kindlich, vier seiner Söhne, die dem Nachfolger Petri und seiner Aufgabe, die Lämmer und die Schafe des Herrn zu weiden, zutiefst verbunden sind, zu segnen.« So einfach ist das! Mit Gebetsmasse Maria beeinflussen, den Papst zu lenken. Der Heilige Geist bleibt in diesem Falle sicherheitshalber mal außen vor. Hat Benedikt XVI. nicht gemerkt, wie er von den Piusbrüdern vorgeführt wurde, wie sie ihn für die Durchsetzung ihrer Ziele einspannen wollten?

Ein langer Weg

Um die Bedeutung und Brisanz des heftig umstrittenen päpstlichen Schrittes zur Versöhnung mit der Piusbruderschaft zu verstehen, muss man sich den Ursprung und die Entwicklung dieser kirchlichen Gruppierung noch einmal klarmachen. Während des Zweiten Vatikanischen Konzils von 1962 bis 1965 wird die längst überfällige Öffnung der Kirche gegenüber der Welt eingeleitet. Vielen Konservativen passt dieser Kurs, passen die beschlossenen Reformen überhaupt nicht. Zu den Kritikern gehört auch Erzbischof Marcel Lefebvre. Aus Protest gegen den »modernistischen« Kurs der Kirche tritt er als Ordensoberer der Spiritaner zurück und gründet die Piusbruderschaft. Dabei steht heute fest, dass Lefebvre alle Beschlüsse des Konzils unterschrieben und erst im Nachhinein gegen die Dokumente polemisiert hat, die die Ökumene, die Religionsfreiheit und die Neuerungen in der Liturgie betreffen. Die 1970 ausgesprochene kirchliche Anerkennung der Bruderschaft wird 1975 von Rom wieder rückgängig gemacht, und Lefebvre wird wegen seines antikonziliaren Kurses seiner bischöflichen Rechte enthoben, er wird suspendiert. Aber der Erzbischof hält sich nicht daran, weiht weiter Priester und 1988 schließlich auch ohne römische Genehmigung die vier Bischöfe, deren damals ausgesprochene folgerichtige Exkommunikation jetzt aufgehoben wurde.

Die faktisch schismatische Bewegung entwickelt sich in allen fünf Kontinenten. Nach eigenen Angaben kann sie heute folgende Bilanz aufweisen: »Die Anhängerschaft wird auf 500 000 geschätzt. Die Zahl der Priester übersteigt bald 500. Die Gemeinschaft umfasst auch einige Hundert Seminaristen, Mönche und Nonnen. Insgesamt führt die Bruderschaft 6 internationale Priesterseminare, 14 Bezirke, 3 autonome Häuser, 159 Priorate, 725 Messzentren sowie 90 Schulen und Universitäten.«

Die Gemeinschaft beansprucht für sich, die alleinige Verwalterin der Tradition und Wahrheit zu sein. Und das nicht nur in der Liturgie. Sie hat der Ökumene, den anderen Religionen und der Öffnung der Kirche zur Welt den Kampf angesagt, getreu der Aussage des 1991 verstorbenen Erzbischofs Lefebvre, die schlimmsten Feinde der Kirche seien Kommunisten, Juden und Freimaurer. Und diesen habe das Konzil leider die Türen geöffnet. Unter Papst Johannes Paul II. hatten die Lefebvre-Anhänger kaum Chancen für eine Annäherung. Der damalige Präfekt der Glaubenskongregation, Kardinal Joseph Ratzinger, dagegen versuchte schon 1988, den Bruch zu verhindern. Am 5. Mai hatte er zusammen mit Lefebvre ein Fünf-Punkte-Protokoll unterzeichnet, in dem im Namen der Bruderschaft versprochen wurde: Treue zur katholischen Kirche und zum Papst, Annahme der Konzilsaussagen über das kirchliche Lehramt, Verzicht auf jede Polemik gegen das Zweite Vatikanum, Anerkennung der Gültigkeit der Messe und der Sakramente in der von Paul VI. und Johannes Paul II. promulgierten Form sowie

Respekt vor dem Kirchenrecht. Als »Gegenleistung« sollte die Priesterbruderschaft den Rang einer »Gesellschaft des Apostolischen Lebens« erhalten mit der Erlaubnis, die alte Liturgie beizubehalten.

Doch völlig unvermittelt zog der Erzbischof dann seine Zustimmung zu dem Protokoll zurück. Am 2. Juni verfasste er einen Brief, in dem er dem »vom Modernismus verseuchten Rom« seinen Rückzieher begründete: »Der falsche Ökumenismus, der am Ursprung aller Erneuerungen des Konzils steht, in der Liturgie, in den neuen Beziehungen von Kirche und Welt, in der Auffassung von der Kirche selbst, führt die Kirche zu ihrem Untergang und die Katholiken zum Glaubensabfall.« Kardinal Ratzinger hat diese Niederlage nach einer eigentlich schon greifbaren Lösung offenbar nie verkraftet. Wohl deshalb tut er, seitdem er Papst Benedikt XVI. ist, alles, um das Schisma zu beenden – ganz gleich, um welchen Preis. Die Freigabe der Alten Messe, das Wiederauskramen traditioneller liturgischer Gewänder, die Befürwortung der Mund- statt der Handkommunion und des Rückfalls, Priester die Messe wieder mit dem Rücken zur Gemeinde lesen zu lassen, ja die jüngste Aufforderung, die Priester sollten wieder mit ihrer klerikalen Kleidung »Flagge zeigen« – dies alles wurde offensichtlich vom Papst initiiert, um den Lefebvre-Leuten entgegenzukommen.

Ein Katz-und-Maus-Spiel

Zum zwanzigsten Jahrestag der illegalen Bischofsweihen, im Juni 2008, machte Benedikt XVI. dann den ersten konkreten Vorstoß, die Piusbruderschaft »zurückzuholen«. In einem Brief von Kardinal Dario Castrillon Hoyos an Bischof Bernard Fellay wurden fünf Punkte als Bedingung genannt:

1. Die Verpflichtung zu einer Antwort, die der Großzügigkeit des Papstes angemessen ist.
2. Die Verpflichtung, jede öffentliche Stellungnahme zu vermeiden, welche die Person des Heiligen Vaters nicht respektiert und sich auf die kirchliche Liebe negativ auswirken würde.

3. Die Verpflichtung, auf keinem Lehramt zu bestehen, das dem des Heiligen Vaters übergeordnet wäre, um die Bruderschaft nicht der Kirche gegenüberzustellen.
4. Die Verpflichtung, den guten Willen zu beweisen, ehrlich und in aller kirchlichen Liebe und im Respekt für die Autorität des Stellvertreters Christi zu handeln.
5. Die Verpflichtung, das Datum – das auf Ende Juni festgelegt ist – zu respektieren, um eine positive Antwort zu geben. Das ist eine geforderte und notwendige Bedingung als unmittelbare Vorbereitung auf den Beitritt, um die volle Gemeinschaft zustande zu bringen.

Obwohl in diesem von vielen als Ultimatum aufgefassten Brief weder die Anerkennung des Zweiten Vatikanischen Konzils noch der Neuen Messe durch die Bruderschaft gefordert, ja nicht einmal erwähnt wird, lehnte diese sofort die Erfüllung der Bedingungen kategorisch ab. Die vatikanischen Forderungen seien »sehr ungenau«. Bischof Alfonso de Galarreta sprach von einem Druckmittel, um eine rein praktische Vereinbarung zu erzielen: »Der Weg, den sie uns aufzwingen wollen, ist ein toter Weg, und wir werden ihm nicht folgen.« Die Piusbrüder würden nicht damit beginnen, den Glauben zu verraten und sich auf ein »Unternehmen der Zerstörung« einzulassen. Bischof Bernard Fellay empörte sich: »Es ist so weit, dass mir Rom ein Ultimatum gestellt hat ... Rom sagt uns: Einverstanden, wir sind bereit, die Exkommunikation aufzuheben, aber ihr könnt nicht auf eurem Weg bleiben.« Dabei habe schon Erzbischof Lefebvre gesagt: »Rom will eine Versöhnung, aber sie wollen, dass wir uns zu dem Neuen hinwenden.« Das Fazit von Fellay Ende Juni 2008 deshalb: »Wir werden diesen Weg nicht gehen. Wir werden weitermachen, was wir getan haben. Wir haben seit vierzig Jahren gekämpft, um den Glauben aufrechtzuhalten, um die Tradition nicht nur für uns, sondern für die Kirche zu bewahren.«

Obwohl die päpstliche Initiative zur Wiedereingliederung so rüde abgewiesen wurde und von einer Erfüllung der fünf Bedingungen keine Rede sein konnte, kam Benedikt XVI. mit der Aufhebung der Exkommunikation schließlich nur wenige Monate später einer weiteren Forderung der Bruderschaft nach. Das römische Dekret vom 21. Januar 2009, das bezeichnenderweise aber erst am 24. Januar, also am Vorabend des fünfzigsten Jahrestages der Ankündigung des Zweiten Vatikanischen Konzils durch Papst Johannes XXIII. veröffentlicht wurde, nennt zu Beginn den Auslöser für diese Entscheidung: Mit einem Brief vom 15. Dezember 2008 habe der 1988 exkommunizierte Bischof Bernard Fellay auch im Namen der anderen damals geweihten Bischöfe um die Rücknahme der Exkommunikation gebeten. Aus diesem Brief wird im Dekret allerdings nur folgender Passus zitiert:

»Wir sind immer festen Willens entschlossen, katholisch zu bleiben und alle unsere Kräfte in den Dienst der Kirche unseres Herrn Jesus Christus einzusetzen, welche die römisch-katholische Kirche ist. Wir akzeptieren ihre Lehren mit kindlichem Herzen. Wir glauben fest an den Primat des Petrus und an seine Ansprüche, und darum lässt uns die gegenwärtige Lage sehr leiden.«

Warum verschweigt das Dekret, dass der Brief auch die folgenden eindeutigen Aussagen enthielt, die keinerlei ernsthafte Besinnung und Umkehr erkennen lassen?

»Wir leiden unter der gegenwärtigen Lage der Kirche, wo diese Lehre und dieser Primat ins Lächerliche gezogen werden. Wir sind bereit, mit unserem Blut das Credo niederzuschreiben, den Antimodernismuseid zu unterzeichnen, das Glaubensbekenntnis von Pius IV. wir akzeptieren, und wir machen uns alle Konzilien bis zum II. Vatikanum zu eigen, hinsichtlich dessen wir Vorbehalte zum Ausdruck bringen möchten.«

Die vom Papst als Voraussetzung für eine wirkliche Überwindung der Trennung genannten notwendigen Gespräche über lehrmäßige Fragen wurden von der Piusbruderschaft zwar begrüßt, doch – wie nicht anders zu erwarten – machte sie auch hier sofort klar, dass nicht sie sich zu bewegen habe, sondern der Papst, fügte Bischof Fellay doch sybillinisch hinzu, auch sie wünschten »Gespräche«, und zwar über »lehrmäßige Fragen, die sich dem Lehramt aller Zeiten entgegenstellen«. Die »Selbstzerstörung« der Kirche müsse beendet werden, womit eine Krise der Berufungen, Krise der religiösen Praxis, des Katechismusunterrichts und des Empfangs der Sakramente gemeint ist. In den Gesprächen sollten deshalb die tiefen Ursachen der gegenwärtigen Krise erörtert und angemessene Heilmittel geschaffen werden, um so zu einer gründlichen Wiederherstellung der Kirche zu gelangen – so wie sie die Piusbruderschaft bereits geschaffen hat, müsste man hinzufügen.

Wie konnte Papst Benedikt XVI. unter diesen Umständen nur erwarten, dass die Aufhebung der Exkommunikation zu einer Konsolidierung des gegenseitigen Vertrauensverhältnisses führen würde? Und wie will er die Einheit wiederherstellen mit einer schismatischen Bewegung, deren jetzt teilweise rehabilitierte Führer unaufhörlich gegen Rom und die Kirche nach dem Zweiten Vatikanum gehetzt haben und noch unmittelbar vor dem Dekret hetzten? Ist der Papst blind? Wird er nicht richtig informiert und beraten, oder lässt er sich nicht beraten? Oder sollte er am Ende gar das Urteil der Piusbruderschaft und ihrer Sympathisanten teilen?

Die massivsten Angriffe der letzten Zeit stammen von Bischof Bernard Tissier de Mallerais, einem der 1988 exkommunizierten Bischöfe. In der September/Oktober-Ausgabe der lefebvristischen Zeitschrift »Fideliter«, fünf Tage vor dem Bittbrief an den Papst auch auf der Webseite der Piusbruderschaft veröffentlicht, schrieb er unter anderem:

»Unter Johannes Paul II. ist der große Glaubensabfall weiter fortgeschritten. Die Jugend ist fast völlig in Ausschweifung und Rauschgiftkonsum versunken. Die Herrschaft Jesu Christi über die Gesellschaft ist durch die Proklamation der Religionsfreiheit und der Menschenrechte ganz und gar vereitelt.«

Die illegalen Bischofsweihen durch Erzbischof Lefebvre bezeichnet Bischof Tissier als Rettungsakt, ohne den der überliefert Glaube ausgestorben wäre. So aber befinde sich das Herz der Kirche in der Piusbruderschaft: der wahre Glaube, die wahre Lehre, Sakramente, die nicht verfälscht sind. Überall sonst in der Kirche herrschten Vermischung und Kompromisse. Die »neue Kirche des Zweiten Vatikanischen Konzils« sei eine Parallelkirche ... Sollte dem Papst und der Kurie entgangen sein, dass Bischof Tissier nicht nur dieses behauptet, sondern auch all denen den Kampf angesagt hat, die sich mit Rom versöhnen wollen, die sich – wie er schreibt – vom Lächeln der Prälaten in der römischen Kurie verführen lassen? Bischof Tissier spricht vom »Zerstörungswerk des besetzten Rom« und nennt unter anderem folgende Herausforderungen, vor denen die Piusbruderschaft stehe:

- Sie müsse in der »Zurückweisung der Irrlehren« des Zweiten Vatikanischen Konzils durchhalten.
- Sie müsse jede Versöhnung mit dem besetzten Rom weiterhin ablehnen.
- Sie müsse das Christentum als einzige Quelle der Kultur verkünden.

Papst Benedikt XVI. wird in dem Artikel persönlich attackiert und als »wirklicher Modernist« hingestellt: »Er vertritt die gesamte modernistische Theorie, und zwar auf dem neuesten Stand von heute. Noch als Dozent Joseph Ratzinger lehrte er tatsächlich Häresien. In Rom gibt es einen organisierten Glaubensabfall durch die Vermischung mit der jüdischen Religion.«

Wenige Tage nach Veröffentlichung des Dekrets setzte Bischof Tissier nach, auf keinen Fall werde die Piusbruderschaft ihre Positionen verändern. Stattdessen wolle man den Vatikan »bekehren«. Der Leiter der Bruderschaft in Frankreich fügte hinzu, es sei an der Zeit, dem Papst zu zeigen, dass die Kirchenkrise nicht auf falsche Auslegungen des Konzils, sondern auf das Konzil selbst zurückzuführen sei: »Das Konzil muss wieder zur Diskussion gestellt werden.« Dem Papst muss bekannt gewesen sein, dass die Ablehnung des Konzils und uneingeschränkte Wahrung der Tradition das Fundament des Glaubens dieser Fundamentalisten ist. Sie haben damit nie hinter dem Berg gehalten. Bischof Fellay sagte noch im April 2008, das fundamentale Problem, das den Weg zur Wiedervereinigung mit Rom versperre, sei »ein

Problem des Glaubens«: »Die Liturgie ist nicht das primäre Problem. Es ist nur als ein Ausdruck des Glaubenswandels im Sog des II. Vatikanums entstanden.« Wegen Konzilsdokumenten wie »Lumen Gentium« könne die Bruderschaft kein Abkommen mit dem Vatikan unterschreiben, und die Zeit zur Versöhnung sei weit entfernt.

Die Vorwürfe sind immer die Gleichen: Das Konzil habe den moralischen Verfall der Gesellschaft und den Abfall vom Glauben gefördert. Die »Exkommunikation der Tradition« habe dazu geführt, dass es heute in der Kirche drunter und drüber gehe: »In dem Augenblick aber, wo sich die Kirche der Welt geöffnet hat, verlor sie ihre Hinwendung zu Gott. Das war das Drama des Zweiten Vatikanischen Konzils, das versucht hat, Kirche und Weltgeist zu vereinen«, war im Mitteilungsblatt des deutschen Distrikts der Bruderschaft zu lesen. Die modernen Kirchenmänner hätten mit dem Kniefall Pauls VI. 1965 vor der UNO die einzig wahre Religion, die den Menschen zu Gott führen kann, mit einer neuen Religion des »vollkommenen Humanismus« nach den Grundprinzipien der Freimaurerei vertauscht: »Sie haben IHN entthront, sie wollen nicht mehr, dass Jesus herrsche.« Weiter geifern sie, eine »verhegelte« Theologie habe die Kirche zu einer oberflächlichen humanistischen Kultgemeinschaft mit dünner christlicher Patina verwandelt. Wusste der Papst wirklich nicht, dass Bischof Fellay im Blick auf die Konzilsbeschlüsse, über die Religionsfreiheit, das Verhältnis zu den anderen Religionen und zur Ökumene gesagt hat: »Wir wollen dieses Gift nicht trinken«? Wusste er nicht, dass Bischof Williamson das Konzil als »erneute Kreuzigung des Herrn« diffamierte? Er muss es gewusst haben, denn schließlich hat Kardinalstaatssekretär Tarcisio Bertone ihm, der »die Politik des Heiligen Stuhls bestimmt«, ein »phänomenales Erinnerungsvermögen, in dem er jedem von uns überlegen ist«, bescheinigt. Und Benedikts Sekretär Georg Gänswein lobte dessen »Elefantengedächtnis«.

Wenn die Lefebvre-Nachfolger von einer Verfälschung des Glaubens sprechen, dann meinen sie in erster Linie Anerkennung der Religionsfreiheit und der Menschenrechte sowie den Dialog mit den nichtchristlichen Religionen, besonders mit dem Judentum. Mögen sie sich auch von der Holocaust-Leugnung des Herrn Williamson distanzieren, so bleibt doch ihre antijüdische Haltung, die der deutsche Distriktobere Franz Schmidberger 2008 in einem ausführlichen Report über »Die Zeitbomben des Zweiten Vatikanischen Konzils« unmissverständlich zum Ausdruck brachte:

»Mit dem Kreuzestod Christi ist der Vorhang des Tempels zerrissen, der alte Bund abgeschafft, wird die Kirche, die alle Völker, Kulturen und Rassen und sozialen Unterschiede umfasst, aus der durchbohrten Seite des Erlösers geboren. Damit sind aber die Juden unserer Tage nicht nur nicht unsere älteren Brüder im Glauben, wie der Papst bei seinem Synagogenbesuch in Rom 1986 behauptete; sie sind vielmehr des Gottesmordes mitschuldig, solange sie sich nicht durch das Bekenntnis der Gottheit Christi und die Taufe von der Schuld ihrer Vorväter distanzieren. Im Gegensatz dazu behauptet das II. Vatikanum, man könne die Ereignisse des Leidens Christi weder allen damals lebenden Juden ohne Unterschied noch den heutigen Juden zur Last legen.«

Verärgert darüber, dass die Holocaust-Leugnung durch Bischof Williamson sowohl die Annäherung des Papstes an die Bruderschaft störte als auch deren eigenes Ansehen erheblich beschädigte, distanzierte sie sich von dessen Äußerungen und ging disziplinarisch gegen ihn vor. Franz Schmidberger sprach dennoch in einer Stellungnahme auch nur von »Verfolgung und Ermordung von zahllosen Juden im Dritten Reich«, die »uns äußerst schmerzlich (berührt), verletzt sie doch zutiefst das christliche Gebot der Nächstenliebe, die keine ethnischen Unterschiede kennt«.

Die Piusbruderschaft kämpft gegen die Aufklärung, gegen die Errungenschaften der Französischen Revolution. Sie hat faschistische Züge und ist politisch zur »Neuen Rechten« zu zählen. Sie trauert den ehemals »katholischen« Staaten Spanien und Portugal nach und verurteilt den Laizismus. Sie propagiert die Einheit von (katholischer) Kirche und Staat und will damit der Islamisierung des Abendlandes entgegenwirken. Sie will die Oberhoheit Christi über die Politiker.

Kardinal Karl Lehmann meint, ihre Anhänger stünden in der Tradition der um 1900 entstandenen »Action française«, die sich militant katholisch und antisemitisch gegeben hat. Die Kollegialität der Bischöfe lehnen sie ab, da die Kirche eine Monarchie sei, an deren Spitze der Papst als König stehe.

Musste das alles nicht auch Benedikt XVI. wissen? Mit Sicherheit ja!

Und wenn er trotzdem deren Rückführung in die Kirche betreiben will, muss man an seinen Beteuerungen zweifeln, er stehe voll und ganz hinter dem Konzil. Selbst sein Sprecher räumte ein, das *Motu proprio* über die Alte Messe sowie das Dokument zum Thema »Kirche« und mehrere Stellungnahmen des Papstes über das »richtige Verständnis des Konzils im Einklang mit der Tradition« hätten natürlich ein günstiges Klima geschaffen. Der Kardinalstaatssekretär schließlich erinnerte in einem Vortrag daran, dass Joseph Ratzinger am Tag nach seiner Wahl zum Papst vom Willen zur Umsetzung des Konzils »in Kontinuität mit der tausendjährigen Geschichte der Kirche« gesprochen habe und das Konzil nicht als Bruch, sondern als »Erneuerung in der Kontinuität« betrachte. Benedikt XVI. stimmt mit den Traditionalisten überein in der Beschwörung einer Krise in der Kirche. Er macht deutlich, dass die Kollegialität der Bischöfe nicht seine Sache ist. Seine Aberkennung des Status »Kirche« für protestantische Gemeinschaften findet ebenso Anerkennung bei den Rechtsaußen wie die Neuauflage der Karfreitagsbitte um Bekehrung der Juden. Ob Stellung der Frau in der Kirche, Homosexualität, Abtreibung, Relativismus – hier stimmen die Positionen überein, ebenso wie in den meisten Kritiken an der Liturgiereform.

Sieht man sich diese Annäherung an, muss man befürchten, dass diejenigen im Vatikan, die sagen, es seien eigentlich in den Gesprächen mit der Piusbruderschaft nur noch Kleinigkeiten zu klären, zumal das Konzil ja kein Dogma sei (!), recht behalten. Die Entscheidung des Papstes, die vier Bischöfe zu begnadigen, obwohl sie mit ihrer Einstellung und ihren Zielen der Konzilskirche eine klare Absage erteilen, weitet sich zu einem echten Skandal aus, wenn man daran denkt, wie gleichzeitig andere Personen und Gruppen in der Kirche römisch-drakonisch bestraft, das heißt wie kritische Lämmer von ihren Oberhirten zum Schweigen gezwungen werden: Priester in den USA und Polen zum Beispiel, die nichts anderes getan haben, als bei einer Priesterinnenweihe zu predigen (exkommuniziert!) oder die römische Instruktion »Dominus Jesus« zu kritisieren (Aufforderung zum Widerruf).

Ein Brief aus Rom – Die »Entschuldigung« des Papstes

Mit großer Verspätung versuchte Benedikt XVI. am 10. März 2009 in einem Brief an alle Bischöfe weltweit auf die überwiegend negativen Reaktionen auf das Aufhebungs-Dekret zu reagieren. Plötzlich schien wieder alles in Ordnung zu sein. Plötzlich gerieten selbst diejenigen in der Deutschen Bischofskonferenz und im Zentralkomitee der deutschen Katholiken ins Schwärmen, die vorher zum Teil massive Kritik am Alleingang von Papst Benedikt XVI. bei der Aufhebung der Exkommunikation der vier illegal geweihten Bischöfe der Piusbruderschaft geübt hatten. So sprechen sie mit Bezug auf den Brief des Papstes von einem »ermutigenden und nach vorne weisenden Zeichen«, ja von einem »geschichtlich einmaligen Dokument«.

Kann man diese Begeisterung wirklich teilen? Schließlich ist der Brief nur deshalb ein geschichtlich einmaliges Dokument, weil frühere Päpste sich solche Fehler nicht geleistet haben, also auch kein nachträgliches Fehler-Eingeständnis nötig hatten. Die Begeisterung ist auch deshalb nicht zu teilen, weil Joseph Ratzinger weiter darauf beharrt, dass seine Entscheidung, die vier traditionalistischen Bischöfe von der Last der Exkommunikation zu befreien, Ausdruck seines Versöhnungswillens, ein »leiser Gestus der Barmherzigkeit«, eine »leise Gebärde einer hingehaltenen Hand« gewesen sei. Dabei geht er überhaupt nicht auf die grundsätzliche Kritik ein, dass er mit diesem Entgegenkommen ohne jegliche Vorbedingung eine kleine fundamentalistische Gruppe hoffähig macht, die auf ihrer Ablehnung grundsätzlicher Beschlüsse des Zweiten Vatikanischen Konzils besteht und stattdessen unverhohlen verkündet, sie wolle Rom bekehren. Er erklärt nicht, wieso er jeder Forderung der Piusbrüder bisher nachgekommen ist, obwohl sie die Erfüllung der fünf Vorbedingungen des Vatikans für eine Versöhnung schlichtweg ablehnten.

Wenn Benedikt XVI. in seinem Brief von zwei Pannen spricht, die er bedaure, dann gilt das vielen bereits als ein mutiger Schritt. Dabei geht er eigentlich nur auf den Fall Williamson ein, den er als »nicht vorhersehbare Panne« bezeichnet, und auf die unzureichende offizielle Darstellung der Grenzen und Reichweite der Aufhebungsmaßnahme. Die Veröffentlichung des Interviews mit der untragbaren Holocaust-Leugnung des Bischofs kurz vor Bekanntwerden des Dekrets nennt der Papst verharmlosend eine »Überlagerung zweier gegensätzlicher Vorgänge«, die er bedaure, weil dadurch der Frieden zwischen Christen und Juden wie auch der Frieden in der Kirche für einen Augenblick gestört gewesen sei. Jetzt darauf zu verweisen, in Zukunft werde man in der Kurie das Internet als Nachrichtenquelle aufmerksamer beachten, ist zwar eine lobenswerte Absicht, lenkt aber im aktuellen Fall nur von einer eindeutigen Missachtung warnender Stimmen aus der Kirche ab.

Im Übrigen hat man offensichtlich in Rom auch bisher schon Informationen über die Piusbruderschaft aus dem Internet bezogen, beklagte sich doch der für die Rückführung der Lefebvre-Anhänger zuständige Kardinal Dario Castrillon Hoyos Mitte September 2008, die Pius-Leute seien »unersättlich«. Wenn der Vatikan ihre Bitten nicht erfülle, würden sie gleich »ins Internet« gehen ... Außerdem: Ein langjähriger oberster Glaubenswächter wie Kardinal Ratzinger, der in dieser Eigenschaft schon 1988 bemüht war, das Schisma mit den Lefebvre-Anhängern zu beenden, und sich dabei ausführlich mit dieser umstrittenen Gruppierung befasst hat, will nichts gewusst haben von der antijüdischen Haltung der Piusbruderschaft, nichts von der Holocaust-Leugnung des Herrn Williamson, der schon seit Jahrzehnten diese haarsträubende Geschichtsklitterung begeht? Der kirchliche Überwachungsapparat soll ausgerechnet in diesem Fall versagt haben?

Über alle kritischen Theologen, aber auch Journalisten wird in Rom genau Buch geführt. Und warum dann nicht über eine ständig den Papst und das Konzil angreifende Splittergruppe? Und wieso hat man in Rom nicht eindeutig erläutert, dass die Aufhebung der Exkommunikation noch nicht bedeutet, dass die Piusbruderschaft wieder in die katholische Kirche integriert ist? Inzwischen kann man ja schon von einem »Pannen-Pontifikat« sprechen, wenn man sieht, wie oft Benedikt XVI. in nicht ganz vier Jahren bereits auf Ansprachen und Verlautbarungen später Erklärungen oder Entschuldigungen nachliefern musste.

Schuld sind seine Alleingänge, seine offensichtliche Beratungsresistenz, seine Professoren- und Glaubenswächter-Vergangenheit. Der Papst aber spricht nur verbittert von einer »Lawine von Protesten«, von Misstönendem auch aus kirchlichen Kreisen, ja von Hass und ist – so wörtlich – »betrübt, dass auch Katholiken, die es eigentlich besser wissen konnten, mit sprungbereiter Feindseligkeit auf mich einschlagen zu müssen glaubten«. Sein in dem Brief erneut formuliertes Bekenntnis zur Ökumene, zum interreligiösen Dialog, besonders mit den Juden, ist zusammen mit dem Hinweis, vor einer Wiedereingliederung der Piusbruderschaft in die Kirche müssten doktrinäre Fragen mit der Glaubenskongregation geklärt werden, sicherlich der wichtigste Aspekt des Schreibens. Allerdings relativiert Benedikt XVI. diese Aussagen zum Teil wieder, wenn er in der Position der Piusbrüder lediglich »manches Ungute« sieht und verharmlosend von Vorbehalten dieser Gruppe gegen die Lehrautorität des Papstes und des Konzils spricht.

Entlarvend seine Frage, ob uns eine Gemeinschaft gleichgültig sein könne, in der es »491 Priester, 215 Seminaristen, 6 Seminare, 88 Schulen, 2 Universitäts-Institute, 117 Brüder und 164 Schwestern« gibt. Er hätte noch hinzufügen müssen: eine Gemeinschaft, die sich zum »reinen« Glauben bekennt, der – wie es in dem Brief heißt – »in weiten Teilen der Welt zu erlöschen droht wie eine Flamme, die keine Nahrung mehr findet«. Die Piusbrüder biedern sich anscheinend nicht ohne Erfolg dem Papst, als dessen Beschützer sie inzwischen auftreten, als innerkirchliche Kampftruppe an: »Außerdem braucht der Papst Verbündete, Männer mit Glaubenskraft, die ihm helfen, den christlichen Glauben in Europa wieder auszubreiten« (Franz Schmidberger). Im Jammern über die Krise der Kirche stimmen sie schon lange überein, einer Krise, die nach Äußerungen der Traditionalisten »nur durch eine vollständige Rückkehr zur Reinheit des Glaubens gelöst werden kann«. Es ist nicht mehr zu übersehen, dass es dem Papst in diesem Falle zwar um die Einheit der Kirche, aber auch um die Rückgewinnung und Mitarbeit dieses strammen traditionellen Kirchenspektrums geht. Und deshalb zeigt er gegenüber kritischen Theologen und Gruppen nicht das gleiche Einheits- und Versöhnungsbemühen, obwohl er im Brief ausdrücklich von »kleinen und mittleren Versöhnungen« spricht. Nein, es geht Benedikt XVI. in erster Linie um die Stärkung der Tradition, von der Bischof Fellay 2008 in Lourdes sagte: »Vielmehr verkörperte unser Gründer eine Haltung, die, katholisch bis ins Mark, vor allem in seinem Festhalten am überlieferten Glaubensgut bestand, in seinem Festhalten an dem, was der Kirche von unserem Herrn anvertraut und von Generation zu Generation weitergegeben wurde, nämlich an der Tradition.« Es bleibt wohl vergebliches Wunschdenken, dass sich Benedikt XVI. in dieser Frage der Meinung des Freiburger Erzbischofs und Vorsitzenden der Deutschen Bischofskonferenz, Robert Zollitsch, anschließt, der Ende März 2009 in einem Interview mit dem »Tagesspiegel« sagte: »Tradition heißt nicht, die Asche weiterzutragen, sondern die Flamme lebendig zu halten!«

Wenn ein Obama Papst wäre

Von Hans Küng

Präsident Barack Obama ist es gelungen, in kurzer Zeit die Vereinigten Staaten aus Stimmungstief und Reformstau herauszuführen, eine glaubhafte Hoffnungsvision vorzustellen und eine strategische Wende in der Innen- wie Außenpolitik dieses großen Landes einzuleiten.

Anders in der katholischen Kirche. Die Stimmung ist bedrückend, der Reformstau lähmend. Nach vier Jahren im Amt sehen viele Papst Benedikt XVI. auf der Linie eines George W. Bush. Kein Zufall, dass der Papst seinen 81. Geburtstag im Weißen Haus gefeiert hat. Beide, Bush und Ratzinger, sind lernunfähig in Fragen von Geburtenkontrolle und Abtreibung, abgeneigt allen ernsthaften Reformen, selbstherrlich und ohne Transparenz in ihrer Amtsführung, die Freiheiten und Rechte der Menschen einschränkend.

Wie Bush seinerzeit leidet auch Papst Benedikt unter einem wachsenden Vertrauensverlust. Viele Katholiken erwarten von ihm nichts mehr. Schlimmer noch: Durch die Rücknahme der Exkommunikation von vier illegal geweihten traditionalistischen Bischöfen, darunter ein notorischer Holocaust-Leugner, wurden alle bei der Wahl Ratzingers zum Papst geäußerten Befürchtungen bestätigt. Der Papst wertet Leute auf, die nach wie vor die vom Vatikanum II bejahte Religionsfreiheit, den Dialog mit den anderen Kirchen, die Aussöhnung mit dem Judentum, die Hochschätzung des Islams und der anderen Weltreligionen sowie die Reform der Liturgie ablehnen.

Um die »Versöhnung« mit einem Häuflein erzreaktionärer Traditionalisten voranzubringen, riskiert dieser Papst den Vertrauensverlust von Millionen von Katholiken in allen Ländern, die dem Vatikanum II die Treue halten. Dass gerade einem deutschen Papst solche Fehltritte unterlaufen, verschärft die Konflikte. Nachträgliche Entschuldigungen können das zerschlagene Porzellan nicht kitten.

Dabei hätte es ein Papst noch leichter als ein Präsident der Vereinigten Staaten, eine Kursänderung vorzunehmen. Er hat keinen Kongress als Legislative neben sich und kein Oberstes Gericht als Judikative über sich. Er ist uneingeschränkter Regierungschef, Gesetzgeber und höchster Richter in der Kirche. Er könnte, wenn er wollte, über Nacht die Empfängnisverhütung gestatten, die Priesterehe zulassen, die Frauenordination ermöglichen und die Abendmahlsgemeinschaft mit den evangelischen Kirchen erlauben. Was würde ein Papst tun, der im Geist Obamas handelte? Er würde ähnlich wie Obama

1. deutlich aussprechen, dass die katholische Kirche sich in einer tiefen Krise befindet, und würde die Krisenherde benennen: viele Gemeinden ohne Priester, ausbleibender Nachwuchs für das Priestertum, durch unpopuläre Pfarreifusionen verschleierter Zusammenbruch seelsorgerlicher Strukturen, oft über Jahrhunderte gewachsen;
2. die Hoffnungsvision von einer erneuerten Kirche, einer revitalisierten Ökumene, einer Verständigung mit den Juden, den Muslimen und den anderen Weltreligionen und einer positiven Wertung der modernen Wissenschaft verkünden;
3. die fähigsten Mitarbeiter um sich versammeln, keine Jasager, sondern eigenständige Persönlichkeiten, unterstützt von kompetenten und furchtlosen Experten;
4. die dringendsten Reformmaßnahmen durch Dekret (»executive orders«) sofort initiieren und
5. ein Ökumenisches Konzil zur Beförderung des Kurswechsels einberufen.

Doch welch deprimierender Kontrast:

Während Präsident Obama unter Zustimmung aus der ganzen Welt nach vorne blickt und sich den Menschen und der Zukunft öffnet, orientiert sich dieser Papst vor allem nach rückwärts, inspiriert vom Ideal der mittelalterlichen Kirche, skeptisch gegenüber der Reformation, zwiespältig gegenüber den Freiheitsrechten der Moderne.

Während Präsident Obama sich kooperativ neu um Partner und Bundesgenossen bemüht, ist Papst Benedikt wie George W. Bush im Freund-Feind-Denken befangen. Mitchristen in den evangelischen Kirchen stößt er vor den Kopf, indem er diese Gemeinschaften nicht als Kirchen anerkennt. Der Dialog mit Muslimen ist über Lippenbekenntnisse zum »Dialog« nicht hinausgekommen. Das Verhältnis zum Judentum muss als tief gestört bezeichnet werden.

Während Präsident Obama Hoffnung ausstrahlt, Bürgeraktivitäten fördert und eine »neue Ära der Verantwortlichkeit« fordert, ist Papst Benedikt in Angstvorstellungen befangen und will die Freiheit der Menschen möglichst einschränken, um eine »Ära der Restauration« durchzusetzen.

Während Präsident Obama offensiv die Verfassung und die große Tradition seines Landes zur Begründung kühner Reformschritte heranzieht, legt Papst Benedikt die Dekrete des Reformkonzils von 1962 bis 1965 restriktiv nach rückwärts aus: in Richtung auf das Restaurationskonzil von 1870.

Aber weil Papst Benedikt XVI. aller Wahrscheinlichkeit nach selber kein Obama wird, brauchen wir für die nächste Zeit

1. einen Episkopat, der die offenkundigen Probleme der Kirche nicht verschleiert, sondern offen benennt und auf Diözesanebene energisch angeht;
2. Theologen, die aktiv an einer Zukunftsvision unserer Kirche mitarbeiten und keine Scheu haben, die Wahrheit zu sagen und zu schreiben;
3. Seelsorger, die sich wehren gegen die ständige Überbelastung durch Zusammenlegung von mehreren Pfarreien und die ihre Eigenverantwortung als Seelsorger mutig wahrnehmen;
4. insbesondere Frauen, ohne die vielerorts die Seelsorge zusammenbrechen würde, die ihre Möglichkeiten des Einflusses selbstbewusst wahrnehmen.

Aber können wir das wirklich? Yes, we can.

Lieber Papst Benedikt,

die Hoffnung, der progressive Teilnehmer des Zweiten Vatikanischen Konzils Joseph Ratzinger werde als Papst für Reformen sorgen, haben sich leider nicht erfüllt. Sie setzen stattdessen um, was Sie in Ihrer Zeit als Leiter der Glaubenskongregation begonnen haben. Dort haben Sie Ihr Feld gut bestellt und können jetzt das Vorbereitete fortführen.

Doch die Herde scheint geduldig. In jeder Ihrer nun durchgesetzten »Neuerungen« versuchen viele Schafe noch ein Hälmchen lebenserhaltendes Futter zu finden: in der Liturgie-»Reform«; in der zwar abgewandelten, aber immer noch skandalösen Bitte für die Juden im tridentinischen Ritus; im Abwenden von der Ökumene mit den protestantischen Kirchen; in der Ernennung konservativer Bischöfe; im Festhalten an der Ausgrenzung von wiederverheirateten Geschiedenen von der Eucharistie; in Ihrer Sicht von Familie; in Ihrer Kritik an homosexuellen Partnerschaften; im Versuch, den Frauen eine neue Rolle in der Kirche – natürlich ohne priesterliches oder diakonales Amt – zuzuweisen; in Ihrer Aufforderung an Vertreterinnen und Vertreter kirchlicher Organisationen, auf Unterstützung der Schwangerschaftskonfliktberatung zu verzichten; in der endgültigen Vernichtung der Befreiungstheologie.

Andere, das muss ich zugeben, scheinen endlich das ihnen mundende Futter gefunden zu haben. Sie werden fetter, vermehren sich und sammeln weitere Schäfchen um sich, die ihr Glück in festen Strukturen und Leitlinien zu finden glauben.

Aber: Lassen Sie sich nicht täuschen! Es gibt auch viele, sogar sehr viele hungernde Schafe! Und die suchen sich andere Weideplätze. Die Erfahrung von Freiheit lässt sich nicht zuschaufeln. Viele, die wie ich nach dem Wandel durch das Zweite Vatikanische Konzil zur Kirche zurückgefunden haben, lassen sich nicht mehr einengen. Und die, die in ihrer Jugend gelernt haben, in Freiheit zu glauben, werden ihren Weg weitergehen – wenn es sein muss auch ohne die römisch-katholische Kirche.

In Ihrer Enzyklika »Spe Salvi« schreiben Sie selbst: »Strukturen sind nicht nur wichtig, sondern notwendig, aber sie können und dürfen die Freiheit des Menschen nicht außer Kraft setzen.« Soll das etwa nur für politische Systeme gelten? Können Sie sich nicht vorstellen, den Muff von tausend Jahren aus der Kirche hinauszupusten und anzukommen im Heute, im Jetzt? Was ängstigt Sie? Ist es die Angst des Petrus auf dem See Genezareth, beim Verlassen des sicheren Bootes zu ertrinken?

Ich bitte Sie, nein, ich fordere Sie auf, sich den vielen Menschen zuzuwenden, die sich nicht nur in Deutschland von der Kirche abwenden und im schlimmsten Falle in Sekten ihr Heil suchen. Hören Sie auf ihre Fragen und Sorgen und gehen Sie Wege, die in die Zukunft der Kirche und der Suchenden weisen!

Hören Sie auf die vielen Priester weltweit, die nicht ohne Sexualität leben können, vielleicht sogar eine Frau und Kinder haben und dennoch ihrer Gemeinde gute Priester sind.

Hören Sie auf die Frauen, die die Berufung zu einem priesterlichen oder diakonalen Amt in sich spüren, deren Bestätigung ihnen aber durch ihre eigene Kirche verwehrt wird.

Schauen Sie auf die Not der wiederverheirateten Geschiedenen und der Menschen, die in konfessionsverbindenden Ehen leben und auf die Eucharistie verzichten müssen.

Schauen Sie auf die Gemeinsamkeiten zwischen den protestantischen Kirchen und der katholischen Kirche und machen Sie den Schritt zur Überwindung der Trennung – durch die gegenseitige Zulassung zum Mahl, zu dem Christus *alle* einlädt.

Sehen Sie die Not der Frauen, die einen Abbruch ihrer Schwangerschaft erwägen, häufig von ihrer Familie dazu gedrängt, und Beratung und Unterstützung brauchen – nicht nur, wenn sie sich für das Austragen des Kindes entschieden haben.

Trauen Sie mündigen Christinnen und Christen zu, ihre Sexualität verantwortungsvoll zu leben.

Gestehen Sie den Katholikinnen und Katholiken, die sich für Reformen und Veränderungen einsetzen, zu, dass sie die Kirche nicht vernichten wollen, dass sie Christus und seiner Frohen Botschaft nachfolgen wollen.

Vertrauen Sie auf die Charismen der Glaubenden, die größere Mitbeteiligung des Kirchenvolkes an den wichtigen Entscheidungen in der Kirche fordern.

Nur Mut! Auch Petrus hat im Vertrauen auf Jesus gelernt, auf dem Wasser zu gehen.

Ihre

Annegret Laakmann

Ich habe einen Traum

Von Norbert Copray

Ich habe einen traum
von einer kirche
die menschen liebt
nicht verprellt
die einheit im glauben
nicht erkauft
durch die einigung mit
spaltern
inquisitoren
undemokraten

Ich habe einen traum
von einer kirchenleitung
die gläubige nicht scheidet
in unverzichtbare und verzichtbare
in hoheiten und niedrigkeiten
in wahre und unwahre
um die intoleranten
gegen die geduldigen
antreten zu lassen

Ich habe einen traum
von einem glaubensvolk
weltweit dialogisch
kritisch tolerant
wahrhaftig jesuanisch
kämpferisch für eine
gemeinsame kirche

die mit den menschen geht
und sie nicht zensiert
die für arme und bedrückte eintritt
und nicht reichen rechtfertigung liefert
die nicht reaktionären den hof macht
sondern menschen guten willens frieden.

Die Autorinnen und Autoren

Britta Baas, geboren 1965 in Kassel, ist Historikerin und Theologin. Sie arbeitet als Redakteurin für Zeitgeschichte, Religionen und Gender-Fragen bei Publik-Forum in Oberursel.

Johannes Brosseder, Prof. Dr., geboren 1937, ist emeritierter Professor für katholische Theologie mit Schwerpunkt Ökumene an der Universität Köln.

Norbert Copray, geboren 1952, promovierter Philosoph, Diplom-Theologe, Publizist, seit 1977 freiberuflich als Berater und Coach für Führungskräfte tätig und für das Rezensionswesen von Publik-Forum verantwortlich. Seit 1981 Leiter von ctc personal improvement, seit 2000 Gesellschafter und geschäftsführender Direktor der Fairness-Stiftung. Experte für Unternehmens- und Führungskultur sowie Führungskompetenzen. Ehrenamtlicher Herausgeber von Publik-Forum und ehrenamtlicher Gesellschafter der Publik-Forum Verlagsgesellschaft mbH.

János Darvas, 1948 in Budapest in einer jüdischen Familie geboren, studierte Philosophie in Wien und Paris. Seit 1973 Tätigkeit als Waldorflehrer. Langjähriger fachlicher Leiter des Instituts für Waldorfpädagogik in Solymár/Ungarn. Darvas ist Autor der Zeitschrift »info3 – Anthroposophie im Dialog« und Korrespondent der Wochenschrift »Das Goetheanum«. Kommentare und Essays zu zeitgeschichtlichen, spirituellen und religiösen Fragen in verschiedenen deutsch- und französischsprachigen Publikationen. Im Frühjahr 2009 erschien sein Buch

»Gotteserfahrungen – Perspektiven der Einheit. Anthroposophie und der Dialog der Religionen« im Info3-Verlag.

Andrea Günter, PD Dr. phil. Dr. theol., geboren 1963, Philosophin und Theologin, unterrichtet an Hochschulen, in der beruflichen Fort- und Weiterbildung, arbeitet als freischaffende wissenschaftliche Autorin und lebt in Freiburg/Br. Wichtige Veröffentlichungen: Geist schwebt über Wasser – Postmoderne und Schöpfungstheologie, Wien 2007; Welt, Stadt, Zusammenleben. Pluralität und Geschlechterphilosophien, Königstein/Ts. 2007; Weltliebe: Gebürtigkeit, Geschlechterdifferenz und Metaphysik, Königstein/Ts. 2003; Vätern einen Platz geben. Eine Aufgabe für Frauen und Männer, Rüsselsheim 2007.

Hermann Häring, Prof. Dr., geboren 1937, Promotion in katholischer Theologie 1970. Von 1970 bis 1980 wissenschaftliche Tätigkeit am Institut für ökumenische Forschung (Prof. Hans Küng) in Tübingen. Von 1980 bis 1999 Professor für Wissenschaftstheorie und Theologie an der Universität Nijmegen. Zugleich Leiter des Interdisziplinären Instituts für Religion, Wissenschaft und Kultur (Heyendaal Instituut) in Nijmegen. Intensive Mitarbeit bei der internationalen Zeitschrift »Concilium«.

Johanna Jäger-Sommer, geboren 1944, Germanistin und Katholische Theologin, Lehramt an Höheren Schulen, seit 1979 freie Journalistin für Hörfunk, Fernsehen und Printmedien.

Wolfgang Kessler, geboren 1953, studierte Wirtschafts- und Sozialwissenschaften in Konstanz, Bristol und London. Er arbeitete zunächst als freier Autor. Seit 1999 ist er Chefredakteur von Publik-Forum. Er erhielt 2007 den »Internationalen Bremer Friedenspreis« für sein Engagement für Frieden, Gerechtigkeit und Bewahrung der Schöpfung.

Stefan Knobloch, Prof. P. Dr., ist Kapuziner und emeritierter Professor für Pastoraltheologie an der Universität Mainz. 1972 Promotion in Würzburg, 1986 Habilitation in Wien. Von 1972 bis 1987 Referent im Bischöflichen Seelsorgeamt Passau, von 1982 bis 2001 Geschäftsführer der Konferenz der deutschsprachigen Pastoraltheologinnen und -theologen. Von 1988 bis 2002 Professor für Pastoraltheologie an der Katholisch-Theologischen Fakultät der Johannes Gutenberg-Universität Mainz. Seit 2002 emeritiert.

Erwin Koller, Dr., geboren 1940, katholischer Theologe und Journalist. 1977 Promotion über Religion im Fernsehen. Von 1979 bis 2002 Redaktionsleiter im Schweizer Fernsehen DRS. Verantwortlich für die religiösen, gesellschafts- und medienkritischen Sendungen und Magazine. Seit 1994 bis 2002 Entwicklung und Leitung der Sendereihe »Sternstunden« (jeden Sonntag von 10 bis 13 Uhr) über Religion, Philosophie und Kunst. Vizepräsident der Herbert-Haag-Stiftung für Freiheit in der Kirche.

Hans Küng, Prof. Dr., geboren 1928, Schweizer Staatsbürger, ist emeritierter Professor für ökumenische Theologie an der Universität Tübingen. Er ist Präsident der Stiftung Weltethos (www.weltethos.org) und Verfasser unter anderem einer Trilogie über Judentum, Christentum und Islam sowie der Erinnerungsbände »Erkämpfte Freiheit« und »Umstrittene Wahrheit«.

Annegret Laakmann, geboren 1943, ist Referentin der Kirchenvolksbewegung Wir sind Kirche und Bundesvorsitzende der Schwangerenkonflikt-Beratungsinitiative Frauenwürde e. V. Sie lebt in Haltern/Westfalen.

Hartmut Meesmann, geboren 1950, katholischer Diplomtheologe, leitet die theologische Redaktion von Publik-Forum.

Norbert Mette, Prof. Dr. Dr. h. c.,1946 in Ostwestfalen geboren, ist Professor für Religionspädagogik an der Universität Dortmund.

Christian Modehn, geboren 1948 in Berlin, hat Philosophie (M.A.) und katholische Theologie (Staatsexamen) studiert, ist freier Journalist (Fernsehen und Hörfunk) in der ARD und seit 1973 freier Mitarbeiter bei Publik-Forum, hat viel über die Niederlande und Frankreich gearbeitet (Buch: »Religion in Frankreich«, verschiedene ARD-Filme über Bischof Jacques Gaillot usw.) und über die Befreiungstheologien, z. B. schon 1977 zusammen mit Karl Rahner das Buch: »Befreiende Theologie«. Zuletzt erschien ein Beitrag in dem Sammelband »Mai 68 und die Theologie«, Edition Exodus, Luzern 2009. Sein besonderes Interesse gilt den von Rom unabhängigen, freien ökumenischen Gemeinden in Amsterdam und den Freisinnigen Gemeinden in Holland sowie dem Dialog mit den Atheisten. Christian Modehn hat in Berlin vor einigen Jahren einen »Religionsphilosphischen Salon« gestartet.

Jürgen Moltmann, Prof., geboren 1926, ist emeritierter evangelischer Professor für Systematische Theologie in Tübingen. Im Jahr 1964 erschien sein grundlegendes Werk »Theologie der Hoffnung«.

Ida Raming, Dr. theol., geboren 1932, Studium der Philosophie, Pädagogik, Theologie und Germanistik in Münster und Freiburg/Br., Promotion in katholischer Theologie mit Dissertation »Der Ausschluss der Frau vom priesterlichen Amt – Gottgewollte Tradition oder Diskriminierung?« (veröffentlicht: Böhlau-Verlag, Köln 1973, erweiterte Neuauflage: Lit-Verlag, Münster 2002); Lehrtätigkeit im gymnasialen Schuldienst und in der Erwachsenenbildung. Zahlreiche Veröffentlichungen auf dem Gebiet der historisch-theologischen Frauenforschung. Nach mehr als vierzig Jahren Argumentation in Wort und Schrift für die Frauenordination: Ordination »contra legem« zur katholischen Priesterin (Juni 2002).

Thomas Seiterich, geboren 1955, Theologe und Historiker, Promotion über die linken Katholiken in der Weimarer Republik 1985. Redakteur bei Publik-Forum.

Norbert Sommer, geboren 1940, Studium der Pädagogik, Publizistik, Politischen Wissenschaft und Sinologie, von 1971 bis 1978 Redakteur bei der »Herder-Korrespondenz«, von 1978 bis 2005 Leiter der bimedialen Redaktion Kirche/Religion/Gesellschaft beim Saarländischen Rundfunk, seitdem freier Journalist; Herausgeber zahlreicher Bücher, u. a. »Zorn aus Liebe – Die zornigen alten Männer der Kirche« (Stuttgart 1983) und »Nennt uns nicht Brüder – Frauen in der Kirche durchbrechen das Schweigen« (Stuttgart 1985); Autor von »Fliegender Fels – Der Reisepapst Johannes Paul II.« (Berlin 2003).

Ludger Weckel, Dr., geboren 1960, in katholischer Theologie (Missionswissenschaft) promoviert, hat 1993 das Institut für Theologie und Politik in Münster mitbegründet und ist seitdem dort Mitarbeiter (www.itpol.de). Er ist Übersetzer befreiungstheologischer Bücher, u. a. der beiden Christologie-Bücher von Jon Sobrino.